contenido

SECCIÓN V: CÓMO HACER VALER LA VICTORIA SOBRE SU ENEMIGO

SECCIÓN VI: CÓMO CONSERVAR LA VICTORIA SOBRE SU ENEMIGO

introducción

Entre los programas más populares de la televisión actual está el reality show *Survivor* (Sobreviviente). Un grupo de personas es dejado en un lugar desolado y deben sobrevivir con lo que tienen a la mano. Como parte de la intriga, sólo uno puede ganar el gran premio en efectivo al final del concurso. A medida que el programa avanza, ¡los concursantes ya no saben quiénes son sus amigos y quiénes sus enemigos!

El Mayor Nidal Hasan era psiquiatra del Ejército de los Estados Unidos. Su educación fue solventada por quienes pagan los impuestos. A los treinta y nueve años, el mayor jamás había servido en combate. En noviembre de 2009 él gritó: "Allahu Akbar" a la tropa del centro de reclutamiento en Ft. Hood, Texas, y comenzó a disparar dos armas, con las que mató a trece personas e hirió a más de treinta y cinco, tanto civiles como militares.[1] Cuando investigaron sus antecedentes, descubrieron que tenía conexiones con terroristas islámicos.[2] Haciéndose pasar por amigo de los soldados estadounidenses, era un enemigo infiltrado. El ejército de Estados Unidos no sabía que había un enemigo entre ellos.

Vivimos en un mundo maravilloso, pero para sobrevivir debemos conocer a nuestros verdaderos enemigos. Nuestros mayores enemigos no son las personas sino las fuerzas invisibles de las tinieblas. Estas fuerzas de las tinieblas cumplen las órdenes de un antiguo aliado que se volvió contra nuestro Dios: Satanás, quien junto con malignas fuerzas demoníacas, está muy cerca, y listo para eliminar soldados de Dios. Pero Dios nos ha dado los recursos para sobrevivir y prosperar. Sin embargo, para lograrlo debemos conocer a nuestro enemigo y estar totalmente conscientes de los recursos y armas que tenemos a nuestra disposición.

Este pensamiento es bellamente captado por el salmista en el Salmo 126. Este pasaje es un canto a la libertad, que celebra el regreso a Sion de los israelitas cautivos en Babilonia. ¡Su confesión y emociones nos describen nuestra liberación de las trampas y cadenas de Satanás! Al mantenernos cautivos viviendo mal, pensando mal, tomando decisiones incorrectas y teniendo relaciones incorrectas, Satanás cumple su estrategia de inmovilizarnos. Su plan es evitar que descubramos nuestro verdadero ser y el camino a nuestra casa.

En este salmo observamos los cinco legados de la libertad. Estas facetas pueden verse claramente en la vida de cada individuo o en la vida de la iglesia liberada.

1. LA LIBERTAD EN CRISTO ES COMO UN SUEÑO HECHO REALIDAD

> Cuando Jehová hiciere volver la cautividad de Sion, seremos como los que sueñan
>
> —SALMOS 126:1

La vida cristiana experimentada plenamente es también como un sueño hecho realidad. La mayoría de los creyentes está viviendo muy por debajo de sus privilegios. Jesús prometió: "Yo he venido para que tengan vida, y para que la tengan en abundancia" (Jn 10:10). ¿Está usted viviendo con abundancia de poder, recursos y gozo? El poder sobrenatural de Dios es nuestra herencia. El fruto del Espíritu es una promesa para nosotros.

Al haber conducido a cientos de personas a la libertad en Cristo, puedo decir honestamente que para muchos de ellos la vida se convierte en algo nuevo, fresco y estimulante. Una joven dama sufría de anorexia nerviosa—una dieta autodestructiva. A pesar de que había visto a varios consejeros, su problema no era físico, sino espiritual. Luego de una prolongada consejería, rechazó al enemigo y a su engaño. La verdad la hizo libre. Ahora sirve a Cristo y disfruta especialmente cantando en el coro.

Las personas que han sido liberadas de las fortalezas del enemigo invariablemente experimentan un maravilloso despertar a la vida espiritual. De repente, sus ojos se abren a todo lo que tienen en Cristo.

A principios de 1950, antes de que los cruceros se pusieran de moda, un pobre hombre reservó un pasaje desde Londres hacia Estados Unidos para visitar a su familia. Una vez a bordo, el hombre permaneció solo todo el tiempo y nunca entró al comedor. Hacia el final del viaje, otro pasajero le preguntó por qué no comía en el comedor. "Oh, es que sólo pude pagar el precio del pasaje. Pero traje queso y galletas para sostenerme", le aseguró.

"Señor, ¡la comida está incluida en el precio del pasaje!", le respondió el pasajero.

Es posible vivir la vivir la vida cristiana de esta manera. Debemos darnos cuenta de que nuestro compromiso con Cristo nos ha provisto de todo lo que necesitamos para esta vida y para la venidera.

2. LA LIBERTAD CRISTIANA ES FUENTE DE GOZO

> Entonces nuestra boca se llenará de risa, y nuestra lengua de alabanza
>
> —SALMOS 126:2

Nunca he visto gente más sombría que la que asiste a iglesias o a reuniones religiosas promedio. La gente parece muy moderada y atada a la tradición, denominación u orgullo religioso. ¿Dónde están la exuberancia, el entusiasmo, el grito de gozo y los sonidos de las risas?

No es de extrañar que tantos creyentes sean insípidos y débiles. Nehemías 8:10 dice: "El gozo de Jehová es vuestra fuerza. Poco antes de la cruz, Jesús oró estas palabras: "Hablo esto en el mundo, para que tengan mi gozo cumplido en sí mismos" (Jn 17:13). Usted puede protestar y decir que Jesús estaba hablando de nuestro futuro gozo en el cielo. Pero Jesús siguió diciendo: "No te pido que los quites del mundo, sino que los protejas del maligno" (v. 15, NVI). Es "el maligno" el que dificulta nuestro gozo en la vida cristiana. El gozo es un derecho de nacimiento y un privilegio para cada cristiano.

Una vez estaba predicando las verdades de la libertad espiritual en una iglesia del este de Tennessee. Me centraba en la libertad del espíritu de pesar o depresión (vea el capítulo 17). Después de enseñar, guié a la gente en una oración, repudiando el espíritu de pesar y liberando el fruto del Espíritu, que incluye el gozo. Comencé a leer Isaías 61:3: "[les daré] óleo de gozo en lugar de luto, manto de alegría en lugar del espíritu angustiado". Y luego pasé a Romanos 14:17: "Porque el reino de Dios no es comida ni bebida, sino justicia, paz y gozo en el Espíritu Santo". De repente, una mujer joven, extremadamente tímida, comenzó a reír, a llorar y a gritar: "¡Alabado sea el Señor! ¡Soy libre, soy libre!". La verdad de su libertad explotó en gozo y rebalsó de ella. El gozo es el derecho de nacimiento de cada cristiano.

3. LA LIBERTAD EN CRISTO RESULTA EVIDENTE PARA LOS QUE NO SE CONGREGAN

> Entonces dirán las naciones: "Grandes cosas ha hecho Jehová con estos". Grandes cosas ha hecho con nosotros; estaremos alegres.
>
> —SALMOS 126:2–3

El gozo que trae el fin de la cautividad es una evidencia convincente para los no alcanzados que nos rodean. Ver liberadas a personas que estaban cautivas es una prueba persuasiva para quienes lo presencian. Los cristianos que no pueden manejar las vicisitudes de la vida con plena fe y pleno gozo no son testigos eficaces de Cristo. Pero cuando los no alcanzados ven que el creyente hace frente al enojo, la amargura, el orgullo, la depresión y otros problemas de manera victoriosa, el mensaje de Cristo les llega. Como ve, amigo, ser testigo significa que su estilo de vida es una parte de la evidencia.

Una joven casada comenzó a experimentar verdadera libertad en Cristo luego de padecer ataques de depresión por parte de Satanás. Aunque sus problemas y presiones no cambiaron, su perspectiva sí cambió cuando ella comenzó a verse a sí misma en Cristo. Pronto, sus hijos y su esposo llegaron a Cristo. A partir de aquel momento, otros miembros de la familia han llegado al Señor.

Cuando vivimos nuestras vidas en Cristo, eso es evidente para los que no se congregan.

4. LA LIBERTAD EN CRISTO HACE FLUIR EL AVIVAMIENTO

> Haz volver nuestra cautividad, oh Jehová, como los arroyos del Neguev.
>
> —SALMOS 126: 4

No hace mucho estaba en Israel, y habíamos programado viajar por el usualmente seco sur del país. Nuestro viaje a Masada fue pospuesto un día debido a las lluvias en Jerusalén. El sur de Israel, junto al Mar Muerto, es el punto más bajo de la tierra, de manera que las lluvias en la parte alta de Israel fluyen hacia el sur y llenan los arroyos. El flujo de estas corrientes da vida a la tierra.

¡Qué hermosa imagen del avivamiento! Cuando los creyentes son liberados de la cautividad, se desarrolla la vida de Dios en la Iglesia. Los demonios viven en lugares secos, de acuerdo con Lucas 11:24. Cuando llega el avivamiento, los enemigos de Dios son esparcidos (Sal 68:1). El verdadero avivamiento no puede llegar hasta que la Iglesia no conoce su verdadera identidad en Cristo y comienza a caminar en su herencia de libertad.

La guerra espiritual no es destrucción para avivamiento sino ímpetu para él. Cuando los creyentes experimentan el poder liberador de la verdad de las buenas nuevas de Cristo, el poder de Dios se libera a través de ellos. Sólo cuando la iglesia se suelte de la cautividad carnal, el Espíritu de Dios podrá ser soltado en un avivamiento enviado desde el cielo.

5. LA LIBERTAD EN CRISTO ATRAE A QUIENES NOS OBSERVAN.

> Los que siembran con lágrimas, con regocijo segarán. Irá andando y llorando el que lleva la preciosa semilla, más volverá a venir con regocijo, trayendo sus gavillas.
>
> —SALMOS 126:5–6

Estos versículos tan familiares suelen ser predicados en forma aislada, llamando a la Iglesia a ganar almas apasionadamente. Pero la siembra y la siega sólo puede producirse si las personas pasan de una atadura espiritual a la tierra prometida de una vida llena del Espíritu.

¡Cuán fútil es llamar a la gente a sembrar y segar en el suelo rocoso e infértil de un baldío espiritual! Es en la tierra fértil de la voluntad de Dios donde los creyentes encuentran que la Biblia es una rica bolsa llena de preciosas semillas de vida. Sólo cuando se es libre se puede sembrar eficazmente con lágrimas para segar con gozo.

Dios promete un avivamiento y una siega a quienes vuelven del cautiverio. Los creyentes pueden experimentar la libertad que les da una nueva efectividad en su testimonio.

Lo que usted tiene en sus manos es el resultado de una década de combate en el frente de batalla contra las fuerzas de las tinieblas. He combatido cuerpo a cuerpo con fuerzas demoníacas y me he regocijado cuando ellas huían de sus víctimas, aterrorizadas y vencidas.

El escritor Jack Taylor me recuerda que Satanás y sus demonios son fuerzas decisivas, pero también son un enemigo vencido. La victoria fue ganada en la cruz y en la tumba vacía, aunque la batalla ruja en la tierra. Usted no tiene que vivir en cautiverio ni derrotado. Ahora puede gozar de la victoria y de la libertad.

A pesar de que no abarque todos los aspectos, este manual puede ser de ayuda para su iglesia y para cada creyente en su camino hacia el siguiente nivel de guerra espiritual. A menos que restauremos la unidad y la acción conjunta en el Cuerpo de Cristo, viviremos en derrota. El avivamiento nos espera, pero sólo si batallamos juntos contra Satanás.

Convoco a todos los seguidores de Cristo a que se preparen para la guerra. No veremos una revolución moral, ni podremos detener la erosión de nuestra propia cultura occidental, sin una guerra espiritual. Un islamismo crecientemente militante no se detendrá en su avance a menos que la Iglesia tome la verdad de que ha sido revestida por el Espíritu de poder para la batalla.

La victoria es nuestra, pero debemos hacerla valer.

SECCIÓN I

CÓMO ENFRENTAR LA REALIDAD DE SU ENEMIGO

capítulo 1

UN BRUSCO DESPERTAR

EN LA PELÍCULA ya clásica *El valle de la violencia* (Shenandoah), Jimmy Stewart personifica a un patriarca viudo que se encuentra a cargo de una gran granja en el valle Shenandoah, de Virginia. Cuando se desata la guerra civil, él anhela mantener a su familia intacta, por lo que se ocupa sólo de sus propios asuntos. Pronto la guerra llega hasta su casa con un hijo y una hija asesinados y otro hijo desaparecido. Pero la escena del clímax es cuando la familia está adorando a Dios y el joven perdido encuentra el camino de regreso a casa.

Esto representa la vida del ser humano. A pesar de todos nuestros esfuerzos, Satanás pronto convertirá su vida en un campo de batalla. Tuve un gran despertar que también fue muy brusco, y que me condujo al frente de batalla.

UN GRAN DESPERTAR

Algunas de las personas más miserables que conozco profesan ser cristianos activos. Al dirigirme a gran velocidad hacia Albuquerque, ¡supe que me había convertido en miembro de esa tribu! Por una acumulación de razones, luego de diez años de ministerio ajetreado y exitoso, quería renunciar.

No se trataba de las normales ansias de conocer el mundo—una enfermedad que afecta al clero y cuyos síntomas incluyen la loca creencia de que otro lugar de servicio puede llenar el vacío de la relación espiritual perdida. No; esta espantosa agonía era el deseo de dejar el ministerio.

Mientras volaba a seiscientas millas por hora hacia una charla que me había comprometido a dar, redacté mi renuncia al ministerio. ¿Era agotamiento? No tenía idea de que el Dios vivo tenía planes diferentes. Estaba a punto de comenzar una travesía hacia la plenitud.

Llegué la noche anterior a la charla que tenía prevista e inmediatamente me sentí frustrado por la habitación que me habían asignado. Era la única que daba al vestíbulo—lejos de la acción. Revisé el programa para ver qué otros oradores habría. Conocía al predicador, pero jamás había oído hablar de aquella mujer que aparecía en el programa.

Pero fue su mensaje sobre la oración y el conocimiento de Dios el que trituró por completo mi orgulloso corazón.

Al día siguiente me senté al fondo del auditorio y la escuché desarrollar su historia. Era la esposa de un profesor de seminario que se convirtió en una ejecutiva de la denominación en el estado, y cayó en crisis por la repentina muerte de su esposo. Él había sido su guía espiritual y su roca. En la parte trasera de una ambulancia, enfrentó la realidad de que todo lo que habían compartido terminaba abruptamente. Ahora ella necesitaba a Jesús más que nunca, y Él probó que es fiel.

Este mensaje martilló mi autocompasión y mi autosuficiencia. Yo creía que tenía razón. Había trabajado mucho. Había leído todos los libros profundos, pero aún así había perdido la realidad de la presencia de Dios. Estaba sin gozo y agotado, pero la Palabra de Dios trituró mi deseo de ausentarme sin permiso.

Luchando interiormente, regresé a mi habitación y me derrumbé en la cama, llorando. Esa noche, en un profundo sueño, oí pronunciar mi nombre. Desperté, me asomé por la puerta, pero no vi a nadie. Pronto volví a dormirme, y me sobresalté al oír mi nombre por segunda vez. Lo mismo volvió a ocurrir. Como Samuel, supe que era Dios el que me había despertado.

Este probó ser un gran despertar para mí. Me llevó a tomar mi Biblia e ir a los Salmos 91–95. Dios, por su gracia, me habló de algo muy antiguo. ¡Él no había cambiado, yo sí! Él seguía estando en el lugar secreto, aguardando mi compañía. Más aún, Él tenía "aceite fresco" con el cual ungir mi viciada vida espiritual. Aquel cuartito se convirtió en un santuario, y la presencia de Jesús me inundó.

En el Salmo 91:1–2 leemos: "El que habita al abrigo[1] del Altísimo morará bajo la sombra del Omnipotente. Diré yo a Jehová: esperanza mía, y castillo mío; mi Dios, en quien confiaré". Redescubrí la importancia de la vida devocional. Tomé conciencia de que estamos en una guerra espiritual, enfrentando infernales e invisibles fuerzas de maldad. La oración volvió a cobrar vida para mí. "Me invocará, y yo le responderé; con él estaré yo en la angustia; lo libraré y le glorificaré" (v. 15).

Las plegarias salían a borbotones de mi corazón dolorido; eran oraciones de arrepentimiento, adoración e intercesión. A lo largo de aquella noche Dios me visitó con una nueva llenura de su Espíritu Santo.

¡Esas escrituras cobraron vida! Dios me habló a través de su preciosa Palabra. Éste es el mensaje que recibí aquella tarde.

El Salmo 92:10–15 desafió a mi corazón a entender la plenitud del Espíritu Santo: El versículo 10 dice: "seré ungido con aceite fresco". Al leer los versos de este salmo, pude ver lo que la unción del Espíritu Santo había estado a mi disposición todo el tiempo.

Mis ojos mirarían y oídos oirían a partir de ahora, abiertos y perceptivos a las cosas de Dios (v. 11). Mi vida florecería y crecería (v. 12). La casa de Dios volvería a ser un lugar para regocijarme (v. 13). El correr de los años no afectaría mi vida espiritual (v. 14). Mi boca se llenaría de alabanza al Señor por su bondad (v.15).

Luego de dar mi charla, más tarde aquél día, volé de regreso a casa pensando que todo iba a estar mejor. No sabía que había comenzado una difícil travesía con Jesús, una travesía que incluía oscuros valles entre cumbres de montañas. No tenía idea de cuán desesperadamente iba a necesitar los recursos que había descubierto.

Los días que siguieron fueron, en palabras de Charles Dickens: "El mejor de los tiempos el peor de los tiempos". Una vida llena del Espíritu no es sólo una vida de adoración espiritual. El enemigo vio lo que Dios estaba comenzando, y desató un despiadado ataque sobe todo lo que era precioso en mi vida.

UN BRUSCO DESPERTAR

Escuché de un boxeador que recibía golpe tras golpe. Su entrenador chillaba una y otra vez: "Resiste, Joe. Estás ganando". Luego de varios asaltos, Joe se volvió hacia su entrenador y le dijo: "Si estoy ganando, que alguien se lo diga a *él*".

Así me sentía cuando mi vida se convirtió en un auténtico campo de batalla en todos los frentes, durante dos años. La depresión se instaló en nuestra casa. Cuando regresé de aquel encuentro con el Señor que cambió mi vida, inmediatamente me encontré luchando en mi hogar.

DIFICULTADES EN CASA

En el otoño de 1990, tanto mi hija como mi esposa destrozaron sus autos en dos días consecutivos. Heather, mi hija, no resultó gravemente herida, y su auto por milagro no cayó en un arroyo desbordado, cerca de casa. Ella, sin embargo, sufrió un golpe en la cabeza que le creó muchas dificultades, incluyendo pequeños ataques.

Mi esposa, Paulette, casi muere. Recuerdo aquella mañana de septiembre; un hombre me llamó por teléfono y me dijo que Paulette había tenido un accidente no muy lejos de casa. Conduje por la colina sobre la autopista 153 y presencié una terrorífica escena. Paulette estuvo atrapada durante cuarenta y cinco minutos en su pequeño Sunbird. Todos los huesos de su lado superior izquierdo estaban rotos o aplastados. Incluso algunos de sus dientes se rompieron por el impacto. Entró en *shock* y casi muere, pero el equipo de rescate salvó su vida. Durante tres meses necesitó cuidado constante.

En marzo de 1991 mi papá murió repentinamente. Luego de luchar con la adicción al alcohol, fue salvo y luego lo ordenaron como diácono a los cincuenta y cinco años. Nos habíamos acercado mucho. La noche del domingo antes de su fallecimiento hablamos por teléfono durante una hora. Él era quien me daba aliento. Ahora, a los sesenta y nueve años, papá se había ido.

PROBLEMAS EN LA IGLESIA

En otro frente, en la iglesia, una mujer se suicidó. Luego, su mejor amiga fue hospitalizada en una institución para enfermos mentales. Amenazó con suicidarse a menos que yo fuera a verla inmediatamente. Fui con mis asociados. Cuando nos sentamos en su habitación, salieron diferentes voces de adentro de la señora. Una de las personas que me acompañaban, que tiene dones en el área de la oración y la guerra espiritual, comenzó a identificar y a rechazar a estos malditos enemigos infernales.

En menos de una hora trece entidades demoníacas se identificaron como suicidio, lujuria, muerte, cáncer, depresión, temor, rebelión, rechazo y otros. Todas tenían nombres en inglés, pero cuando se les preguntaba su nombre real, en la autoridad de Jesús, revelaban su verdadera naturaleza, después de dar batalla. Esta querida señora todavía se está recuperando y necesita consejería debido a las heridas que el enemigo le causó en el pasado, pero está mejor y creo que se recuperará totalmente en el futuro.

Esta experiencia me abrió los ojos a otro mundo, otro reino. De repente, me di cuenta de que lo que había sido teoría hasta ese momento, ¡ahora era verdadera guerra espiritual! ¿Había sido, como pastor, un don Quijote espiritual, luchando contra molinos de viento, mientras mi gente seguía atada?

Caí de rodillas y el Espíritu de Dios habló suavemente a mi espíritu: "Esto es lo que me pediste". Sí, yo quería la realidad de Dios, y estaba descubriendo en mi propio dolor y en las ataduras de los otros una nueva pasión y dirección para mi ministerio.

Inmediatamente, el Señor me llevó a invitar a un amigo con dones de liberación a dirigir una conferencia sobre la guerra espiritual. Era un viejo amigo a quien Dios le había dado un renuevo. Él y yo, junto con otros, oramos durante meses para que Dios se moviera con su poder de cambiar las vidas.

El obispo J. Tod Zeiger vino y comenzó a predicar sobre "Las fortalezas en la vida del creyente". Desde el primer servicio Dios comenzó a liberar a la gente. El avivamiento vino a la iglesia., y los cultos tuvieron que extenderse. Literalmente, cientos de personas cambiaron sus vidas en aquella reunión. Desde ese día hemos visto a cientos más ser liberados por medio de la oración y la guerra espiritual. Encontraremos algunas de sus historias más adelante en este libro.

Algunas no son felices. Años antes, a través del ministerio de Jack Taylor, Dios me había revelado la verdad de la alabanza y la adoración. Más tarde, en un seminario con el Dr. Jack Hayford, Dios me acusó de falta de adoración y me enseñó a adorar y amar a Jesús públicamente. A medida que caían las viejas formas, ideas y tradiciones, algunas personas se iban sintiendo muy incómodas. Para mi sorpresa, un miembro del personal de la iglesia vino y me acusó de asustar a la gente y de no ser un verdadero bautista. El enemigo ya había juntado a un pequeño grupo para tratar de matar el avivamiento y el renuevo que estaba comenzando.

Para ese momento, una mujer miembro de nuestra iglesia perdió a su esposo por un repentino ataque al corazón. Tenían un hijo adolescente y una hija. A esta señora le diagnosticaron una enfermedad coronaria y enfrentó la posibilidad de una cirugía en la que correría riesgo su vida. Al recibir estas noticias, mi esposa y yo fuimos inmediatamente a orar antes de que ella saliera para el hospital. El Espíritu

Santo me habló claramente y me dijo: "Esta enfermedad no viene de mí y no permanecerá". Oré por mi amiga, echando fuera el espíritu de enfermedad y de muerte. Milagrosamente, cuando la examinaron al día siguiente, ¡todos los síntomas habían desaparecido!

Como consecuencia de ello, todos los miembros que se oponían al avivamiento y al ministerio de liberación se fueron. Durante tres años la iglesia sufrió altibajos y agitación. Llegó un momento en que toda la oposición quedó expuesta e incluso se encontró que algunos habían cometido actos delictivos. La iglesia sobrevivió a las dificultades y a un juicio multimillonario.

LUCHAS PERSONALES

En medio de estas luchas, fui atacado con una situación que puso en riesgo mi propia vida. Un martes por la tarde, Kelli, mi hija mayor, vino a pasar la noche porque había soñado que yo estaba enfermo. Esa noche, alrededor de la una de la madrugada, me desperté descompuesto y mareado. Fui al baño y me derribé, perdí el conocimiento. Mi hija oyó la caída desde la otra habitación y vino para ver qué ocurría.

En mi estado de inconciencia, yo tenía paz. Alcancé a ver fugazmente el brillo y la gloria de otro mundo, y por un momento olí su dulce atmósfera. Entonces, como desde lejos, pude oír la voz de Kelli llamándome: "Papá, papá", y recuperé el conocimiento. Estuve hospitalizado durante una semana con problemas cardíacos relacionados con el estrés y aún hoy sigo tomando una píldora cada mañana para mantener equilibrado el ritmo cardíaco.

Esta experiencia me enseñó la verdad clave sobre la guerra espiritual: la batalla no es nuestra, sino de Él. Mi cardiólogo vino a verme y me dijo: "Pastor, debe practicar lo que predica si quiere vivir". Como resultado de aquel tiempo, Dios me enseñó lo que estaré compartiendo con usted en el resto de este libro. Dios puede equiparlo para que haga su obra y su voluntad.

TIEMPOS DE GUERRA Y DE PAZ

He descubierto que la intensidad de la guerra espiritual tiene temporadas. Los ciclos de Dios incluyen épocas de descanso, pero su voluntad es que "peleemos la buena batalla" (1 Ti 6:12).

Debemos estar alerta en cuanto a nuestro enemigo en todo momento. "Sed sobrios, y velad; porque vuestro adversario el diablo, como león rugiente, anda alrededor buscando a quien devorar" (1 P 5:8). Es nuestro deber resistir a sus maquinaciones "Someteos, pues, a Dios; resistid al diablo, y huirá de vosotros" (Santiago 4:7).

El material que sigue está diseñado para equiparlo para la batalla con los espíritus de las tinieblas que vienen contra usted. El cristiano camina por una zona de guerra. Pero la victoria es nuestra. Dios raramente remueve la dificultad, pero camina con nosotros por estos valles. Dios está determinado a enseñarnos que no podemos vivir sin Él. Necesitamos estar "totalmente revestidos" con la armadura espiritual y los recursos que ya son nuestros.

capítulo 2

ADQUIRIR UNA PERSPECTIVA VICTORIOSA

LAS BATALLAS FRECUENTEMENTE se ganan o pierden antes del primer encuentro. En el centro de comando bélico se desarrollan las estrategias y se toman las decisiones que darán, en última instancia, la victoria a una de las partes. Así es también para todos nosotros en el reino. Nuestro manual, las Santas Escrituras, muestran un récord de victorias que ya fueron decididas y determinadas. En la encarnación, la vida, la muerte y la resurrección de Jesús el Mesías, Dios dio un golpe decisivo y declaró la victoria sobre Satanás y sus fuerzas.

Nuestro tiempo parece desafiar esta conclusión. El incremento del islamismo radical, con sus amenazas terroristas para controlar la tierra, es la nueva oración en el frente de batalla. Con ataques más sutiles contra el cristianismo y sus valores, la "guerra cultural" se desarrolla en la educación, el gobierno y los medios.

El Nuevo Testamento, sin embargo, proclama claramente que los creyentes ya fueron trasladados del reino de las tinieblas al Reino de Jesucristo (Col 1:13). Aunque lo invisible no se manifiesta plenamente aún, el Reino de Dios ha venido con Jesús de Nazaret. Más aún, a pesar de nuestras fallas, la Iglesia vive en el mundo actual con más de mil millones de creyentes. La conversión al cristianismo excede en mucho la conversión al islamismo. Es verdad, como Jesús lo prometió: "Las puertas del Hades no prevalecerán contra ella [la iglesia]" (Mt 16:18).

En el mundo invisible, Jesucristo ha desarmado los poderes de las tinieblas y ha triunfado públicamente sobre ellos. "De una vez por todas la batalla decisiva contra el poder del mal ha sido peleada y ganada, pero la larga campaña continúa y el primer día de victoria todavía no está a la vista."[1]

El mal no puede explicarse por la naturaleza, la educación, la psicología ni la evolución. ¡Las perversas fuerzas del mal acechan detrás de los terribles actos de la humanidad en toda la historia! Las Escrituras hacen manifiesta una oculta historia del mal encubierto que afecta a toda la historia de la humanidad.

Escuche al difunto profesor James S. Stewart, de su libro *Una fe para proclamar*:

> Si Pablo regresara hoy y viera los trágicos conflictos de nuestro mundo, seguiría diciendo que "nuestra pelea no es contra carne y sangre", ni contra un grupo de hombres o naciones, ni dictadura o comunismo, como si los intereses de la democracia fueran sinónimo de la justicia de Dios; nada es tan simple ni tan inocente: Dios tiene piedad de la imaginación simplista que supone que nuestras propias políticas no tienen la culpa y que tenemos las manos limpias. No, la verdadera guerra trasciende ese pensamiento, y yace profundamente en el mundo invisible donde las fuerzas siniestras se oponen, famélicas y fanáticas, al gobierno de Cristo. Y la única manera de enfrentar esa mística pasión demoníaca es con el *Súnamis* (conocimiento) y la pasión del Señor. ¿Acaso no fue la declarada intención de Cristo encender esa llama en los corazones humanos? "Fuego vine a echar en la tierra". Porque sólo el Espíritu puede conquistar al espíritu. Los hijos de las tinieblas son más astutos en esto que los hijos de la luz. El diablo se cuida muy bien de no sofocar la emoción. Cuando las fuerzas espirituales de apasionado mal se desatan sobre la tierra y las feroces emociones se ensañan contra el mundo, de nada sirve utilizar una teología aguada y desapasionada: es inútil establecer un cristianismo tibio contra un paganismo feroz. Debemos hacer frente a la estocada demoníaca con el fuego divino. Y de hecho eso se puede lograr, ya que Cristo ha vencido al mundo.[2]

La Iglesia debe redescubrir la guerra espiritual. Debemos abrir nuestro arsenal bíblico y espiritual y vestir al pueblo de Dios para combatir al enemigo con fe. Aunque la victoria ya es nuestra, todavía estamos en este mundo, y es nuestra obligación hacer valer la victoria de Cristo. La venida de Cristo fue un cambio en el paradigma de la antigua batalla, ¡un punto de inflexión en la historia de la humanidad!

Así que debo comenzar este libro por el final y no por el principio. El apóstol Juan peleó contra el enemigo y fue tal amenaza para el gobierno y la cultura que fue exiliado a la isla de Patmos. Los gobernantes de esa era suspiraron con alivio creyendo que al fin habían terminado con esta advenediza fe cristiana. ¡Desde su solitario exilio obtenemos un impresionante panorama del futuro que Dios ha preparado para todos nosotros!

Así como un gran drama llega a su conclusión con un acto final, Dios ha escrito el último acto de esta era. En el libro del Apocalipsis, la pared entre el mundo eterno y el presente se quiebra. La historia y la profecía emergen mientras Dios ata los cabos sueltos de la antigua contienda.

Apocalipsis capítulo 5 es la pieza central de la lucha de la humanidad. Se representa alrededor del trono de Dios, y vemos la historia, el misterio, y la victoria de la humanidad.

> Y vi en la mano derecha del que estaba sentado en el trono un libro escrito por dentro y por fuera, sellado con siete sellos. Y vi a un ángel fuerte que pregonaba a gran voz: ¿Quién es digno de abrir el libro y desatar sus sellos? Y ninguno, ni en el cielo ni en la tierra ni debajo de la tierra, podía abrir el libro, ni aun mirarlo. Y lloraba yo mucho, porque no se había hallado a ninguno digno de abrir el libro, ni de leerlo, ni de mirarlo.
>
> —APOCALIPSIS 5:1–4

DESCUBRIENDO EL SECRETO DEL LIBRO

En esta dramática escena, en la diestra extendida de Jehová sentado en el trono hay un libro. El libro está en posesión del único que tiene autoridad, como queda demostrado por el trono y la mano derecha. La mano derecha representa autoridad y gobierno. El libro está escrito por dentro y por fuera y sellado con siete sellos. Lo que está adentro está oculto a la vista. Los siete sellos representan un sellado completo. Entonces, los decretos que se encuentran dentro del libro no pueden ser abiertos ni leídos por nadie.

Para entender el misterio del libro, debemos averiguar lo que significa. Hay más de cuatrocientas citas directas o alusiones a los treinta y un libros del Antiguo Testamento en el Apocalipsis. Tendría sentido ver si la historia judía nos podría dar alguna clave sobre el libro. Esa clave se encuentra en las leyes de redención y en la celebración del jubileo. En el antiguo mundo de Israel una familia nunca perdía *completamente* la tierra, la libertad o los derechos a una herencia. Para la ley judía alguien podría perder la tierra sólo si tomaba algo prestado dando la casa como garantía y luego no pagaba esa hipoteca. También se podía perder la libertad cuando la persona se convertía en siervo para pagar una deuda. Además, una viuda sin hijos tenía derecho a obtener un heredero varón en una familia mediante un matrimonio levirático.

Déjeme explicarlo mejor. Si por un fracaso perdía la tierra, la libertad o los derechos familiares, ¡estos podían ser redimidos! La redención significa que todas las deudas han sido pagadas.

Si alguien se encontraba en alguna de estas circunstancias, la pérdida quedaba grabada en un libro, el cual se sellaba, y el precio de la redención se escribía por fuera. Ya fuese la persona que perdió el derecho a su propiedad o un pariente cercano (un pariente) podía volver a comprar la herencia.

Esto está claramente descrito en el libro de Rut. Elimelec y Noemí hipotecaron su propiedad en Belén y viajaron a Moab (Jordania). Allí murió Elimelec, y también sus hijos Mahlón y Quelión. Noemí quedó viuda y con dos nueras, Orfa y Rut. Rut regresó a Belén con Noemí en la pobreza más absoluta. Noemí es una viuda sin un centavo; Rut es una gentil. Noemí tiene un pariente (un familiar cercano) llamado Booz. Él es rico y está dispuesto a redimir a Noemí. Sin embargo, también debe estar dispuesto a redimir a Rut casándose con ella y preservando el nombre del fallecido Elimelec.

En el transcurso de estos hechos, surge un pariente más cercano que no puede redimir. Él muestra su inhabilidad quitándose un zapato. Booz redime la tierra de Noemí, se casa con Rut y redime a toda la familia.

El libro que está en la mano de Dios representa la incapacidad del hombre desde Adán hasta hoy. Lleva el registro de la guerra de Satanás contra la humanidad y los propósitos de Dios. El libro representa cada pecado, cada guerra, cada tumba, cada lágrima, cada fracaso y cada miseria de la raza humana. De hecho, el libro lleva el registro y la razón de todo el mal y los hechos malignos sobre la tierra. Así como el libro de Noemí habrá registrado todas sus pérdidas, hay un libro para toda la miseria humana.

Ahora la antigua historia cobra vida mientras en esta escritura se desarrolla el drama. ¡El registro está en la mano derecha de Dios! La tragedia del jardín del Edén convirtió a la tierra en un enorme cementerio. Nuestro mundo sigue siendo saqueado por las guerras, devastado por los desastres, asediado por las enfermedades, perseguido por el terror, limitado por la mortalidad, y teñido por el terror.

El río del pecado y las elecciones equivocadas fluye a través de las páginas de la historia. La tiranía de Satanás y las limitaciones de la mortalidad han aplastado las esperanzas de la humanidad. Eso es lo que está escrito en ese libro.

Las lágrimas de la humanidad

El apóstol Juan, quien tuvo el coraje de permanecer junto a la cruz y sobrevivió a la tortura y el exilio, no estalló en lágrimas ante el enemigo, pero sí llora ante esta escena. Las lágrimas de Juan son sus lágrimas y las mías. Representan el dolor de cada persona que alguna vez se sintió aplastada por sus fracasos.

El libro sin abrir habla de la insuficiencia de la humanidad. ¡Nadie puede abrir el libro de la esclavitud humana! Sólo al romper esos sellos se podrán abrir las puertas del infierno y liberar a la humanidad. Todo el poder humano, la sabiduría, la educación y el progreso no alcanzan. Por ello, lágrimas de desesperación humedecen la tierra a través de los tiempos. Éste es el registro de Satanás, mientras los demonios causan tremendos estragos sobre la humanidad y sobre el planeta.

Contemple al Salvador

El precio de la redención está escrito en el exterior del libro.

- Un pariente cercano, Jesucristo, se hizo humano para redimirnos.
- El pariente cercano debe ser capaz de redimir: sólo Jesucristo tenía el precio de nuestra libertad, su preciosa sangre.
- El pariente cercano debe actuar voluntariamente: Jesucristo sufrió por propia voluntad para darnos la libertad.

El ángel pregonaba: "¿Quién es digno de abrir el libro y desatar sus sellos?" (Ap 5:2). La respuesta es que un segundo Adán ha venido al campo de batalla. Él es el León de Judá; el Mesías judío ha venido a liberar al mundo entero.

Mayor que David, un nuevo Rey ha venido a reclamar lo que es suyo por derecho. ¡Cuando Juan mira al León, ve un Cordero! Esta victoria ha sido ganada por el Cordero. En el libro de Apocalipsis, el Cordero de Dios es digno de alabanza (Ap 5:12), el que ejecuta la ira (Ap 6:16), y el que vence a Satanás (Ap 12:11). Apocalipsis 5:5 declara que Jesús, el Cordero de Dios "ha vencido". Cuando usted mira al Cordero, Él está de pie, no yace en una tumba. Está coronado con toda la autoridad. Él lleva las marcas de la batalla, pero está parado en eterno triunfo.

La palabra *venció* es la palabra griega *nikáo*. Se traduce como "dominar", "vencer", "obtener la victoria" y "triunfar". Aquí está en tiempo aoristo, que significa que lo ha hecho "de una vez y para siempre". Jesucristo ha vencido de una vez y para siempre el poder de Satanás.

LA IGLESIA VENCEDORA

La historia de la iglesia puede ser rastreada en las siete iglesias de Apocalipsis. Aunque se trata de iglesias literales, estas siete iglesias parecen representar la línea de tiempo de la historia de la iglesia. Cada una de ellas es llamada a vencer. Esta es la misma palabra, *vencer* utilizada para describir la victoria de Jesús. Los que están en la iglesia pueden vencer al enemigo.

> Al que venciere, le daré que se siente conmigo en mi trono, así como yo he vencido, y me he sentado con mi Padre en su trono.
>
> —APOCALIPSIS 3:21

Podemos vencer, tal como Cristo venció. Podemos vivir una vida entronizada, victoriosa, con Él. La victoria es posible sólo por medio de su sangre.

> Y ellos le han vencido por medio de la sangre del Cordero y de la palabra del testimonio de ellos, y menospreciaron sus vidas hasta la muerte.
>
> —APOCALIPSIS 12:11

Nuestra herencia futura está ligada a la guerra espiritual. Si vencemos, somos hijos e hijas de Dios y tenemos una rica herencia que reclamar ahora y para el futuro.

> El que venciere heredará todas las cosas, y yo seré su Dios, y él será mi hijo.
>
> —APOCALIPSIS 21:7

EL LIBRO DE LA GUERRA

Por lo tanto veremos abierto el libro de la lucha humana. Al hacerlo, veremos cómo se despliega la histeria del enemigo, su ataque y su estrategia. Más aún, aprenderemos cómo darle batalla. Finalmente, aprenderemos a vencer en lugar de dejarnos abrumar. Tendremos una vida de victoria y no de víctimas.

capítulo 3

ERRORES DE LOS TIEMPOS FINALES SOBRE LA GUERRA ESPIRITUAL

EL 3 DE enero de 1980, el mundo oyó la espantosa noticia de que Joy Adamson había sido asesinada en la reserva Shaba Game en el norte de Kenia, donde había estado observando el comportamiento de los leopardos. Aún más espantosa fue la explicación de la muerte de Adamson: dijeron que había sido atacada por un león. Su cuerpo fue encontrado en un camino cerca del campamento en Mawson, y pronto fue evidente para George Adamson y para las autoridades que los responsables habían sido seres humanos. Sus heridas fueron causadas por un instrumento agudo, una espada de doble filo, y no por los colmillos ni las garras de un león. Además, su tienda había sido abierta, y desparramaron el contenido de su maleta. Aunque las autoridades terminaron condenando a alguien por la muerte de Joy Adamson, la verdadera historia que hay detrás de su muerte sigue siendo un misterio.[1]

No cometa el error de creer que usted puede domesticar al atormentador. No se puede tener una coexistencia pacífica con el enemigo. Tarde o temprano el enemigo destruirá a quien esté descuidado o sea insensato. Se tienen ideas equivocadas que dificultan la victoria y la libertad espiritual.

> Pero el Espíritu dice claramente que en los postreros tiempos algunos apostatarán de la fe, escuchando a espíritus engañadores y a doctrinas de demonios;
>
> —1 TIMOTEO 4:1

Los postreros días se caracterizarán por una retirada de la fe. Esta apostasía incluirá a los que sean engañados por espíritus seductores y por las falsas ideas del final de los tiempos, sobre la guerra espiritual y las doctrinas de demonios. Primera de Corintios 10:20 nos advierte sobre la religión sin Cristo y la llama "sacrificio a los demonios". Segunda de Corintios 11:13-15 nos advierte sobre los falsos ministerios: "Porque estos son falsos apóstoles, obreros fraudulentos, que se disfrazan como apóstoles de Cristo. Y no es maravilla, porque el mismo Satanás se disfraza como ángel de luz. Así que no es extraño si también sus ministros se disfrazan como ministros de justicia; cuyo fin será conforme a sus obras".

Efesios 6:11 nos desafía a "vestirnos de toda la armadura de Dios". Hoy muchos cristianos son engañados al punto de no creer en el poder de Satanás y su horrible influencia demoníaca.

Primera de Timoteo 1:18 nos llama a "pelear la buena batalla"

Primera de Timoteo 6:12 nos llama a "pelear la buena batalla de la fe".

Los cristianos han ignorado al enemigo y han permitido que reine libremente en sus vidas. Permítame aclarar algunas ideas equivocadas que resultan peligrosas.

Los demonios sólo operaron en el tiempo de Cristo u hoy en las culturas paganas

No hay nada en la Biblia que restrinja la actividad demoníaca a cierta época o cultura. Por el contrario, las Escrituras hablan de que nuestra batalla debe ser constante. Segunda de Corintios 2:11 nos advierte: "Para que Satanás no gane ventaja alguna sobre nosotros; pues no ignoramos sus maquinaciones". Una de sus maquinaciones es hacer que la gente niegue su obra y su existencia.

Los demonios no pueden molestar a los creyentes

Existe un gran debate sobre la expresión *posesión demoníaca*. En el Nuevo Testamento no existe tal frase, pero sí se utiliza el término *endemoniado*. Ningún cristiano puede estar totalmente dominado por demonios, pero un cristiano puede ser oprimido, agobiado o dominado por la actividad demoníaca.

En Hechos 5:3 Satanás llenó el corazón de Ananías "para que mintiese al Espíritu Santo". Los creyentes que no se arrepienten son "entregados a Satanás para destrucción de la carne" (1 Co 5). Efesios 6: 10-17 habla de luchar contra los poderes de las tinieblas, apagando todos los dardos de fuego del maligno, estando firmes contra sus asechanzas. El enemigo puede atacar la mente y el cuerpo del cristiano.

Por ello, los cristianos necesitan tomar la liberación como una parte de su salvación.

En la oración del Señor en Mateo 6:13 se nos dice que oremos diariamente: "líbranos del mal".

Sólo el ocultismo conduce a dificultades demoníacas

Los actos ocultos endemonian. Pero estar involucrado en el ocultismo no es la única avenida de opresión que utiliza el enemigo. Todo creyente está sujeto a tentación, engaño, opresión y fortalezas.

La operación demoníaca incita sólo a comportamientos extremos tales como la violencia o el pecado grosero.

Es verdad que como se ve en Marcos 5, estar totalmente endemoniado puede conducir a comportamientos extremos. Sin embargo, al estudiar Marcos 1:23-24 vemos en una sinagoga a un hombre que grita por su opresión. No hay violencia alguna aquí. También en Lucas 13:10-16 encontramos a una mujer llamada "hija de Abraham" atada por un "espíritu de enfermedad". La palabra "enfermedad" es *asdséneia* en griego. Significa "falta de fuerzas" "débil", "incapacidad". Jesús le dice: "Eres libre" (v. 12). Esa palabra, "libre" es *apolúo,* que significa: "dejar totalmente en libertad". La opresión demoníaca había mantenido a esta mujer enferma e indefensa durante dieciocho años. ¡Jesús la liberó en el día de reposo!

Los cristianos están en peligro cuando tratan con demonios

A menudo oigo que la gente dice con miedo: "No quiero revolver nada metiéndome en guerra espiritual". Amigo, Jesús puso las manos sobre esta pobre mujer y ella fue libre. Los demonios están bajo la autoridad de los creyentes y sólo pueden afectarnos si les damos lugar.

¿Qué clase de cirujano no operaría por miedo a causar dolor? ¿Qué clase de doctor no trataría una enfermedad por miedo a exponerse? El doctor se pondría protección y haría su trabajo. De la misma manera, podemos vestirnos de toda la armadura de Dios y ayudar a otros a ser libres. (Vea el capítulo 31, "Armándose para la victoria" para más información sobre este punto.)

Los cristianos deben tener temor de tocar o estar cerca de los que estén afectados por demonios

El miedo invita al ataque del enemigo. Pero los afectados por demonios no son transmisores. Una persona que está bien con Dios no tiene nada que temer del enemigo.

Los cristianos pueden alegar la sangre de Jesús aunque no tengan entendimiento ni fe

¡La sangre de Jesús no puede ser "alegada" como si fuera un conjuro para la buena suerte! Honramos la sangre de Jesús y confiamos en su poder limpiador, protector y liberador. La sangre se alega ella misma cuando se aplica a la vida del creyente. Apocalipsis 12:11 habla del poder de la sangre que vence a Satanás: "Y ellos le han vencido por medio de la sangre del Cordero y de la palabra del testimonio de ellos, y menospreciaron sus vidas hasta la muerte". La sangre habla del perdón y cancela el derecho que el enemigo tiene para atacar. La sangre no "se alega a Satanás" para nada. Se alega la sangre ante el Padre. ¡La sangre reprende a Satanás!

La instrucción sobre guerra espiritual es innecesaria

Recientemente un pastor que había sido miembro de mi iglesia durante mucho tiempo me informó que la iglesia había marchado bien por años sin estas enseñanzas. Le respondí: "Mira a tu iglesia y a la mía. La mitad de tus miembros no concurren a las reuniones. El pecado es desenfrenado. La depresión y la opresión dominan a muchas de las personas de tu congregación". Ignorar la verdad lleva al desastre. Segunda de Corintios 2:11 nos advierte que "no ignoremos las maquinaciones" de Satanás.

Los cristianos pueden restarle importancia a Satanás y a la verdad de la guerra espiritual

¡Un evangelista me dijo que Satanás es un tigre sin dientes! Ese cliché suena bien, ¿pero es cierto? Mire 1 Pedro 5:8-9: "Sed sobrios, y velad; porque vuestro adversario el diablo, como león rugiente, anda alrededor buscando a quien devorar; al cual resistid firmes en la fe, sabiendo que los mismos padecimientos se van cumpliendo en vuestros hermanos en todo el mundo". La palabra *devorar* significa "tragar con ansia y apresuradamente". Debemos darnos cuenta de que nuestro enemigo está vencido, pero sigue siendo peligroso.

Resistir al diablo es suficiente durante un tiempo.

Resistir al diablo es necesario e importante. Pero sólo es un acto defensivo. Hay un aspecto ofensivo en la guerra espiritual por medio del cual el terreno ganado por el enemigo debe ser recuperado. Efesios 4:27 nos advierte sobre: "no dar lugar al diablo". En Mateo 12:43 los demonios andan por "lugares" secos. ¡Es la misma palabra que encontramos en Efesios 4:27!

Debemos ir al rescate de los que fueron capturados por el enemigo. Colosenses 1:13 habla de la salvación como "liberación del poder de las tinieblas". En Mateo 16 Jesús dijo de la iglesia: "Las puertas del infierno no prevalecerán contra ella". Este texto habla de que la iglesia ataca las mismas puertas de las fortalezas del infierno.

En Juan 12:31 Jesús habló de la cruz como un lugar donde el enemigo puede ser "echado fuera". Cada persona perdida vive bajo el dominio del "príncipe de la potestad del aire, el espíritu que ahora opera en los hijos de desobediencia" (Ef 2:2).

Cuando Pablo estuvo frente al rey Agripa, le declaró su misión: "Para que abras sus ojos, para que se conviertan de las tinieblas a la luz, y de la potestad de Satanás a Dios; para que reciban, por la fe que es en mí, perdón de pecados y herencia entre los santificados" (Hch 26:18). La salvación es un nuevo nacimiento para quienes están en tinieblas, para quienes están bajo el dominio de Satanás.

LA LIBERTAD DE MÚLTIPLES ATAQUES ES INSTANTÁNEA

A veces se necesita una guerra intensiva para deshacerse de todos lo invasores de su vida. Años después de asumir el ministerio, Timoteo seguía batallando contra una fortaleza de temor. Dios hará una obra completa si usted lo deja. "Porque no nos ha dado Dios espíritu de cobardía, sino de poder, de amor y de dominio propio". (2 Ti 1:7).

La libertad ganada es el fin de la guerra espiritual

No, es sólo el comienzo de una vida de discipulado. El terreno ganado en la propia vida debe ser defendido. El pecado debe ser purgado y debemos llevar una vida de compromiso. Debemos vestirnos con toda la armadura ¡hasta el día que la cambiemos por las vestiduras blancas!

capítulo 4

ENTRENARSE PARA REINAR

LA VIDA CRISTIANA es una victoria ya ganada, pero también es una batalla que se debe pelear. Al preparar de nuevo mi lapicera para escribir sobre la guerra espiritual, lo hago con las cicatrices de un veterano. He aprendido mucho en el frente de batalla y debo compartirlo. El guerrero espiritual debe estar preparado para llevar la contienda al próximo nivel.

Del humo y fuego del campo de batalla, he aprendido cosas que son de gran ayuda para el Cuerpo de Cristo. La Iglesia debe convertirse en un "ejército espiritual", y tomar con mayor seriedad el adiestramiento básico de su gente.

La vida de David es un ejemplo de la guerra como preparación para una mayor unción y autoridad. Comenzando con un estudio sobre el crecimiento de David y la experiencia en el desierto, permitamos que el Señor nos entrene para reinar.

UN MAESTRO QUE NO ENCAJA

David se elevó de ser un oscuro pastor hasta llegar a la prominencia como soldado. Desde el comienzo, David no fue un niño común. En una cultura de tez oscura, cabellos oscuros y ojos oscuros, David era blanco y pelirrojo. Decían que tenía los "ojos vivaces". La Biblia indica que David tenía una gloriosa corona de cabello rojizo y brillante. Su piel era blanca y sus ojos azules.

David era tan diferente que se le dio el oficio de pastor y fue enviado lejos de casa. Cuando Samuel llegó buscando al próximo rey, David no estaba incluido en la lista de candidatos de su padre, Isaí.

GUERRERO ADORADOR

Solo con sus ovejas, David cultivaba un espíritu de alabanza. El Espíritu Santo cantaba poemas que llamamos "salmos" por medio de él. Este joven adorador también defendía a sus ovejas. Mató a un oso y a un león para proteger el rebaño de su padre.

Usted ve, un apacentador de ovejas (o pastor) necesita desarrollar un corazón de adorador. Es desde ese compromiso que nace el corazón de un guerrero. Las costumbres de David eran consideradas raras y diferentes a las de otros. ¡Pero los poetas son soldados poderosos!

UNGIDO, PERO NO ENTRENADO

David fue descubierto por Samuel, quien lo ungió como rey de Israel. Fue nombrado para ser el sucesor de Saúl. Sin embargo, ¡a Saúl le quedaba mucho por vivir! Cuando David mató al gigante Goliat, se convirtió instantáneamente en un héroe nacional. Entonces Saúl lo llevó a su casa y lo trató como a un hijo. Todo pareció funcionar bien por algún tiempo.

David pronto cayó es desgracia con Saúl y fue forzado a escapar al desierto. En medio de muchas dificultades, Dios entrenó a David para gobernar y para vencer en cada situación.

A LA SOMBRA DE UN PASTOR

Usted puede sentir que no está viviendo su destino o su sueño. ¿Puede ser que aún esté atravesando un periodo de entrenamiento básico para que aprenda y luego pueda dirigir y tener éxito en el lugar para el cual ha sido dotado? La unción de David lo llevaría al trono, pero no sin una previa experiencia de entrenamiento en el desierto. En el campo con las ovejas, David llegó a conocer al Gran Pastor. Él recordó su rebaño en ese gran pasaje del Salmo 23:

> Jehová es mi pastor; nada me faltará.
> En lugares de delicados pastos me hará descansar;
> junto a aguas de reposo me pastoreará.
> Confortará mi alma;
> Me guiará por sendas de justicia por amor de su nombre.
> Aunque ande en valle de sombra de muerte,
> no temeré mal alguno, porque tú estarás conmigo;

tu vara y tu cayado me infundirán aliento.
Aderezas mesa delante de mí en presencia de mis
angustiadores;
unges mi cabeza con aceite; mi copa está rebosando.
Ciertamente el bien y la misericordia me seguirán todos los
días de mi vida,
y en la casa de Jehová moraré por largos días.

En este Salmo David confiesa su fe en Jehová, el "Yo Soy", como el Dios del pacto. David lo llama *Raá,* el pastor. David proclama su fe: "nada me faltará: Él es *Yiré*, el proveedor". El Señor trae descanso, porque él es *Shalóm*: nuestra paz. David aprendió a seguir al Señor porque sabía que él era *Nissi*: su estandarte. Al contemplar su vida de pecador necesitado de justicia, David les hablaba a los que necesitaban ser guiados por la "senda de justicia" porque confiaba en *Jehovah-Tsidkenu*. David aprendió que jamás estaría solo ¡porque *Jehovah Shammah* siempre estaba presente!

La relación de David con Dios lo preparó para relacionarse con el pueblo de Dios. Pero aún faltaba un periodo de prueba. David debía aprender a no confiar en la carne. Él tenía unción, pero la armadura de Saúl no le quedaba bien. La casa de Saúl no era para él. De hecho, David estaba dispuesto a ser diferente para adecuarse al plan que Dios tenía para su vida. Así que después de no encajar en la casa de Isaí, David se encontró con que tampoco era bienvenido en la casa de Saúl. Dios tenía planes para levantarle a David una casa propia y distintiva.

Su lugar en el ejército de Dios

En este nuevo milenio, los que aman a Dios pueden creer que no encajan en ningún sitio. La casa de Isaí representa la tradición: la zona confortable para la mayoría de la gente. David no estaba cómodo en este ambiente tradicional, y sus hermanos tampoco estaban cómodos con él. El fiel pastor no tiene vergüenza de cantar, reír, danzar y celebrar la majestad de Dios. Su única preocupación es guiar, alimentar, reproducir y proteger a sus ovejas. Este pastor está dispuesto a caminar en lo desconocido para alimentar a su rebaño. No tiene miedo de Lucifer, el león rugiente ni del "oso de la opresión".

La casa de Saúl representa a quienes adhieren sólo a la última moda religiosa. A la multitud de Saúl le gustaba el espíritu luchador de David, alguien que enfrentara al feroz Goliat. A Saúl le gustaba la habilidad que tenía David para aquietar su alma trastornada. Pero hacia el final, la multitud de Saúl odió al ungido, y David no pudo encajar en esa inconsistente casa de religión.

David tenía un destino y una unción segura para liderar; obviamente él no encajaba en la estructura del pasado. Él sabía que se avecinaba una guerra por el pueblo y por su tierra, pero necesitaba un ejército que tuviera un corazón preparado para luchar.

Al igual que David, usted ha sido llamado y ungido, ¿pero a dónde se quedará? ¿Quién lo ayudará a mudarse del lugar en que no encaja al sillón de un monarca en su vida espiritual? Dios tiene planes para usted, pero al principio estos pueden parecerle raros. ¡Dios lo está preparando para que salga de la cueva a la coronación y la conquista!

Jeremiah Denton fue prisionero de guerra en Vietnam durante siete años. Más tarde fue elegido para ocupar un puesto en el senado de Alabama. Cuando se le preguntó qué fue lo que lo sostuvo durante su difícil encarcelamiento, él dijo que fueron los versículos de la Biblia que había memorizado.[1] A pesar de que físicamente era un prisionero de guerra, ¡su alma era libre y victoriosa!

LA CUEVA ANTES DE LA CORONA

No era fácil estar ungido como rey mientras el rey actual seguía reinando. David se encontró perseguido y odiado por haber sido el escogido de Dios.

El Antiguo Testamento cuenta la historia de cómo David huyó de un Saúl desquiciado y asesino y se fue a la tierra de los filisteos. Para desviarlo de su camino, el enemigo tentó a David para que se sumara a su bando. David huyó a la ciudad de Gat, donde había nacido Goliat, el gigante que él había matado. Pero allí reconocieron a David, y temió que Aquis, el rey de Gat, lo hiciera matar. Fingió sufrir una enfermedad mental y escapó de la muerte, pero también encontró que no tenía un lugar en ese territorio enemigo.

Esta historia es un cuadro de la Iglesia moviéndose de su etapa de desierto ¡a otra etapa, de guerra! El entrenamiento de David en su "iglesia de la cueva" tiene un paralelo con nuestra necesidad en la iglesia contemporánea.

LA IGLESIA DE LA CUEVA

David escapó de Saúl y Gat y encontró refugio en la cueva de Adulam. Pronto, se supo en Belén que el que pronto sería rey estaba viviendo en una cueva. Alrededor de cuatrocientos hombres valientes buscaron a David en el desierto.

¡Aquella gente no se veía muy bien! La palabra de Dios los describe de la siguiente manera: "Y se juntaron con él todos los afligidos, y todo el que estaba endeudado, y todos los que se hallaban en amargura de espíritu, y fue hecho jefe de ellos; y tuvo consigo como cuatrocientos hombres". (1 S 22:2).

Este fue el comienzo del ejército de David: los afligidos, los endeudados, y los amargados. ¡Qué insólito comienzo para un ejército que llevaría a David al trono de Israel! La cueva fue el comienzo de la iglesia davídica.

Algunas personas dirían que no se puede construir algo grande en una cueva. Creen que no se puede tener una iglesia en la parte trasera de cualquier lugar. ¡Ellos creen que no se puede edificar una iglesia con gente descontenta y sin dinero! ¡Pero aquella mezcolanza de gente que formaba la banda de David se convirtió en un poderoso ejército de Dios! (Vea 1 Crónicas 12:22.)

ENTRENAMIENTO ESPIRITUAL BÁSICO

Cuando los jóvenes se enlistan en el ejército, deben pasar primero varias semanas de una rigurosa instrucción militar. Deben estar en buenas condiciones físicas, emocionales y mentales para luchar contra el enemigo. Una página web sobre estrategia militar establece esto sobre el reclutamiento de infantes de marina de los Estados Unidos: "Después de completar exitosamente el entrenamiento, incluyendo el Crisol, el examen final de capacidad para trabajar en equipo, el recluta se transforma tanto física como mentalmente en una pieza vital de un equipo eficiente. Entonces, y sólo entonces, se le confiere al recluta el título de infante de marina".[2]

Resulta interesante que David tuviera procedimientos de entrenamiento, por lo que plantea en el libro de los Salmos: "Quien adiestra mis manos para la batalla, para entesar con mis brazos el arco de bronce" (Sal 18:34).

En el prefacio de este salmo, se nos dice que fue escrito cuando David escapaba de Saúl y de sus enemigos. Este salmo, creo, representa el manual con que David entrenaba a su gente. ¡Dios desea que el creyente aprenda a luchar espiritualmente!

SEIS ELEMENTOS ESENCIALES DE UN GUERRERO

Hoy la mayoría de los ejércitos tiene un entrenamiento básico que dura de seis a trece semanas. Durante ese tiempo, los reclutas tienen un líder al que llaman instructor de entrenamiento. Luego de ese entrenamiento básico, el joven soldado o marinero comienza a verse y a actuar de manera diferente.

A medida que siga leyendo este libro, oro para que usted se ponga en forma para una guerra espiritual más intensa. ¡Un ejército tímido y sin entrenamiento no representa competencia alguna para los terroristas del infierno! No, debemos estar espiritualmente en forma, tomar nuestra armadura, y dirigirnos al frente de batalla. El destino de la humanidad está en juego.

David entrenó a sus cuatrocientos soldados con la verdad que encontramos en el Salmo 18, que contiene seis instrucciones básicas que cada guerrero necesita oír.

1. Permanecer bajo autoridad—sumisión

> Porque tú salvarás al pueblo afligido, Y humillarás los ojos altivos
>
> —SALMOS 18:27

El soldado debe comenzar el día aprendiendo cómo obedecer órdenes. Desde el momento en que llega al campo de entrenamiento, ¡ya nada le pertenece! Se le corta el cabello, seleccionan la ropa para él, y su horario es determinado por sus líderes. Por un tiempo, se pierde la libertad y se enseña la sumisión.

Es esencial entender que poner en fuga al diablo requiere sumisión a Dios. Santiago 4:7 nos dice: "Someteos, pues, a Dios; resistid al diablo, y huirá de vosotros".

Uno de mis amigos de la escuela secundaria fue siempre un rebelde. Sus ropas eran poco convencionales, y también su actitud. Finalmente, abandonó la escuela para ser libre. ¿Cuál fue su elección? Se unió a la Marina. ¡Reí cuando lo volví a ver, después del entrenamiento! Su largo cabello ahora estaba cortado al rape, y usaba un prolijo uniforme de la marina de los Estados Unidos en lugar de bluyines. ¡Había aprendido a vivir bajo las órdenes de otro! Hebreos 12:1-2 da órdenes a los cristianos para que marchen:

> "Por tanto, nosotros también, teniendo en derredor nuestro tan grande nube de testigos, despojémonos de todo peso y del pecado que nos asedia, y corramos con paciencia la carrera que tenemos por delante, puestos los ojos en Jesús, el autor y consumador de la fe, el cual por el gozo puesto delante de él sufrió la cruz, menospreciando el oprobio, y se sentó a la diestra del trono de Dios".

2. Enciéndase por la causa: pasión

> Tú encenderás mi lámpara.
>
> —SALMOS 18:28

La segunda meta del entrenamiento es inspirar al recluta a tener pasión por la causa de la nación. Al ser todos iguales, el que ponga más pasión en la batalla ganará. En nuestra lucha contra el enemigo, debemos encendernos para ganar almas para el Reino de Dios.

Una cosa admirable de los fundamentalistas islámicos es su desenfrenada pasión por su causa. Están ansiando morir para cumplir sus propósitos. Sus enseñazas son erróneas y sus métodos son horrendos, pero se encienden por lo que creen. Ningún arma militar puede apagar esa pasión, lo mismo debería ocurrir con los cristianos que tienen pasión por Cristo.

3. Esté preparado para la guerra: disciplina

> Jehová mi Dios alumbrará mis tinieblas.
>
> —SALMOS 18:28

Dios "alumbrará" a sus soldados. Se nos han dado la armadura correcta y las instrucciones necesarias. Cada iglesia debe convertirse en un arsenal espiritual, preparando a su gente para la lucha contra las tinieblas.

4. Crea que puede ganar—visión

> Contigo desbarataré ejércitos, y con mi Dios asaltaré muros.
>
> —SALMOS 18:29

Aquí el recluta confiesa su fe. Por el poder de Dios él puede desbaratar ejércitos. Con la fortaleza de Dios él puede saltar muros. El ejército y los obstáculos del enemigo caen ante el soldado espiritual que tiene fe.

5. Conozca cuáles son sus armas: poder

> En cuanto a Dios, perfecto es su camino, y acrisolada la palabra de Jehová; escudo es a todos los que en él esperan. Porque ¿quién es Dios sino sólo Jehová? ¿Y qué roca hay fuera de nuestro Dios? Dios es el que me ciñe de poder, y quien hace perfecto mi camino...quien adiestra mis manos para la batalla, para entesar con mis brazos el arco de bronce.
>
> —SALMOS 18:30–32, 34

Fíjese: primero, Dios tiene un plan perfecto. La palabra *perfecto* significa "absolutamente completo". Debemos pelear de acuerdo con el plan divino.

En segundo lugar, Jehová nos ha dado una espada de doble filo: su Palabra. Debemos empuñar esta espada eficazmente si queremos vivir una vida victoriosa.

Más aún, Dios nos garantiza un escudo protector: la fe.

Además, Jehová ejercita nuestros dones para que nuestras manos estén adiestradas para la batalla. Podemos usar nuestro "arco de bronce" para sentenciar al enemigo. ¡Los arqueros espirituales pueden derribar a los principados de los cielos!

6. Suba al nivel siguiente: excelencia

> Quien hace mis pies como de ciervas, y me hace estar firme sobre mis alturas;
>
> —SALMOS 18:33

El entrenamiento nos lleva al siguiente nivel de la batalla. Poder conquistar las montañas que tengamos por delante. Nuestros pies deben ser firmes para que podamos caminar dando pasos seguros. Los pies de las ciervas están bien alineados, lo que significa que las patas traseras siempre pisarán donde hayan pisado las patas delanteras.

Nuestro Dios nos permite caminar sobre sus pisadas, sobre las huellas que Él deja.

El manual de David, aquí en el Salmo 18, moldeó a sus cuatrocientos marginados y los llevó a convertirse en una maquinaria militar que conquistó el reino.

Nosotros también podemos ascender al siguiente nivel si nos informamos y nos disciplinamos. El resto de este libro lo ayudará a conocer al enemigo, a entender la batalla, equiparse para la lucha y caminar en victoria.

SECCIÓN II

CÓMO RASTREAR LA HISTORIA DE SU ENEMIGO

capítulo 5

Una batalla más allá de las estrellas

ALGO ESTÁ TERRIBLEMENTE mal en nuestro mundo y no puede ser explicado por medio de la razón. Lamentablemente gran parte del mundo, especialmente la sociedad occidental, ha rechazado la idea de la maldad sobrenatural.

Nuestra propia cultura occidental es la única sociedad que tanto contemporánea como históricamente ha rechazado la idea de los espíritus malignos. Desde el Siglo de las Luces los eruditos occidentales han buscado entender el mundo en términos verificables, racionalistas y explicables. No hay lugar para seres espirituales buenos y malos en esta era "cientificista". Aunque es mucho el bien que ha surgido a partir del método científico, hay un gran punto ciego cuando se trata del aspecto espiritual del hombre.

Los cristianos no tienen otra opción más que enfrentar el hecho escritural, histórico y aun contemporáneo de que sí existe un enemigo sobrenatural. Gracias a literatura y cinematografía absurdas, muchos ven la idea de un supremo ser maligno como una si se tratara de una broma. Satanás es caricaturizado como un villano de traje rojo, con cola, cuernos y una horqueta. Esto es una seria subestimación del enemigo.

Sun Tzu, el antiguo filósofo chino, escribió el ya clásico *El arte de la guerra* hace casi dos mil quinientos años. Este libro se ha convertido en el clásico de cómo lograr la victoria en el campo de batalla. Él decía esto sobre el enemigo: "Si usted conoce al enemigo y se conoce a sí mismo, no debe temer al resultado de cien batallas. Si usted se conoce a sí mismo, pero no conoce al enemigo, por cada victoria ganada, también sufrirá una derrota. Si no conoce al enemigo ni se conoce a sí mismo, sucumbirá en cada batalla".[1]

Esto es verdadero en nuestra vida espiritual. Debemos tener una sana apreciación y conocimiento de nuestro enemigo, combinados con un profundo conocimiento de nuestra propia identidad.

El cristiano debe equilibrar la violencia del enemigo con los poderosos recursos que están de nuestro lado en esta batalla espiritual. Cuando esto esté hecho, exclamaremos con el profeta Eliseo: "No tengas miedo, porque más son los que están con nosotros que los que están con ellos" (2 R 6:16).

La formación de Satanás

El nombre Satanás aparece menos de veinte veces en el Antiguo Testamento. La completa revelación de nuestro antiguo enemigo viene en el Nuevo Testamento. Encontramos a Satanás ya presente en el jardín del Edén en los albores de la aparición del hombre sobre la tierra. La guerra en la que estamos enfrascados va más allá de las estrellas, es una batalla que comenzó antes que la historia, ¡una auténtica batalla que va más allá del tiempo! Formamos parte de una intensa guerra que comenzó antes de los tiempos, en el ámbito que llamamos eternidad.

Nuestro universo con todas sus galaxias, sistema solar y vastas expansiones de espacio, tamaño y misterio fue creado por Dios antes de que apareciera la noción del tiempo. Hay otros reinos y dimensiones dentro de nuestro universo. A pesar de su belleza, ¡hay algo que está mal en la creación! La presencia del mal, la muerte y la lucha son evidentes en nuestro planeta. La raza humana tiene un enemigo que nos odia y quiere destruirnos.

- Encontramos a Satanás descrito como una serpiente en Génesis 3, tentando a nuestros antiguos padres y destruyendo su hogar.
- Lo encontramos probando a Job y perdiendo.
- Encontramos a Satanás incitando a David a confiar en los números en lugar de confiar en Dios: "Pero Satanás se levantó contra Israel, e incitó a David a que hiciese censo en Israel" (1 Cr 21:1).
- Encontramos a Satanás resistiendo el ministerio de adoración en los tiempos de Zacarías: "Me mostró al sumo sacerdote Josué, el cual estaba delante del ángel de Jehová, y Satanás estaba a su mano derecha para acusarle. Y dijo:

> Jehová a Satanás: Jehová te reprenda, oh Satanás; Jehová que ha escogido a Jerusalén te reprenda. ¿No es éste un tizón arrebatado del incendio?" (Zac 3:1-2).

¿De dónde vino el enemigo? ¿Cuál es el misterio de la prehistoria llamado mal? Debemos unir varios pasajes tanto del Antiguo como del Nuevo Testamento para entender el mal y sus orígenes. En Isaías 14:12-15, vemos un cuadro de la caída de Satanás. Descubrimos que Satanás era conocido como Lucifer, que significa luz o estrella de la mañana.

FRACASOS Y PECADOS DE LUCIFER

El orgullo derribó a Lucifer.

1. Cayó de la dimensión de la gloria—el cielo de los cielos (Is 14:12).
2. Él debilita a las naciones (Is 14:12).
3. Buscó ocupar el lugar de supremacía de Dios. Quería ser adorado por la congregación y subir por encima de la Shekinah (gloria)—la nube de la presencia de Dios (Is 14:13–15).

¿CÓMO ERA ÉL ANTES DE SU CAÍDA?

Mucho más informativo es el pasaje que comienza en Ezequiel 28:11. Como Isaías, Ezequiel está prediciendo la caída de reyes terrenales. La proclama de Ezequiel es contra los reyes de Tiro y Sidón. Pero Ezequiel también va más allá de la descripción de un rey humano en esta profecía.

Existen varias razones por las que muchos creen que se habla de Satanás en este pasaje. Primero, no hay ninguna referencia histórica que se haya descubierto sobre un rey como el aquí descrito en Tiro. Durante este periodo hubo un príncipe que gobernó Tiro y fue derrocado. El rey de Tiro sería el padre de este príncipe. Segundo, el versículo 13 dice: "En Edén, el huerto de Dios estuviste". De acuerdo con Génesis 3, las únicas personas que estuvieron en el jardín del Edén fueron Dios, Adán, Eva y la serpiente. Como resulta obvio que ninguno de los otros personajes corresponde al aquí descrito, creemos, al igual que muchos otros intérpretes, que es una referencia simbólica a Satanás.

Ezequiel 28:13 dice que Satanás fue creado. Esta referencia nos da la oportunidad de responder una pregunta que se hace muy a menudo: "¿Creó Dios el mal?". Si ésta es en efecto una descripción de la formación de Satanás, entonces podemos responder rotundamente: ¡No! El versículo 15 de Ezequiel 28 se vuelve a referir a su creación: "Perfecto eras en todos tus caminos desde el día que fuiste creado, hasta que se halló en ti maldad" (Ez 18:15).

De acuerdo con este versículo, nuestro actual enemigo fue creado perfecto, pero con el poder de elegir, que ejerció un día para decidirse por el mal. Dios les dio a las huestes angélicas una voluntad para elegir al igual que a los hombres. Esto nos pinta un cuadro de la formación de Satanás, pero debemos acudir a la descripción más antigua que encontramos de él en las Escrituras.

La función y características de Satanás

¡Miremos estos textos antiguos e imaginemos cómo se veía Satanás antes de su caída!

¡Era hermoso!

Vuelva a mirar la descripción de Ezequiel: "Hijo de hombre, levanta endechas sobre el rey de Tiro, y dile: Así ha dicho Jehová el Señor: Tú eras el sello de la perfección, lleno de sabiduría, y acabado de hermosura" (Ez 28:12).

Él emitía un arco iris de colores iridiscentes. Era la brillante combinación de todas las piedras preciosas. Era tan valioso como las piedras más costosas y tan hermoso como los colores del arco iris. El problema es que las piedras no irradian su propia luz; sólo la reflejan. Él evidentemente olvidó esta verdad más importante al inflarse con orgullo.

Debía proteger a los ángeles y a la tierra del Edén.

El Edén formaba parte de la antigua tierra: "En Edén, en el huerto de Dios estuviste; de toda piedra preciosa era tu vestidura; de cornerina, topacio, jaspe, crisolito, berilo y ónice; de zafiro, carbunclo, esmeralda y oro; los primores de tus tamboriles y flautas estuvieron preparados para ti en el día de tu creación" (Ez 28:13).

Las piedras indican que era parte de las huestes de adoración. Las piedras son similares a las del sumo sacerdote israelita. Era musical.

Él también fue un ser creado; fue llamado querubín.

> Tú, querubín grande, protector
>
> —EZEQUIEL 28:14

La misión de Lucifer fue establecida por Dios como guardián de la tierra y todas sus formas de vida. Además, guardaba la tierra que ahora conocemos como Israel.

Él conocía los secretos de la creación y la vida.

> Yo te puse en el santo monte de Dios, allí estuviste; en medio de las piedras de fuego te paseabas.
>
> —EZEQUIEL 28:14

Las piedras de fuego parecen ser la antigua fuente de poder creativo de Dios. La caída de Satanás y su juicio definitivo también son descritos por el profeta: "A causa de la multitud de tus contrataciones fuiste lleno de iniquidad, y pecaste; por lo que yo te eché del monte de Dios, y te arrojé de entre las piedras del fuego, Oh querubín protector. Se enalteció tu corazón a causa de tu hermosura, corrompiste tu sabiduría a causa de tu esplendor; yo te arrojaré por tierra" (Ez 28:16-17).

LA CAÍDA DE SATANÁS

¿Cuándo cayó?

Muchos ven el tiempo de su caída entre Génesis 1:1 y 1:2. Aunque el alcance de este capítulo no permite una prolongada defensa de esta visión cosmológica, necesitamos presentar varios puntos clave que ponen a prueba nuestro entendimiento sobre el origen y la función del enemigo. Primero, tenemos una garantía escritural de que Dios no creó originalmente a la tierra "desordenada y vacía". Encontramos estas denominaciones en Génesis 1:2: la palabra hebrea *tóju*, que significa "sin forma, desordenada", y también la palabra *bóju*, que significa "vacía".

Encontramos la misma palabra hebrea *tóju* en Isaías 45:18, pero está traducida como "vano": "Porque así dijo Jehová, que creó los cielos; él es Dios, el que formó la tierra, el que la hizo y la compuso; *no la creó en vano*, para que fuese habitada la creó" (énfasis añadido).

Si Dios no creó a la tierra de esta manera, entonces debe haber ocurrido una catástrofe de proporciones cataclísmicas entre estos dos versículos. Génesis 1:3 y los versículos que siguen dan indicios de una "recreación" luego de un periodo cuya extensión no se precisa. Esto es textualmente posible porque la palabra *creó* en Génesis 1:1 es el término hebreo *bara*. Esta palabra se destaca porque significa crear algo de la nada. El resto de las palabras hebreas que se refieren a crear (excepto la vida animal) se refieren a crear de materiales ya existentes.

Segundo, esto nos ayudaría a entender muchas otras escrituras. Jesús dijo en Lucas 10:18, "Yo veía a Satanás caer del cielo como un rayo". Aunque muchos interpretan este versículo a la luz de la obra de los setenta discípulos que Jesús había enviado (Lc 10:1-17), bien se puede entender esta afirmación de Jesús a la luz de su existencia preencarnada. Esto ayudaría a entender por qué el enemigo, en forma de serpiente, ya estaba presente en el jardín del Edén. La idea completa de Satanás como un ángel creado que se rebeló y cayó junto con otros ángeles rebeldes encaja en esta interpretación de la cosmología bíblica.

¿Por qué cayó Satanás?

Debemos continuar un debate sobre por qué cayó el enemigo. Mire Isaías 14. Nos permite comprender mejor los pasos que condujeron al enemigo a su caída. Cinco veces en este pasaje dice lo que quiere hacer. Isaías lo registra: "Tú que decías en tu corazón: *Subiré* al cielo; en lo alto, junto a las estrellas de Dios, *levantaré* mi trono, y en el monte del testimonio me *sentaré*, a los lados del norte; sobre las alturas de las nubes *subiré*, y *seré* semejante al Altísimo" (Is 14:13-14, énfasis añadido).

Cuando el enemigo se propuso en su corazón llevar a cabo el pecado, algo terrible ocurrió en el dominio de Dios. Ahora existían dos voluntades. Hasta ese momento sólo había existido la voluntad de Dios, y todo sucedía en paz y armonía. Dios no podía permitir que ningún ser se opusiera a su voluntad y continuara sin castigo. La esencia misma del pecado es elegir nuestra voluntad en lugar de escoger la voluntad de Dios.

¿Qué sucedió? Había una antigua tierra, perfecta y hermosa—Dios la estaba preparando para los seres humanos, para que tuviera todos los recursos necesarios para nosotros.

Satanás estaba celoso del plan de Dios de establecer al hombre sobre la tierra. Junto con ciertos ángeles "rodeó" la tierra. Su rebelión quedó expuesta, ¡y cayó a la tierra!

Esta caída fue una catástrofe de proporciones monumentales. Gran parte de la antigua tierra y su vida prehistórica fueron destruidas. ¡La tierra se volvió desordenada y vacía!

Dios regresó a la tierra del Edén, que se extiende desde el Mediterráneo hasta el Medio Oriente. Esta área es la cuna de la civilización. Él plantó el jardín del Edén para recuperar su planeta para la humanidad. ¡Esta batalla comenzó más allá de las estrellas!

En esta guerra un tercio de los ángeles fue tras su líder rebelde, y constituyen lo que ahora llamamos demonios o espíritus malvados.

Dios no se sorprendió, y de la humanidad caída Él traería a su Hijo al mundo. La batalla se encarnizaría contra Jesús en la cruz. Y en la cruz Jesús derrotó a Satanás.

Satanás es un enemigo derrotado gracias a la obra de Cristo en la cruz, pero también es un enemigo formidable. Nuestra lucha con él se parece a la famosa batalla de Nueva Orleáns durante la guerra de 1812. El general Andrew Jackson comandó esta batalla, la mayor de la guerra, ¡luego que los papeles del tratado ya habían sido firmados! No les había llegado la noticia de estos eventos.

Nosotros también peleamos una batalla que ya ha sido decidida. Jesús selló para siempre el destino de las huestes de las fuerzas demoníacas y de Satanás mismo cuando murió en la cruz. Aún así, Satanás sigue: "como león rugiente buscando a quien devorar" (1 P 5:8).

Gracias a Dios Jesús ha derrocado a Satanás. Debemos hacer a un lado nuestro orgullo e inclinarnos a los pies de Jesús como nuestro Señor y Salvador. De acuerdo con las Escrituras, un día Satanás será arrojado a nuestros pies (Ez 28:17). Un día se irá para siempre: "Mas tú derribado eres hasta el Seol, a los lados del abismo" (Is 14:15). Satanás está derrotado, y usted aprenderá en este libro que la victoria ya es nuestra.

En enero de 1994 el equipo profesional de football los Cowboys de Dallas se estaba preparando para jugar el campeonato número 49 de la liga nacional en San Francisco. El entrenador de los Cowboys, Jimmy Johnson, causó un gran alboroto en los medios cuando llamó a una radio local el martes anterior al juego y afirmó con audacia: "¡Los Cowboys de Dallas van a ganar el juego!". Cuando le preguntaron por qué hizo aquella afirmación tan descarada antes de jugar con un talentoso oponente, él respondió que no importaba contra qué equipo se enfrentaran. Él había visto la preparación de los Cowboys aquella semana, y había fuego en ellos. No hacía falta medir al oponente: ellos estaban listos.[2] (Y, a propósito, ¡los Cowboys ganaron!) Nosotros ¿estamos listos?

capítulo 6

LA ININTERRUMPIDA GUERRA EN EL EDÉN

DESPUÉS DE LA caída de Lucifer, la tierra estuvo desordenada y vacía (vea Génesis 1: 1-2). La palabra hebrea traducida "estaba" se traduce algunas veces como *devino*. Dado que Génesis 1:1-2 se puede leer: "*devino* desordenada y vacía", parece obvio que algo ocurrió entre Génesis 1:1 y 1:2: una catástrofe que sacudió la tierra y destruyó el mundo.

LA ANTIGUA CREACIÓN

Lucifer había reinado sobre la tierra desde un sitio llamado Edén, cuyo lugar de adoración estaba ubicado sobre el "Monte de Dios" en el lugar al que los ancianos llaman Salem (paz) y que ahora denominamos Jerusalén. El mundo era una maravilla de vida animada. Era el zoológico de Dios, habitado por extrañas criaturas que llamamos dinosaurios. Desde Jerusalén, Lucifer dirigía la adoración y se paseaba en medio de las piedras de fuego, que representan el poder sanador (vea Ezequiel 28).

La caída de Lucifer fue como el impacto de un asteroide. Súbitamente, toda vida animal sobre la tierra firme se desvaneció. Fue repentino y catastrófico. Cuando visité el Parque Nacional de Dinosaurios en el este de Utah, me asombraron dos cosas: Primero, los dinosaurios murieron con comida en su boca, huevos en proceso de incubación, ¡y se congelaron de terror! Segundo, el río atravesó la colina rocosa como si fuese un taladro. En circunstancias normales, ese río hubiera dado la vuelta a la colina. ¡Una fuerza desconocida para la geología perforó aquella roca!

Creo que esta antigua tragedia es el resultado de la caída de Satanás para destruir. Lo que los científicos llaman la Era Cámbrica fue causada por el impacto del juicio de Dios sobre Satanás. Aquí encontramos los fósiles de innumerables formas de vidas antiguas. A pesar de que los científicos llaman a este tiempo "una explosión de vida" en realidad fue una "explosión de muerte". Las secuelas de la muerte de todas esas criaturas vivientes constituyen el vasto depósito de gas y petróleo que manejan el sistema mundial y la economía hasta hoy.

El Edén, una tierra inmensa

Cuando miramos al Edén original, ¡vemos una inmensa y hermosa tierra! En Génesis 2:10-14, descubrimos que de la parte norte de la tierra del Edén salían cuatro enormes ríos: Pisón, Gihón, Hidekel (Tigris), y Éufrates. Dos de los cuatro ríos son fáciles de reconocer: el Tigris y el Éufrates.

El río Pisón ya no fluye, pero su cauce ha sido descubierto por tecnología satelital que penetra la tierra. Esta grieta corre desde Arabia Saudita hasta lo que es hoy el Mar Rojo. Algunos creen que antes de que se separaran los continentes, fluía hasta la India, hasta donde hoy corre el río Ganges.

La situación del río Gihón es diferente; recorría Israel y Jordania hasta el Mar Rojo ¡y llegaba a Egipto, hasta el Nilo! El diluvio cambió la dirección de los ríos.

Otra catástrofe

El gran cambio vino con un masivo terremoto que fue causado cuando las placas continentales de África, Europa y Asia chocaron. Este evento está registrado en la Biblia durante los días de Peleg (101 años después del diluvio).

> Y a Heber nacieron dos hijos: el nombre del uno fue Peleg, porque en sus días fue repartida la tierra; y el nombre de su hermano, Joctán.
>
> —Génesis 10:25; vea también 1 Crónicas 1:18–19

Esta gran división creó lo que se llama el sistema del Rift, en África, donde se ubica hoy el valle del Jordán. Antes de eso, el río Gihon corría a través de Jerusalén. A lo que queda de él se lo llama manantial de Gihón hasta el día de hoy.

Sabiendo que el Edén fue una enorme masa continental antes de la destrucción de la antigua creación, vemos que Dios determinó reclamar el planeta y su antigua montaña sagrada. ¡Muchos creen que el jardín del Edén estaba localizado en Jerusalén! Génesis 2:8 dice que Jehová lo plantó al este del Edén.

En el mismo lugar donde Lucifer dirigía la adoración y había estado cubriendo a los querubines de la antigua tierra, Dios colocó a los seres humanos para restaurar la tierra arruinada.

Como prueba de esto, un examen minucioso de Ezequiel 28 nos aclarará el misterio.

Ezequiel 28:13 declara que Lucifer estaba en el Edén cuando todavía era perfecto. El mismo versículo dice que Lucifer era hermoso y musical, que le daba la gloria al Señor. Como uno de los querubines, Lucifer estaba cerca del Señor, sirviendo como un trono de viaje para Dios. El Salmo 18:10 dice: "Cabalgó sobre un querubín, y voló; voló sobre las alas del viento".

Después de la caída, Lucifer se convirtió en Satanás, una serpiente. Caído de su antigua gloria, Satanás acechaba el Edén. Su deseo era frustrar el plan de Dios y destronar al nuevo rey del Edén en la tierra, Adán.

PRONTO ÉXITO DE SATANÁS

El Señor colocó a Adán y a Eva en un ambiente perfecto. Hechos a la imagen de Dios, les fue dada una mente para pensar, un corazón para amar y una voluntad para decidir. Para probar su mente, Dios le dio a Adán la misión de nombrar a toda la vida animal. Para probar su corazón, le dio su homóloga: la mujer, Eva. Para probar su voluntad había dos árboles plantados: el árbol de la vida y el árbol del conocimiento del bien y del mal. Dios plantó el árbol de la vida, ¡y yo creo que Satanás plantó el árbol del conocimiento del bien y del mal! Creo esto porque Dios ya le había dado a Adán y a Eva permiso de comer de todo excepto de este árbol. Podían comer del árbol de la vida, pero no del árbol del conocimiento del bien y del mal. Cada día podían escoger la vida o la muerte. Dios permitió que ese árbol estuviera allí para probar la voluntad de Adán. Ese libre albedrío es lo que nos hace como Dios. Esta sería precisamente la táctica de Satanás para tentar a nuestros antiguos padres. Génesis 3:5 dice: "Sino que sabe Dios que el día que comáis de él, serán abiertos vuestros ojos, y seréis como Dios, sabiendo el bien y el mal".

Esto concluyó con que el hombre fue expulsado del jardín al este del Edén, cerca de lo que llegó a ser Jericó, la ciudad más antigua de la tierra. Josué 3:16 habla de la ciudad de Adán cuando describe la abertura milagrosa del Río Jordán. Hasta el día de hoy hay un lugar identificado a diecisiete millas al norte de Jericó, exactamente al este de Jerusalén, llamado la ciudad de Adán.

También resulta interesante que de Abel, quien fue asesinado por Caín, se dice que vivió en la misma región. De hecho, "la gran piedra" mencionada en 1 Samuel 6:18 es citada como el lugar donde sucedió la muerte de Abel. También hay cuatro aldeas al este de Jerusalén, hasta el día de hoy, con nombres conectados con Abel (Abel Maim, Abel Meholah, Abel Shittim, Abel Keramim). Todo esto indica que el jardín del Edén pudo haber estado en Jerusalén.

Tal vez la evidencia más contundente sea el Manantial de Gihón. El río del Edén que atravesaba el jardín era el Gihón. Todavía hay una fuente de agua subterránea allí. Fotografías satelitales muestran lechos marinos desde el Mar Muerto que llegan hasta África, desde Siria hasta el Nilo. Como hemos dicho anteriormente, la división continental cambió el lecho del río. Esto deshizo el Gihón y creó el Mar Muerto.

Al este del Edén

Adán y Eva continuaban adorando al regresar a la puerta el Edén. Allí ofrecían sacrificios y enseñaron a sus hijos a hacer lo mismo. Es interesante que la presencia de Dios estuviera custodiada por otro querubín. ¡El reemplazo de Lucifer! "Echó, pues, fuera al hombre, y puso al oriente del huerto de Edén querubines, y una espada encendida que se revolvía por todos lados, para guardar el camino del árbol de la vida" (Gn 3:24). En la condición caída del hombre, si hubiera comido del árbol de la vida, se hubiera condenado a vivir en un cuerpo que envejecería, pero nunca moriría.

Es interesante que cuando edificaron el tabernáculo y luego el templo, colocaron imágenes de oro de dos querubines para cubrir y proteger el trono de Dios en la tierra, ¡el Arca del Pacto! El querubín sigue asistiendo y cubriendo la presencia de Dios.

Cuando Génesis 3:8 habla del día que comenzaba a refrescar, cuando Adán y Eva oyeron la voz de Dios, la palabra *aire* es *rúakj,* o "espíritu".

Tal vez cuando la caída familia de Adán se acercó a la puerta del jardín a adorar, ellos pudieron ver la nube de gloria o *Shekinah* y sintieron su fresca brisa.

Luego de ser echados del Edén, Adán y Eva tuvieron dos hijos. El mayor, Caín, mató a su hermano Abel y fue echado a la tierra de Nod. ¡Esto es Irán!

REGRESO AL JARDÍN

Llegaría el diluvio, y la catástrofe tocaría nuevamente a toda la tierra. El Edén desaparecería, así como el jardín. Sin embargo, ¡Dios había escogido a Jerusalén para que fuera su punto de contacto con la tierra y la humanidad!

Debido al amor de Dios por la tierra, Él llamó a Abraham a dejar todo e ir allí a plantar una nueva nación. ¿Por qué escogió Dios esa tierra? ¡Creo que fue por su monte! En el Salmo 135:21 se dice que Dios habita en Jerusalén. Esta ciudad es mencionada en la Escritura más de ochocientas veces. La ciudad ambulante, que será la casa de la esposa de Cristo, la iglesia, es llamada la Nueva Jerusalén. Muchos creen que estará situada en una órbita estacionaria por encima de la antigua Jerusalén.

Abraham regresó a Jerusalén, también llamada Salem, para dar el diezmo a Melquisedec (Gn 14). De acuerdo con el Libro de Jaser, que nos da una perspectiva histórica del Antiguo Testamento, Melquisedec era Sem, el hijo de Noé. Sem vivió cien años después de esta visita y habló con Isaac y con Jacob.[1] (Vea Josué 10:13; 2 Samuel 1:18.) Abraham ofreció a Isaac en el monte del Señor.

Más tarde David tomaría Jerusalén de los jebuseos. Desde ese día hasta hoy Satanás ha odiado a los judíos y a Jerusalén, y odia el plan de Dios para salvar al mundo a través de un Mesías judío.

EL PRINCIPAL PLAN DE SATANÁS

La guerra de Satanás contra la humanidad tiene aún su objetivo en Jerusalén. Aquí es donde él fue humillado. Aquí Cristo murió en la cruz y fue levantado de entre los muertos. Aquí, en el Medio Oriente, Satanás ha provocado guerra y violencia hasta el día de hoy. Satanás odia a los judíos, odia a Israel, y odia a la Iglesia.

Adán cayó en el jardín del Edén. Tengo la firme convicción de que el jardín de Getsemaní es el antiguo Edén. Aquí el segundo Adán rechazó la voz de Satanás y tomó nuestra copa de muerte. En la cruz Jesús abrió las puertas a un nuevo paraíso y a un nuevo Edén.

Es importante que usted entienda que Satanás, por medio de los musulmanes, está tratando de conquistar Jerusalén. También es importante que entienda que su lucha personal radica en un antiguo conflicto. Pero debe regocijarse por la victoria que nos ha sido dada en el Calvario; a pesar de tener dos mil años, la victoria todavía está disponible para usted hoy.

El árbol de la vida

Adán perdió el derecho a la vida eterna al elegir el árbol de Satanás del bien y del mal en lugar de elegir el árbol de la vida de Dios. Gracias a Jesús nosotros podemos probar otra vez el árbol de la vida.

> En medio de la calle de la ciudad, y a uno y otro lado del río, estaba el árbol de la vida, que produce doce frutos, dando cada mes su fruto; y las hojas del árbol eran para la sanidad de las naciones.
>
> —Apocalipsis 22:2

Y en Apocalipsis 22:14 se nos dice: "Bienaventurados los que lavan sus ropas, para tener derecho al árbol de la vida, y para entrar por las puertas en la ciudad".

capítulo 7

GUERRA CONTRA LA HUMANIDAD

EN GÉNESIS 3:1-15 leemos el horrible registro de la caída y ruina de la humanidad. El enemigo estaba presente en este inmaculado jardín.

> Pero la serpiente era astuta, más que todos los animales del campo que Jehová Dios había hecho; la cual dijo a la mujer: ¿Conque Dios os ha dicho: No comáis de todo árbol del huerto?
>
> —GÉNESIS 3:1

Aquí nuestro enemigo cuestiona la integridad y el amor de Dios. Eva responde a la serpiente repitiendo la advertencia de Dios.

> Y la mujer respondió a la serpiente: Del fruto de los árboles del huerto podemos comer; pero del fruto del árbol que está en medio del huerto dijo Dios: No comeréis de él, ni le tocaréis, para que no muráis.
>
> —GÉNESIS 3:2–3

Está claro que ella agregó a la palabra de Dios la frase: "ni le tocaréis".

En los versículos 4 y 5, Satanás apunta a su alma al llamar a Dios mentiroso y luego realizar una promesa falsa:

> Entonces la serpiente dijo a la mujer: No moriréis; sino que sabe Dios que el día que comáis de él, serán abiertos vuestros ojos, y seréis como Dios, sabiendo el bien y el mal.

Atraída por la tentación, Eva muerde la fruta venenosa, y Adán hace lo mismo:

> Y vio la mujer que el árbol era bueno para comer, y que era agradable a los ojos, y árbol codiciable para alcanzar la sabiduría; y tomó de su fruto, y comió; y dio también a su marido, el cual comió así como ella.
>
> —GÉNESIS 3:6

Habían estado vestidos con la gloria de Dios, y ahora estaban desnudos por su pecado: "Entonces fueron abiertos los ojos de ambos, y conocieron que estaban desnudos; entonces cosieron hojas de higuera, y se hicieron delantales" (v. 7).

No pudieron cubrirse a sí mismos, así que se escondieron de Dios.

> Y oyeron la voz de Jehová Dios que se paseaba en el huerto, al aire del día; y el hombre y su mujer se escondieron de la presencia de Jehová Dios entre los árboles del huerto.
>
> —GÉNESIS 3:8

Otra vez, la palabra *aire* es en hebreo *rúakj*, que significa espíritu. Dios venía para tener comunión, y Adán y Eva se escondieron de lo que antes habían disfrutado.

En el versículo 9: "Mas Jehová Dios llamó al hombre, y le dijo: ¿Dónde estás tú?". Aquí está la llamada de la justicia y el amor por la humanidad caída. "Y él respondió: Oí tu voz en el huerto, y tuve miedo, porque estaba desnudo; y me escondí." (v. 10). El miedo ha reemplazado el favor y la fe, y Dios expone la falla de ellos.

> "Y Dios le dijo: ¿Quién te enseñó que estabas desnudo? ¿Has comido del árbol de que yo te mandé no comieses? Y el hombre respondió: La mujer que me diste por compañera me dio del árbol, y yo comí."
>
> —GÉNESIS 3:11–12

Adán culpó a Eva, y ella culpó a Satanás, sin embargo, en última instancia, ambos tomaron la decisión fatal:

"Entonces Jehová Dios dijo a la mujer: ¿Qué es lo que has hecho? Y dijo la mujer: La serpiente me engañó, y comí" (v. 13). Dios pronunció su juicio contra Satanás y emitió la gran promesa de una simiente que vendría a ser herida, pero al final aplastaría la cabeza de Satanás.

> "Y Jehová Dios dijo a la serpiente: Por cuanto esto hiciste, maldita serás entre todas las bestias y entre todos los

> animales del campo; sobre tu pecho andarás, y polvo comerás todos los días de tu vida. Y pondré enemistad entre ti y la mujer, y entre tu simiente y la simiente suya; ésta te herirá en la cabeza, y tú le herirás en el calcañar".
>
> —GÉNESIS 3:14–15

Ahora, habiendo leído la historia, estudiemos las consecuencias que tiene hoy en nuestras vidas. Como hemos visto, hay una base para la creencia de que antes de su caída Lucifer era el principado que Dios había designado sobre nuestro orden creado. Cuando él cayó, la primigenia creación fue arruinada y envuelta en tinieblas. Lucifer, el portador de luz, se convirtió en Satanás, el adversario o enemigo. El magnífico querubín se convirtió en un acechante dragón. Satanás creyó que él era la fuente de su belleza, sabiduría y música. Es descrito como una joya cuya gloria sólo puede ser contemplada en la luz pura. En su orgullo, Lucifer se negó a aceptar que su gloria era la gloria reflejada del Dios Altísimo. Un diamante en la total oscuridad no es más que una piedrita filosa.

Por consiguiente, Satanás recibe el veredicto del cielo y es echado en un juicio devastador, con lo que pierde su posición y su autoridad. La creación yace bajo un devastador juicio y tinieblas. Aquí hay varios versículos de las Escrituras que confirman su ruina: Job 9:3-10; 38:4-13; Salmos 18:7-15.

La tierra soporta las cicatrices de dos antiguas catástrofes: la antigua ruina y el diluvio. Nuestro planeta ha sido sacudido, sus continentes separados en una era de hielo y glaciares que dejaron profundos cañones, fallas subterráneas inestables y devastadores terremotos son prueba fehaciente de aquella ruina.

El Cristo preencarnado fue el creador divino. Juan 1:3 nos dice: "Todas las cosas por él fueron hechas" y en Colosenses 1:16–17 leemos: "Porque en él fueron creadas todas las cosas [ ] y todas las cosas en él subsisten". La caída de Satanás del cielo condujo a una devastación de la antigua creación. Fue un ataque a Cristo antes de que Él estuviera encarnado, Dios hecho carne.

Aquí la tierra permaneció por un tiempo indeterminado en caos y ruina. Entonces, Dios inició su plan para esa creación arruinada. Él la reconquistó por medio de una criatura llamada hombre.

El estado de la creación es recompuesto en Génesis 1 y 2; de la materia existente Dios rehizo la tierra y colocó en ella un paraíso llamado Edén. Del caos Dios hizo orden. En el relato de la creación en seis días leemos que Dios creó, separó, formó, estableció y demás. La palabra *crear* sólo se usa en referencia al "aliento" de Dios. Él creó vida en movimiento de materiales que ya existían, pero les dio vida con su propio aliento. Incluso el hombre fue formado del "polvo de la tierra" y Dios le dio vida con su Espíritu creativo.

Así que Dios hizo al hombre a su propia imagen. Esto significa que le fue dado un espíritu, un espíritu que tiene las tres cualidades de Dios. Al hombre se le dio una mente para pensar, un corazón para amar, y una voluntad para elegir. Fue colocado en un entorno en el que se pudieran probar estas tres capacidades. Podía utilizar su mente para poner nombre a los animales y gobernar la tierra. Podía usar su corazón para amar a Eva y a Dios. Podía utilizar su voluntad para elegir el bien o el mal.

En medio del jardín estaban el árbol de la vida y el árbol de la muerte. Dios les dijo a Adán y a Eva que podían comer de todos los árboles, incluyendo el árbol de la vida. El único que estaba prohibido era el árbol del conocimiento del bien y del mal.

A esta altura, Satanás se personificó como una provocativa criatura llamada serpiente, o *nakjásh* en hebreo, que habla de su belleza y esplendor. Por favor, fíjese que sólo en tres ocasiones en las Escrituras Satanás toma un cuerpo: la serpiente, Judas Iscariote y el Anticristo. También fíjese que Satanás ¡ya está presente en la tierra!

El comienzo de la guerra

Con el escenario dispuesto, Satanás lanzó su ataque sobre la humanidad. Hay dos cosas importantes para resaltar sobre el ataque de Satanás en los versículos que leemos en Génesis: su motivo y su método de ataque.

Primero, el motivo del enemigo se puede ver. ¿Por qué ataca al hombre? Porque vio a la creación del hombre como un error. Estaba celoso de la futura gloria que Dios prometió al hombre. El Salmo 8:5 dice: "Le has hecho poco menor que los ángeles, y lo coronaste de gloria y de honra". Satanás y sus huestes de seres celestiales deseaban la tierra y su gloria. Ellos odiaban al hombre y a su posición. Hebreos 2:7 establece: "le pusiste sobre las obras de tus manos". La motivación de Satanás sigue siendo la misma: frustrar el plan de Dios en la tierra.

En segundo lugar, el método de ataque del enemigo está claro. Satanás atacó a los primeros seres humanos en un intento de llegar a Dios por medio de la humanidad. Satanás tiene un método. Efesios 6:11 nos advierte sobre las "asechanzas" del diablo. La palabra asechanzas es el término griego *medsodeía*, del cual extraemos nuestra palabra *métodos*. Satanás es engañoso, pero predecible; usa métodos de mentira y tentación que viene repitiendo desde su caída.

LAS VÍCTIMAS DE GUERRA

Satanás lanzó su ataque por medio de la mujer. La Biblia llama a la mujer el sexo débil. Esto no significa que sea más débil mental, ni físicamente, ni en cuanto a su resistencia o valor. Significa más susceptible. Aunque algunos comentarios pueden discutir este punto, Matthew Henry dice en su comentario que Satanás se acercó a Eva cuando ella estaba lejos de su esposo. Ella fue completamente engañada y creyó que estaba haciendo lo que era mejor para su esposo. Primera de Timoteo 2:14 expresa: "y Adán no fue engañado". Él sabía perfectamente lo que estaba haciendo. Eligió desobedecer por propia voluntad.

Por medio de este hecho la humanidad cayó. (Vea Romanos 5:12, 17, 19; 1 Corintios 15:21–22.) En un momento hubo dos voluntades: la de Dios y la de Satanás. Ahora cada hombre tiene libre albedrío para elegir a Dios o contra Dios. El hombre es, por naturaleza y por elección, un pecador. El hombre está totalmente perdido.

LA CONTINUACIÓN DE LA GUERRA

Dios anunció la perpetua enemistad entre el hombre y Satanás, nuestro adversario. Podría parecer que Satanás ganó. Él engañó a la mujer. Ha tenido éxito al lograr que el hombre dude de la veracidad de las palabras de Dios. Ha tenido éxito al traer dudas sobre la bondad de Dios. Pero Satanás falló en un punto decisivo. No pudo gobernar la voluntad del hombre. Isaías 53:6 establece: "Cada cual se apartó por su camino". El hombre ahora reivindica su voluntad caída. Satanás no puede tomar el caos de la humanidad y amalgamarlo por mucho tiempo para cumplir su malvado propósito.

Esto explica las terribles tragedias y dificultades de nuestro mundo. Es un mundo caído bajo la maldición del pecado. Satanás se rebela contra Dios, como también lo hace cada persona que elige seguir su propio camino. Hay una guerra. La naturaleza misma de la guerra es dejar tragedia a su paso. La historia humana es un inmenso desfile del hombre y de Satanás tratando de hacer algo por el hombre pero sin Dios. Dios ha permitido el horror de la tragedia para convencer a un mundo que no cree de que está totalmente indefenso sin Él.

El clímax de la guerra

Como observamos en Génesis 3:15, Dios anunció un triunfo definitivo desde el comienzo mismo: "Y pondré enemistad entre ti y la mujer, y entre tu simiente y la simiente suya; ésta te herirá en la cabeza, y tú le herirás en el calcañar". Habrá una simiente herida y una serpiente aplastada. La derrota de Satanás llegará por medio del hombre. Esta es la primera profecía de la decisiva batalla que tuvo lugar en la cruz del Calvario. Satanás daría rienda suelta a su ira sobre el Hijo de Dios. Cristo murió por nuestros pecados y destruyó el acta de decretos que Satanás tenía contra nuestras almas. Satanás tenía el poder de la muerte, de acuerdo con Hebreos 2:14: "Así que, por cuanto los hijos participaron de carne y sangre, él también participó de lo mismo, para destruir por medio de la muerte al que tenía el imperio de la muerte, esto es, al diablo".

Cuando somos salvos y entramos en la familia de Dios, de acuerdo con Colosenses 2:13-15 descansamos en la victoria de Cristo. Él despojó a las fuerzas demoníacas de su autoridad y les quitó sus poderes. Satanás ya fue vencido.

Nuestra tarea es, entonces, hacer respetar la victoria de la cruz hasta que Jesús vuelva por nosotros. No le pertenecemos a Satanás. Él no tiene ninguna autoridad sobre nosotros. Somos propiedad de Dios. Lo único que tenemos que hacer es reafirmar el hecho de que los reinos de este mundo han sido destronados. Están vencidos, aunque no lo sepan.

Finalmente todas las fuerzas invisibles de Satanás serán arrojadas al lago de fuego. Hasta ese día el propósito de Dios es desplegar su gloria en su nuevo pueblo, la iglesia. Efesios 3:9-11 (NVI) establece su propósito final:

> "y de hacer entender a todos la realización del plan de Dios, el misterio que desde los tiempos eternos se mantuvo oculto en Dios, creador de todas las cosas. El fin de todo esto es que la sabiduría de Dios, en toda su diversidad, se dé a conocer ahora, por medio de la iglesia, a los poderes

y autoridades en las regiones celestiales, conforme a su eterno propósito realizado en Cristo Jesús nuestro Señor".

Dios no se sorprendió por la caída del hombre. Su plan marchaba según lo establecido. Todo el que se rinde ante Él y abandona las armas de rebelión se vuelve parte de su nuevo reino. Nos convertimos en soldados y también en santos y siervos hasta ese día.

capítulo 8

GUERRA CONTRA LA SIMIENTE PROMETIDA DE ISRAEL

UNA DE LAS palabras claves en Apocalipsis es *vencer*, la palabra griega *nikáo*, que significa "alcanzar la victoria". La corporación Nike eligió esta palabra para describir su calzado y ropa deportiva dando a entender que quienes la usan pueden alcanzar la victoria, o, mejor dicho, ser "vencedores".

Apocalipsis 12:11 habla de tal victoria sobre Satanás cuando dice: "Y ellos le han vencido [a Satanás] por medio de la sangre del Cordero". ¡Satanás debe ser vencido!

A esa particular palabra de victoria le siguen imágenes de una extraña batalla. En Apocalipsis 12:4–5 Satanás es descrito como un dragón que se para frente a una mujer embarazada y está listo para devorar a su hijo apenas nazca. Los siguientes versículos describen una guerra en el mundo espiritual entre Miguel, el príncipe del ejército de los ángeles justos y Satanás, el príncipe caído. Esta colosal lucha continúa con los propósitos de Dios para la tierra y culmina en la encarnación, cuando Dios viene a la tierra en carne de hombre por medio de "la simiente de la mujer". Esta antigua profecía se encuentra en Génesis 3:15, y declara que esta simiente de la mujer aplastará la cabeza de la serpiente, siendo herida en el proceso.

Cuando miramos las promesas proféticas sobre el Mesías, descubrimos que debía ser un varón descendiente de Abraham e Isaac (Gn 22:18), un hombre judío nacido del linaje de Jacob (Nm 24:17). El Mesías no sólo tenía que ser judío, sino que también debía ser descendiente del linaje real de David (Mt 1:6). Esta simiente profetizada tenía que nacer en Belén (Mi 5:2). Este niño debía nacer de una virgen (Is 7:14). Su llegada debía ser 450 años después del decreto de Ciro y de las setenta semanas de la profecía de Daniel (Dn 9:24). Este que habría de venir sólo puede Jesucristo, nacido de la virgen María.

Satanás declaró la guerra contra la simiente prometida. Trataría de detener la venida del Hijo de Dios al mundo.

> Y su cola arrastraba la tercera parte de las estrellas del cielo, y las arrojó sobre la tierra. Y el dragón se paró frente a la mujer que estaba para dar a luz, a fin de devorar a su hijo tan pronto como naciese. Y ella dio a luz un hijo varón, que regirá con vara de hierro a todas las naciones; y su hijo fue arrebatado para Dios y para su trono.
>
> —APOCALIPSIS 12:4–5

EL ODIO DE SATANÁS A ISRAEL

Cuando volvemos las páginas de la Escritura, la lucha se despliega. Satanás provocó a Caín para que asesinara a su justo hermano Abel, ¡pero Dios mandó a Set! Satanás corrompió a los habitantes de la tierra y así vino el juicio del diluvio. Pero Noé y su familia fueron salvos, y el hijo de Noé, Sem, se convirtió en un ancestro de la simiente. Abraham casi pierde a Sara con Faraón. Esaú intentó matar a Jacob (Israel) y destruir a la nación judía antes de que naciera.

Durante la cautividad en Egipto, Satanás incitó al malvado Faraón para que matara a los primogénitos de Israel y así destruyera la línea profética, pero Moisés fue nombrado para salvar una vez más al pueblo judío.

David tuvo que enfrentar al gigante Goliat y las amenazas del endemoniado rey Saúl. Más aún, la familia de David experimentó intrigas, división y asesinato.

Más tarde, cuando el rey Josafat murió, su hijo Jeroboam asesinó a toda la descendencia real. Luego un enemigo árabe atacó Israel mientras Jeroboam era rey y asesinó a sus hijos, todos excepto a uno, Asa. Cuando Jehú asesinó a Ocozías, la hija de Jezabel, Atalía, vio su oportunidad de convertirse en reina. Con furia sanguinaria, asesinó a todos los hijos de Ocozías, ¡excepto a uno!

UNA PRESERVACIÓN MILAGROSA

La esposa de Joiada, el sumo sacerdote de Israel, rescató al único remanente de la línea real de David, Joás, y se lo llevó furtivamente.

Durante seis años toda la promesa profética del Mesías residió en ese único niño.

PARA ESTE TIEMPO

El pequeño libro de Ester nunca menciona a Dios. Sin embargo, el único propósito del libro es declarar la victoria de Dios sobre otro esfuerzo satánico para exterminar a Israel y detener el advenimiento del Mesías. El coraje de Ester y el insomnio del rey sacaron a luz la conspiración del malvado Amán para destruir a la nación judía.

La preservación de Israel por Dios durante la cautividad en Babilonia y el ardid asesino de Antíoco Epífanes es milagrosa.

BAÑO DE SANGRE EN BELÉN

Finalmente, llegó el momento de que naciera la simiente prometida en Belén. María y José realizaron el arduo, largo viaje y Jesús nació en una cueva, envuelto en trapos y ¡lo acostaron en un pesebre!

Satanás incitó al idumeo Herodes, un rey malvado, para que destruyera a todos los bebés de las inmediaciones de Belén. Su deseo era destruir a cualquier rival del trono. Dios envió hombres sabios de Persia (Irán) para que llevaran recursos financieros a María y José. Una vez que fueron advertidos sobrenaturalmente, María, José y el bebé pasaron siete años en Egipto gracias al dinero que les habían dejado los hombres sabios.

DIOS ENCARNADO EN JESÚS

Cuando Jesús comenzó su ministerio, Satanás apareció y trató de que Jesús se suicidara saltando desde el pináculo del templo. Los que habían sido amigos de Jesús en Nazaret se volvieron contra Él y trataron de despeñarlo por una colina. Satanás creyó que al fin había ganado cuando clavaron a Cristo en la cruz y murió.

Durante tres días, Jesús enfrentó a Satanás en los reinos de la muerte. Pedro declara que Jesús "predicó a los espíritus encarcelados" (1 P 3:18–20). Jesús capturó a la muerte, el arma más formidable de Satanás, ¡y le arrebató las llaves!

> Así que, por cuanto los hijos participaron de carne y sangre, él también participó de lo mismo, para destruir por

> medio de la muerte al que tenía el imperio de la muerte, esto es, al diablo, y librar a todos los que por el temor de la muerte estaban durante toda la vida sujetos a servidumbre.
>
> —HEBREOS 2:14–15

En el día de Pentecostés Pedro, el que había sido tentado por Satanás, declaró que la muerte no podía retener a Jesús "al cual Dios levantó, sueltos los dolores de la muerte, por cuanto era imposible que fuese retenido por ella" (Hch 2:24).

Satanás cometió el error de los siglos. Cuando buscaba destruir la simiente matando a Jesús, el acto de represalia de Satanás dio como resultado la salvación de la humanidad.

UNA NUEVA RAZA DE HOMBRES

Jesús fue levantado de entre los muertos y se convirtió en el segundo Adán, cabeza de una nueva raza de hombres que no están sujetos a la antigua división de color ni de cultura.

Romanos 5:12-14 declara que el Segundo Adán ha venido. Un nuevo rey ha venido en Jesús de Nazaret. Jesús rompió la tiranía de Satanás, sacó a luz las tinieblas, y destrozó el imperio del mal. Jesús ha aplastado la jefatura de Satanás y dejó sin poder al dominio del pecado. Ahora la gracia reina a través de Jesucristo (vea Romanos 5:21.)

Este "nuevo hombre" es la iglesia, de la cual Jesús el Mesías es la cabeza. Como resultado del reino de la gracia, millones se transformaron en cristianos (vea Efesios 2:8-9). Aparecen nuevas posibilidades y son alcanzables para cada creyente obediente. Dios ha hecho una nueva raza de gente en la iglesia. Somos parte del nuevo orden de Dios llamado "el nuevo hombre" (Vea Efesios 2:14-15.)

LA BATALLA CONTINÚA

En el próximo capítulo rastrearemos las batallas de la historia de la Iglesia. Es importante observar que el antisemitismo está creciendo. Las continuas luchas en Medio Oriente son por el control de Jerusalén. Hitler trató de exterminar al pueblo judío. Sus propósitos, de haberse cumplido, habrían impedido que el pueblo escogido por Dios regresara a su tierra natal y habrían frustrado la profecía bíblica. Israel sobrevivió, y también lo hace la Iglesia, a despecho de dos mil años de lucha y conflicto.

capítulo 9

La guerra de Satanás contra la Iglesia

El libro de Apocalipsis se estudia y se cita por sus sorprendentes profecías y emocionantes ilustraciones sobre la venida del Señor. Sin embargo, en el comienzo de este importante libro hay una colección de cartas dirigidas a siete iglesias. Estas cartas contienen un tratamiento notablemente completo de problemas que enfrenta la iglesia en el siglo veintiuno. Bajo la inspiración del Espíritu Santo, Juan escribió advertencias sobre los peligros de perder el primer amor (Ap 2:4), de temer al sufrimiento (v. 10), de abandonar la doctrina (vv. 14-15), de la inmoralidad (v. 20), de la muerte espiritual (Ap 3), de no mantenerse firme (v. 11), de no ser frío ni caliente (vv. 15-16). Estos problemas son tan corrientes en la Iglesia de hoy como lo fueron en la del primer siglo.

Creo que el uso de la palabra vencer (*nikáo* en griego) (Ap 2:7, 11, 17, 26; 3:5, 12, 21) en el contexto de Apocalipsis se relaciona con la guerra espiritual. Los principales pecados o fallas de las iglesias fueron causados, influenciados y alentados por fuerzas demoníacas que Satanás asignó para atacarlas. Cada iglesia tuvo que arrepentirse y vencer, reconociendo y desenmascarando la fuerza demoníaca.

Si usted duda de que Satanás opere en la iglesia local, ¡mire las referencias directas que se hacen a él en estos capítulos de Apocalipsis!

> Yo conozco tus obras, y tu tribulación, y tu pobreza (pero tú eres rico), y la blasfemia de los que se dicen ser judíos, y no lo son, sino sinagoga de Satanás. No temas en nada lo que vas a padecer. He aquí, el diablo echará a algunos de vosotros en la cárcel, para que seáis probados, y tendréis tribulación por diez días. Sé fiel hasta la muerte, y yo te daré la corona de la vida.
>
> —Apocalipsis 2:9–10

> Yo conozco tus obras, y dónde moras, donde está el trono de Satanás; pero retienes mi nombre, y no has negado mi fe, ni aun en los días en que Antipas mi testigo fiel fue muerto entre vosotros, donde mora Satanás. Pero tengo unas pocas cosas contra ti: que tienes ahí a los que retienen la doctrina de Balaam, que enseñaba a Balac a poner tropiezo ante los hijos de Israel, a comer de cosas sacrificadas a los ídolos, y a cometer fornicación.
>
> —APOCALIPSIS 2:13-14

> Pero a vosotros y a los demás que están en Tiatira, a cuantos no tienen esa doctrina, y no han conocido lo que ellos llaman las profundidades de Satanás, yo os digo: No os impondré otra carga
>
> —APOCALIPSIS 2:24

> He aquí, yo entrego de la sinagoga de Satanás a los que se dicen ser judíos y no lo son, sino que mienten; he aquí, yo haré que vengan y se postren a tus pies, y reconozcan que yo te he amado.
>
> —APOCALIPSIS 3:9

A pesar de que en una sola iglesia puede operar más de un espíritu demoníaco, cada iglesia de estos capítulos del Apocalipsis manifestaba una influencia satánica principal.

EL PLAN DE SATANÁS EN LA IGLESIA

¡Al enemigo le encanta ir a la iglesia! Satanás ha mostrado claramente su mano a través de los siguientes métodos. Esos mismos métodos ¡también constituyen su "modus operandi" o modo de operar en la vida de cada creyente individual!

- **Él intenta distraer su adoración**: En el libro de Mateo encontramos registrada la tentación de Cristo por Satanás. El diablo trató sin éxito de llamar la atención de nuestro Salvador y distraerlo de la adoración a Dios el Padre. Jesús le dijo: "Vete, Satanás, porque escrito está: Al Señor tu Dios adorarás, y a Él sólo servirás" (Mt 4:10). Si el enemigo puede hacer que deje de concentrarse en Jesús y lo haga en usted mismo, en lo que lo rodea, en sus circunstancias o las personas que están a su alrededor, ganará un punto. El diablo desea controlar su adoración, sabiendo que eso abrirá puertas para sus ataques.

- **Su meta es debilitar a los obreros**: "Dijo también el Señor: Simón, Simón, he aquí Satanás os ha pedido para zarandearos como a trigo; pero yo he rogado por ti, que tu fe no falte; y tú, una vez vuelto, confirma a tus hermanos" (Lucas 22:31–32). Aquí el Señor advierte claramente a sus discípulos que Satanás ataca a quienes trabajan para Dios. "Zarandear como a trigo" se refiere al antiguo proceso de separar el grano de la paja. El trigo era arrojado al aire y los granos se juntaban en canastas. La semilla, más pesada, caía, pero la paja, más liviana e inútil, era llevada por el viento. Satanás quiere que los cristianos se desvíen de su curso y se encuentren inútiles para el servicio del Señor. Pero las oraciones de Jesús nos guardan.
- Él sigue orando por nosotros, como vemos en Hebreos 7:25: "Por lo cual puede también salvar perpetuamente a los que por él se acercan a Dios, viviendo siempre para interceder por ellos".
- Satanás también trata de quitar las ofrendas de los servidores de Dios y evitar que la obra de Dios siga adelante. Hechos nos cuenta la historia de Ananías, que decidió retener parte del diezmo de Dios: "Y dijo Pedro: Ananías, ¿por qué llenó Satanás tu corazón para que mintieses al Espíritu Santo, y sustrajeses del precio de la heredad?" (Hch 5:3). Satanás siempre está buscando maneras de estorbar nuestro testimonio. Debemos estar atentos a sus trampas "para que Satanás no gane ventaja alguna sobre nosotros; pues no ignoramos sus maquinaciones" (2 Co 2:11).
- **Satanás trata incansablemente de robar la Palabra**: "Y éstos son los de junto al camino: en quienes se siembra la palabra, pero después que la oyen, en seguida viene Satanás, y quita la palabra que se sembró en sus corazones" (Mr 4:15). Satanás va a la iglesia, y cuando se predica la Palabra de Dios, trabaja arduamente para llevarse la semilla. Satanás hará lo que sea necesario

para robarle y esconderle la verdad de Dios. Él sabe que la verdad es lo único que lo hará libre, así que viene para robar la Palabra que libera y da vida.

- **Otra de sus metas es generar cólera**: La Escritura nos dice que el enemigo atacó a Pablo con golpe tras golpe. Pablo mismo escribió: "Para que la grandeza de las revelaciones no me exaltase desmedidamente, me fue dado un aguijón en mi carne, un mensajero de Satanás que me abofetee, para que no me enaltezca sobremanera" (2 Co 12:7). Dios utilizó incluso la cólera del enemigo para hacer de Pablo un siervo humilde y más poderoso. En el ejemplo de la vida de Pablo resulta claro que Satanás puede zarandear, y lo hará, hasta al más recto de los santos. Sin embargo, Dios también entregará a los cristianos pecadores a Satanás, quitándoles su cobertura, para llevarlos al arrepentimiento: "De los cuales son Himeneo y Alejandro, a quienes entregué a Satanás para que aprendan a no blasfemar" (1 Ti 1:20).
- **Satanás incitará a la maldad y la inmoralidad**: La Escritura da una advertencia especial a los cristianos casados: "No os neguéis el uno al otro, a no ser por algún tiempo de mutuo consentimiento, para ocuparos sosegadamente en la oración; y volved a juntaros en uno, para que no os tiente Satanás a causa de vuestra incontinencia" (1 Co 7:5). Vemos que las relaciones sexuales dentro del matrimonio son aprobadas y alentadas por el Señor. Cuando una pareja casada se niega a dormir uno con el otro, puede abrir la puerta para que el enemigo ataque el matrimonio.
- **En última instancia, Satanás quiere obstaculizar la obra que Dios hace en la tierra por medio de la iglesia**: Obviamente, el enemigo pondrá todos los obstáculos posibles para evitar que los creyentes busquen la voluntad de Dios. El apóstol Pablo enfrentó estos obstáculos, como lo explica en una de sus cartas: "Por lo cual quisimos ir a vosotros, yo Pablo ciertamente una y otra vez; pero Satanás nos estorbó" (1 Ts 2:18). Recuerde, Satanás no duerme; él anda merodeando para destruir la obra de los hijos de Dios. ¡Debemos estar preparados y alertas!

capítulo 10

Siete demonios que atacan a la Iglesia

Hemos examinado muchas de las maneras en que Satanás organiza las fuerzas demoníacas. Además hemos expuesto algunas de las muchas estrategias demoníacas contra los creyentes como individuos. Cuando comenzamos a observar las siete iglesias descritas en el libro de Apocalipsis, descubrimos fortalezas demoníacas específicas que pueden hallarse en la iglesia. Echemos una mirada a estos espíritus.

Espíritu de religión (Apocalipsis 2:4.5, 7)

La Iglesia de Éfeso había "dejado su primer amor" (Ap 2:4). Eran doctrinalmente sólidos y tenían todo en orden, pero habían perdido su pasión por Dios. Cuando usted vuelve a Hechos 19 para examinar las "primeras obras" y "el primer amor", descubre una pasmosa verdad.

Cuando nació la Iglesia de Éfeso ellos fueron bautizados en agua, se impusieron manos sobre las personas para que recibieran el bautismo en el Espíritu Santo, magnificaron a Dios en lenguas, echaron fuera demonios, sanaron por medio de paños orados y fueron echados del antiguo orden.

La Iglesia de Éfeso tenía en orden todos los elementos de la vida de la iglesia, y era una congregación trabajadora. Sin embargo, el fuego, la pasión y el amor se habían ido. Vemos ahora que la religión había tomado el control con sus pesadas obligaciones y su tradicionalismo mustio. Habían perdido el poder de Dios; los demonios ya no se iban, las lenguas estaban ausentes, y los milagros sencillamente eran un recuerdo. Una rutina sin amor de obras religiosas había reemplazado el poder y la pasión del Espíritu Santo.

¿Quién puede negar la realidad presente de este destructivo demonio de religión? ¡Muchas iglesias, como Sansón, han sido despojadas de su poder por las Dalilas de la religión! Ya ciegos a las cosas espirituales, nos esforzamos en actividades religiosas y tradiciones sin poder transformador. Este demonio debe ser expuesto y expulsado.

ESPÍRITU DE INTIMIDACIÓN (APOCALIPSIS 2:10-11)

La iglesia de Esmirna soportó persecución, y muchos miembros sufrieron el martirio. Con esta amenaza Satanás trata de imponer el temor en el corazón de los creyentes enviando intimidación para estorbar nuestra fidelidad a Dios y a su Palabra. ¿Recuerda a Simón Pedro calentándose con el fuego del enemigo la noche en que Jesús fue arrestado? Este fiel discípulo fue intimidado por su entorno y la voz inquisidora de una criadita. Hoy en día la Iglesia está callada y acobardada ante el mundo y sus gobernantes. ¡Este demonio debe ser echado fuera!

ESPÍRITU ACOMODATICIO (APOCALIPSIS 2:12,14-17)

Pérgamo era la capital de la provincia de Asia, mencionada en Apocalipsis como una de las siete iglesias de Asia. Era una famosa ciudad de Misia en el valle Caicus, a quince millas del Mar Egeo y cerca de sesenta millas al norte de Esmirna. El río Selinus corre a través de ella, y el Caicus al sur. Esta ciudad era rica en herencia histórica y literaria, con una biblioteca que constaba de más de doscientos mil volúmenes, sólo superada por la biblioteca de Alejandría.

La ciudad tenía un dios "mimado" en Asclepio (para los romanos Esculapio, dios de la medicina), un ídolo simbolizado por una serpiente que se llamaba a sí mismo un salvador. Creían que su dios se encarnaba en el área de las serpientes, de modo que éstas se deslizaban libremente alrededor del templo. Quienes deseaban sanidad pasaban la noche en la oscuridad del templo, esperando que una serpiente reptara sobre ellos. La ciudad era un reducto de la civilización griega y asiento de los templos de muchas otras deidades.

¿Puede ver los paralelos de la difícil situación secular en Estados Unidos y sus iglesias? Muchas iglesias operan en una comunidad o entorno que está controlado por Satanás en vez de Dios. ¿Qué puede hacer una iglesia cuando el ministerio se torna difícil? ¿Podemos permitir que las serpientes del humanismo se deslicen a través de nuestras congregaciones? Ser acomodaticios no es la respuesta. ¡No podemos estar cómodos con el pecado a nuestro alrededor!

¡La iglesia de Jesús debe tomar medidas activas para estar firme en nuestro mundo perdido que agoniza!

- **Debemos reconocer el conflicto**. Jesús puntualizó que la ciudad era la morada o residencia permanente de la iglesia. No tenían la opción de huir. En cambio, Él les aconseja abocarse al servicio y establecer líneas de batalla. Pablo reconoció la necesidad de estar listos para la batalla cuando escribió Efesios 6. Se necesita la armadura de Dios en medio de la guerra. Ante todo, la iglesia debe avanzar bajo el nombre y el estandarte de Jesús, sin operar jamás en su propia fuerza, ya que en la carne el enemigo podría encontrar la debilidad.
- **Debemos arrepentirnos de ser acomodaticios**. La iglesia de Pérgamo tenía algunas debilidades que tratar. Había problemas doctrinales además de algunos problemas con los diáconos y el liderazgo. Se menciona uno en particular, Nicolás, que comenzó a enseñar una herejía y condujo a otros al pecado. ¡Qué triste es cuando un líder se torna malo y deja de servir realmente al Señor! A veces se extravían llevando a otros consigo.

  Sin embargo, otro conflicto en la Iglesia de Pérgamo era el problema de disciplina. Toleraban el desorden en el que estaban, pasando por alto el pecado en su propio campo. Jesús los llamó al arrepentimiento.

  Otro problema que surgió fue el espíritu de Balaam. Para darle algunos datos históricos de esto, el rey pagano Balac literalmente compró el ministerio del profeta Balaam. Más tarde Balac envió mujeres a seducir a los hombres de Israel, trayendo juicio sobre ellos. Fue Balaam quien vendió al pueblo de Dios. Al mantener el espíritu de Balaam, con mucha frecuencia hoy en día el dinero se convierte en la meta y el premio de muchos en la iglesia. La predicación popular ha reemplazado a la predicación profética.

La imagen ha reemplazado a la unción, y la iglesia es reducida meramente a un lugar donde los domingos la psicología popular hace cosquillas en los oídos de los feligreses. Los creadores de imagen y lo políticamente correcto han embotado la espada de las iglesias y a los hombres de Dios.

- **Debemos depender de Cristo**. La Iglesia de Pérgamo necesitaba depender de su Salvador, quien proveyó el arma de la espada del Espíritu, su propia Palabra. Esta es el arma que reivindicamos como cristianos. El fenómeno popular de la *Guerra de las Galaxias* ha tenido capturadas a dos generaciones de niños con juegos de mucha imaginación con sables con luces, ¡defendiendo la galaxia como caballeros Jedi! Las películas muestran que el joven aprendiz Jedi fue cuidadosamente enseñado para usar su arma, cuidarla, y perfeccionar su uso. De la misma manera, debemos asirnos de la Palabra de Dios como nuestra arma: ella tiene un poder que es sobrenatural y efectivo contra las arremetidas de Satanás. Nuestras armas no son carnales sino poderosas en Dios (2 Co 10:4), y Satanás puede ser derrotado por el poder de la Palabra.
- **A los vencedores se les prometen regalos**. Jesús prometió a esta iglesia que quienes no sucumbieran a los pecados que los rodeaban "no comer cosas ofrecidas a los ídolos y no ser partícipes del pecado", esos fieles comerían del maná escondido, la bendición del propio Jesús. Se les promete la presencia de Jesús en el inmenso yermo del desierto de este mundo. Además prometió a esta iglesia que le daría una piedrecita blanca, prometiendo absolución, aceptación, y aprobación. ¡El nuevo nombre que había en esta piedra era Jesús!

ESPÍRITU DE JEZABEL (CONTROL) (APOCALIPSIS 2:18-20, 269

Una guerra continúa en la Iglesia de hoy, y los límites de la batalla ya se han establecido. Uno de los espíritus más poderosos que operan en esta batalla en curso es el espíritu de Jezabel, o de control. Primera de Reyes relata la historia de la mujer cuyo nombre le es dado a este espíritu.

Jezabel es conocida como la esposa del rey Acab y seguidora del falso dios Baal, y la Escritura considera un horrible pecado el matrimonio de Acab con esta mujer: "Porque le fue ligera cosa andar en los pecados de Jeroboam hijo de Nabat, y tomó por mujer a Jezabel, hija de Et-baal rey de los sidonios, y fue y sirvió a Baal, y lo adoró." (1 R 16:31).

Jezabel ordenó un "complot" contra el inocente Nabot de modo que ella pudiera obtener su viña como premio. Esto no sólo era un asesinato sino que también quebraba el pacto de Dios con su pueblo acerca de la tierra. Además de su falta de respeto por la gente común y sus propiedades, ella odiaba a los profetas de Dios. La Escritura dice: "Porque cuando Jezabel destruía a los profetas de Jehová, Abdías tomó a cien profetas y los escondió de cincuenta en cincuenta en cuevas, y los sustentó con pan y agua" (1 R 18:4).

Más tarde Jezabel persiguió al profeta Elías después de la gran lucha en que Dios envió fuego del cielo y derrotó a los profetas de Baal. Su incansable persecución condujo al profeta a la depresión y a pensamientos suicidas.

El carácter de Jezabel era malvado, controlador, sexualmente inmoral, asesino ¡y demoníaco! Es sorprendente que el mismo espíritu siga operando en Apocalipsis 2:20 y lo haga en la Iglesia actual. En cada congregación encontramos a quienes desean controlar, manipular, y subvertir a los hombres y mujeres de Dios.

Reconocer al espíritu

Este espíritu es básicamente un espíritu de dominación, o falta de disposición a cohabitar pacíficamente. Esto no se refiere a las mujeres o a la liberación, ya que este espíritu se adhiere tanto a un hombre como a una mujer. Muchos pueden pensar que este espíritu se identifica con la sexualidad, creyendo que una mujer que luce de cierta manera es una "Jezabel" en su carácter. Pero esto no es así. Un lobo puede esconderse fácilmente en la vestimenta de una oveja.

Cuando usted descubre que un espíritu de Jezabel está operando, también encontrará cerca un "Acab", o alguien del liderazgo que está permitiendo que el espíritu tenga acceso y control.

La estrategia de Jezabel

La herramienta que usa este espíritu es la manipulación. En 1 Reyes 21, vemos que el rey Acab hacía pucheros cuando no se salía con la suya. Había visto una viña que deseaba grandemente, pero el dueño no cedía su preciosa propiedad, ni siquiera al rey. Mientras el rey yacía malhumorado en su lecho, Jezabel le aseguró que ella le conseguiría lo que deseaba. Esta poderosa mujer había introducido la adoración pagana en su reino, y ahora no iba a prescindir del asesinato para obtener las cosas que necesitaba para ganar más poder.

La sede de Jezabel

> Pero tengo unas pocas cosas contra ti: que toleras que esa mujer Jezabel, que se dice profetisa, enseñe y seduzca a mis siervos a fornicar y a comer cosas sacrificadas a los ídolos.
>
> —APOCALIPSIS 2:20

Cuando el espíritu de Jezabel comienza a manifestarse en la Iglesia, busca un lugar alto o una posición de dominio. Generalmente se manifestará en alguien que desea enseñar o guiar, ¡generalmente guiándolos por mal camino! Para encontrar ese lugar de liderazgo Jezabel debe lucir y actuar de una manera espiritual.

Uno de estos espíritus operaba en los días de Moisés y Aarón. El libro de Números nos relata:

> Coré hijo de Izhar, hijo de Coat, hijo de Leví, y Datán y Abiram hijos de Eliab, y On hijo de Pelet, de los hijos de Rubén, tomaron gente, y se levantaron contra Moisés con doscientos cincuenta varones de los hijos de Israel, príncipes de la congregación, de los del consejo, varones de renombre. Y se juntaron contra Moisés y Aarón y les dijeron: ¡Basta ya de vosotros! Porque toda la congregación, todos ellos son santos, y en medio de ellos está Jehová; ¿por qué, pues, os levantáis vosotros sobre la congregación de Jehová?
>
> —NÚMEROS 16:1-3

Coré estaba operando en el espíritu de Jezabel, con Datán y Abiram obrando como su núcleo de poder y otros doscientos cincuenta príncipes como estructura dependiente de ellos. Moisés tomó medidas de inmediato: cayó sobre su rostro ante Dios y oró. Después de su oración, confrontó al espíritu, diciendo: "¿Os es poco que el Dios de Israel os haya apartado de la congregación de Israel, acercándoos a él para que ministréis en el servicio del tabernáculo de Jehová, y estéis delante de la congregación para ministrarles, y que te hizo acercar a ti, y a todos tus hermanos los hijos de Leví contigo? ¿Procuráis también el sacerdocio?" (vv.9-10).

Vino juicio sobre este espíritu de Jezabel: sobrevino un terremoto y llevó a los tres líderes malvados y el fuego consumió a todo el resto.

Los blancos de Jezabel

El espíritu controlador que serpentea en la Iglesia, se ha propuesto destruir y minar las mismas cosas que nosotros como creyentes tenemos por muy amadas. Mediante la manipulación, el dominio y el control, el espíritu comienza su batalla contra el Cuerpo de Cristo.

Primero, este espíritu odia a los profetas, los verdaderos líderes de Dios. Ella no puede controlarlos, y cuando trate de ganar su aprobación y falle, no se detendrá ante nada para intentar matarlos.

Además, el espíritu de Jezabel odia la predicación de la Palabra. No puede soportar su mensaje. Tratará de rebajar al mensajero o al mensaje.

El espíritu controlador también odia la alabanza de la Iglesia. Durante los momentos de verdadera y poderosa adoración, su carnalidad es expuesta. En 1 Reyes cuando el profeta Elías oró para que descendiera fuego del cielo contra los profetas de Baal y los ardides de Jezabel, estalló la alabanza (1 Reyes 18:39). Jezabel había perdido, y las alabanzas a Dios llenaron el aire.

El espíritu de Jezabel también odia la preeminencia de Cristo. No hay forma de competir con eso. La primera vez que se menciona la *preeminencia* es en Colosenses 1:18: "Y él es la cabeza del cuerpo que es la iglesia, él que es el principio, el primogénito de entre los muertos, para que en todo tenga la preeminencia". En cambio, la segunda vez que encontramos la palabra, un espíritu de Jezabel está intentando controlar al cuerpo de creyentes. "Yo he escrito a la iglesia; pero Diótrefes, al cual le gusta tener el primer lugar entre ellos, no nos recibe" (3 Juan 9).

Echar al espíritu

Si usted siente que este espíritu está operando en su iglesia, es importante que vea al enemigo como espiritual, no carnalmente. No odie a la persona que está siendo controlada por el espíritu de Jezabel;

reconozca que es un poder espiritual: uno contra el cual Dios debe luchar. Que su oración sea: "¡Oh Dios nuestro! ¿No los juzgarás tú? porque en nosotros no hay fuerza contra tan grande multitud que viene contra nosotros: no sabemos que hacer, y a ti volvemos nuestros ojos" (2 Cr 20:12).

ESPÍRITU DE TRADICIONALISMO (APOCALIPSIS 3:1-6)

Durante siglos la Iglesia ha sido víctima de rumores, hostilidad y lo que en esta época y en este día llamamos prensa negativa. Las iglesias frecuentemente tienen que sobrevivir a este ambiente hostil; sin embargo, ¡la hostilidad exterior no es la mayor amenaza para una iglesia local! ¡Con suma frecuencia el mayor peligro viene de adentro!

La Iglesia de Sardis vivía en un ambiente favorable con una gran reputación. Sin embargo, en la carta de Cristo a esta iglesia, Él ignoró su reputación humana ¡y le dijo que estaban en la lista necrológica!

Ambiente de muerte

La ciudad de Sardis era una ciudad de riquezas. La historia nos relata que en el 550 a.C. el rey Creso halló oro en el río de la ciudad y acuñó las primeras monedas de oro de la historia. Hasta en tiempos del Nuevo Testamento podía encontrarse oro a lo largo de sus ríos.

Además de su riqueza, la ciudad era conocida por su paganismo. El ídolo favorito era Cibeles, y los adoradores de este ídolo pagano participaban en adoración salvaje y desenfrenada que incluía inmoralidad sexual.

Sorprendentemente, la comunidad estaba en paz, ya que los habitantes estaban cómodos en su independencia. Esta pacífica independencia había invadido también la Iglesia de Sardis; se transformó en la paz de la muerte. Se había establecido en la iglesia una coexistencia pacífica con la ciudad y su maldad, y todo lo que les había quedado era su reputación.

Evidencia de la muerte de una iglesia

Los televidentes de nuestro programa suelen escribir y preguntar: "¿Cómo puedo encontrar una buena iglesia en mi zona? ¿Cómo puedo decir si una iglesia está viva y saludable?" Una iglesia muerta tiene algunas características básicas que se detectan fácilmente.

- **Ignora al Espíritu Santo**. Cuando no se acepta la obra completa del Espíritu de Dios en una iglesia, ese cuerpo ya se encamina a la tumba. Jesús le dijo a la Iglesia de Sardis que tenía un espíritu de religión y no tenía al Espíritu de Dios. ¡El Espíritu de Dios no será manejado ni controlado por la tradición o las preferencias religiosas! Juan 3:8 dice: "El viento sopla de donde quiere así es todo aquel que es nacido del Espíritu".
- **Hay carencia de un liderazgo piadoso**. Las "siete estrellas" mencionadas en Apocalipsis 3 representan a los mensajeros o pastores de las siete iglesias nombradas en las cartas. Lo que la Iglesia de Sardis necesitaba era un líder que fuera llamado por Dios y que lo sirviera a Él de todo corazón. Demasiadas iglesias hoy en día fallan en conseguir un hombre de Dios. Varias veces por mes en las oficinas de nuestra iglesia se reciben pedidos de iglesias sin pastor que han estado buscando un reemplazo. Si esas iglesias escogen un pastor por su reputación, su currículum, su apariencia física, o hasta por recomendación, pueden descubrir más tarde que han cometido un grave error. Aunque es importante la información de sus antecedentes, lo que debería investigarse es el fruto que mana de la vida de un pastor y su caminar con el Espíritu de Dios. Lo superficial no es tan importante como lo sobrenatural. Contratar solamente en base a hechos superficiales puede resultar en una corta permanencia, una flor de un día, o un líder en bancarrota moral.
- **Valora la reputación por encima de la realidad**. Sardis era una iglesia ocupada, trabajadora y de buen nombre, pero tenía la muerte sobre sí. Eran una organización, no un organismo viviente. Lamentablemente, estaban tan atrapados en su reputación que no se daban cuenta de que habían muerto. Una noche de invierno noté que nuestra casa se volvía más y más fría, aunque había encendido la calefacción al máximo. Llamé al fiel supervisor de mantenimiento de nuestra iglesia para que le diera un vistazo a la unidad de calefacción a gas, y él descubrió que se había apagado la llama del

piloto. El calefactor funcionaba, pero no tenía fuego. Ir a la iglesia es bueno si usted se encuentra con Dios. La adoración es buena si trae la presencia de Dios. Dar es bueno, si primero nos hemos entregado nosotros mismos. La oración es buena, pero "Si en mi corazón hubiese yo mirado a la iniquidad, el Señor no me habría escuchado" (Sal 66:18). Las formas sin el poder son muerte para una iglesia. Es como una vidriera que contiene montones de bombones y sus mejores galas, pero está escondida en un depósito vacío.

- **Hay crecimiento en número sin crecimiento de las personas**. La carta a Sardis indicaba que hasta los cristianos que tenían vida en la Iglesia de Sardis estaban muriendo por el frío ambiente. Las iglesias deben ofrecer el ministerio que aliente a sus miembros a crecer en el Señor.
- **El ministerio y la obra estaban incompletos**. Comenzar un nuevo programa o una extensión es fácil; ¡verlos completos es mucho más difícil! Una iglesia muerta es un cementerio de metas parcialmente cumplidas y programas mal concebidos. Estos esqueletos son evidencia de que anduvieron "parte del camino" con el Señor y después volvieron y se sentaron. Una iglesia que retrocede está destinada a la muerte.

¡Escape de la muerte!

Para eliminar el espíritu de religión de su iglesia, el liderazgo debería reunirse y arrepentirse de la religiosidad muerta. Juntos debería reconocer que el reino de Jesús viene y habrá que rendir cuentas de lo que se logró en su nombre. En casi todas las iglesias muertas hay un puñado de creyentes que viven en victoria y desean estar vivos en Dios. Este equipo de personas debería ser levantado y alentado. ¡Resista con la multitud ganadora! Finalmente, reprenda el orgullo religioso que estrangula a la iglesia. Rechace el amor a la religión y sus reglas, y su reputación, y enamórese de Jesús. Decida escuchar la voz del Espíritu Santo en toda decisión que deba tomar con respecto a la iglesia y permita que su Palabra edifique, rija, y reine desde el púlpito.

ESPÍRITU DE INFERIORIDAD (APOCALIPSIS 3:7-8,12)

Muchas veces un pastor me contacta para invitarme a hablar en una iglesia, y comienza a decir casi disculpándose: "Sólo somos una pequeña iglesia". Su tono transmite una sensación de debilidad o incapacidad. ¡Pero no hay nada "pequeño" o "insignificante" en el Reino de Dios!

En el otro extremo del espectro se halla la iglesia que piensa que tiene todas las respuestas, a la que le encanta proclamar sus estadísticas y números, pero está satisfecha con sus mediocres esfuerzos siempre que le brinden notoriedad y reconocimiento.

Dios trata fuertemente a la Iglesia de Apocalipsis 3:

> Por cuanto has guardado la palabra de mi paciencia, yo también te guardaré de la hora de la prueba que ha de venir sobre el mundo entero, para probar a los que moran sobre la tierra. He aquí, yo vengo pronto; retén lo que tienes, para que ninguno tome tu corona. Al que venciere, yo lo haré columna en el templo de mi Dios, y nunca más saldrá de allí; y escribiré sobre él el nombre de mi Dios, y el nombre de la ciudad de mi Dios, la nueva Jerusalén, la cual desciende del cielo, de mi Dios, y mi nombre nuevo.
>
> —APOCALIPSIS 3:10-12

Muchas iglesias e individuos usan su supuesta debilidad como una excusa para fallar en el avance de la causa de Cristo. Tales conceptos y declaraciones son ajenos a la iglesia que retrata el Nuevo Testamento. Estoy convencido de que tal actitud no sólo es falsa e hiriente sino también demoníaca en su origen. Existe una fortaleza de inferioridad, autocompasión y debilidad. El enemigo engaña a quienes manifiestan este espíritu haciéndolos pensar que sus actitudes realmente son de mansedumbre y humildad. Esta falsificación de la humildad es debilitante para el Reino de Dios, paraliza el avance del evangelio, y ofende al Espíritu Santo.

La Iglesia de Filadelfia corría el riesgo de ser vencida por ese espíritu. Si alguna vez habrían de convertirse en "columna" del reino, deberían vencer a ese espíritu.

La Escritura presenta a la Iglesia como una compañía victoriosa. Mateo 16:18 declara: "las puertas del Hades no prevalecerán contra ella".

En su gran oración por la iglesia en Efesios 3:14-21, Pablo finaliza su bendición: "Y a Aquel que es poderoso para hacer todas las cosas mucho más abundantemente de lo que pedimos o entendemos, según el poder que actúa en nosotros, a él sea gloria en la iglesia en Cristo Jesús por todas las edades, por los siglos de los siglos. Amén" (vv.20-21).

Es en la Iglesia donde Jesús libera su capacidad divina, su energía y su gloria. ¡La respuesta a nuestra inferioridad es la superioridad de Jesús! Su obra no se realiza intentándola más arduamente sino confiando completamente.

La Iglesia de Filadelfia tenía "poca fuerza" (Ap 3:8). La cultura griega, el comercio internacional y la diversidad religiosa los dominaban. Se adoraba al dios pagano Dionisio. A este antiguo dios griego del vino se le atribuía la inspiración de la locura y el éxtasis rituales. Se creía que la adoración a Dionisio terminaba con la preocupación y la ansiedad. La ciudad era además un centro de adoración judía ortodoxa.

Esta pequeña iglesia podría haberse rendido a las presiones que la rodeaban. ¡Sin embargo no lo hizo! Recibieron un maravilloso aliento en Apocalipsis, y la historia relata que por casi mil cuatrocientos años esta ciudad resistió como ciudad cristiana frente a la presión musulmana. Sólo después de siglos de valiente resistencia la ciudad fue vencida por una alianza militar impía de los bizantinos y las fuerzas musulmanas.

¿Cómo venció esta iglesia la inferioridad y tuvo un ministerio que duraría mil cuatrocientos años? Ellos llegaron a conocer al Señor de las oportunidades (Ap 3:7-8). ¡La obediencia siempre conduce a la oportunidad! Dios le prometió a esta iglesia la "llave de David". Con el favor de Dios y dependiendo de la superioridad divina ¡nada podía detener a este cuerpo de creyentes!

ESPÍRITU DE ORGULLO (APOCALIPSIS 3:14-17, 21)

Apocalipsis 3 también formula un cargo a la iglesia de Laodicea. Ésta era una ciudad próspera y rica. Tan grande era su riqueza que cuando un terremoto la destruyó ¡no requirió ayuda exterior para recuperarse! El historiador romano Tácito registró que Laodicea "fue destruida por un terremoto, y, sin ayuda de nuestra parte, se recuperó por sus propios recursos".[1]

La ciudad era famosa por la lana oscura, negra que producían y se la conocía como el centro de la lana fina en el mundo antiguo. Laodicea además se jactaba de una famosa escuela de medicina, que había producido dos de los medicamentos más populares para el tratamiento de enfermedades de los ojos y de los oídos. En resumen, esta ciudad era presuntuosa y llena de orgullo.

Pero aquí en Apocalipsis 3, han pasado los años, y ahora la Iglesia de Laodicea ha caído en una rutina de mediocridad. El propio Señor Jesús le da su veredicto a esta iglesia. ¿Cuál es su evaluación? ¡Esta iglesia tibia le daba náuseas! ¿Qué le pasó a esta iglesia para deslizarse hacia un estado de mediocridad?

Perdió el fervor

Lamentablemente, esta iglesia refleja el estado de muchas iglesias estadounidenses de la actualidad. Ni demasiado frío ni demasiado caliente. Ni demasiado malo ni demasiado bueno. Ni demasiado fiel ni demasiado infiel. La Iglesia de Laodicea era una iglesia común que tenía tibieza, pero no fuego. Si se le preguntara por su obra, diría: "Nos estamos defendiendo".

A Jesús le asquea lo mediocre. Preferiría que una iglesia fuera fría como el Ártico, o caliente como el Sahara. En la obra de Dios, no debería haber lugar para el "ir tirando".

Elías reconocía esta necesidad de compromiso cuando desafió a Israel a la competencia con los profetas de Baal en 1 Reyes 18. Gritó a la congregación: "Si Jehová es Dios, seguidle; y si Baal, id en pos de él". No existía la opción de quedarse en el medio.

¡Una iglesia complaciente es una decepción para Jesús! Laodicea había perdido el fuego del amor por Jesús y por las almas perdidas. El fuego del altar de la oración debía ser reavivado. Daba la impresión de que no pasaba nada semana tras semana. ¡Ellos necesitaban orar!

La oración de Amy Carmichael debería ser la oración más ferviente de una iglesia necesitada de un nuevo fervor:

> ¡Por pasión por las almas, amado Señor!
> ¡Por una compasión que anhele!
> ¡Por un amor que ame hasta la muerte!
> ¡Por un fuego que queme![2]

Perdieron la fe

La Iglesia de Laodicea había tratado de volverse autosuficiente. Se jactaban de su riqueza, del aumento de las mercancías, y de que no necesitaban nada, ni siquiera al Señor. Fueron maldecidos por su riqueza.

Cuando el gran Tomás de Aquino visitó el Vaticano, un oficial del Papa Inocencio IV le trajo una bolsa con dinero. El papa le dijo: "Comprenda, joven, que ya pasó la era en que la iglesia decía 'No tengo oro ni plata'". A lo cual Tomás de Aquino respondió: "Es cierto, santo padre, pero también pasó la era en que la iglesia podía decir a un paralítico 'Levántate y anda'"[3].

La mano de una iglesia debe exceder a su propio alcance. Debe forjarse una visión siempre en extensión. Los desafíos que afrontamos deberían estar más allá de nuestros recursos a fin de que nuestra fe y nuestra confianza sigan estando en Dios. Nuestros sueños y nuestros planes deberían tener la dimensión que Dios les dé.

Cuando Dios bendice financieramente, la iglesia debería dar más a las misiones, construir otro edificio necesario, agregar otro integrante al personal, y tener la fe para extender esos recursos al límite.

Lamentablemente, la Iglesia de Laodicea no veía en realidad su verdadera condición. Dios dijo que eran "desventurados, miserables, pobres, ciegos y desnudos"; daban lástima ante los ojos de Dios. Carecían de riqueza y estaban espiritualmente ciegos ante los ojos de Dios. Él los miró y los vio tal cual estaban: en bancarrota espiritual.

Perdieron el temor

Esta iglesia ya no temblaba ante la presencia de un Dios justo. No experimentaban remordimiento por sus fracasos. Jesús les advierte dándoles tres motivos para arrepentirse: su amor, su reprimenda, y su vara de escarmiento. Estas tres cosas podían proveer la motivación para encauzar a esta iglesia en el camino correcto.

Perdieron la comunión

Jesús estaba de pie y llamaba a la puerta de esta iglesia. En un momento dado, le cerraron la puerta; Él ya no era el centro de las cosas. La iglesia no tenía bases para la comunión con otras iglesias porque Jesucristo era el único fundamento común entre la hermandad de iglesias. Sin Él, una iglesia puede tener "una reunión" ¡sin estar realmente en unidad! "Lo que hemos visto y oído, eso os anunciamos, para que también vosotros tengáis comunión con nosotros; y nuestra comunión verdaderamente es con el Padre, y con su Hijo Jesucristo; pero si andamos en luz, como él está en luz, tenemos comunión unos con otros, y la sangre de Jesucristo su Hijo nos limpia de todo pecado" (1 Jn 1:3, 7).

La presencia de Jesucristo es el fundamento de toda verdadera comunión, pero muchas iglesias lo han dejado afuera.

La promesa y la petición de Dios

Jesús sigue golpeando, esperando que alguien de la iglesia le abra la puerta. Cuando ocurre, eso sienta la base para el avivamiento y es restaurada la comunión. Se nos promete un asiento a la mesa del Señor cuando le damos la bienvenida a la nuestra. ¡Podemos participar en su reino glorioso! De modo que encendámonos y ardamos para Él hasta que venga en el resplandor de su gloria.

SECCIÓN III

CÓMO CONOCER LA DINASTÍA DE SU ENEMIGO

capítulo 11

Cómo oprime Satanás

¿Cómo obra Satanás? Podemos rastrear su trayectoria a lo largo de las páginas de la Escritura. Concentrémonos en las ocasiones en que en la Escritura se usa *diabolos* para referirse a Satanás.

La primera mención de Satanás en la historia bíblica se halla en Job 1 y 2 cuando ataca y acusa a Job. La respuesta de Job y la subsiguiente victoria silenció a Satanás por siglos.

Satanás provocó después a David para que censara a Israel, poniendo su fortaleza en los números y no en el Dios viviente. Es un provocador que intentará movernos a acciones que no demuestren fe (1 Cr 21:1).

Satanás viene a un servicio de adoración y se opone al sumo sacerdote de Israel. Vuelve a oponerse a Jerusalén y a Israel (Zac 3). Su próximo movimiento es tentar a Jesús, el Segundo Adán, con la misma tentación tripartita con la que fue tentado Adán, nuestro padre ancestral (vea Mateo 4). Su enfoque no ha cambiado. Sigue arrojando ante nosotros el deseo de la carne, el deseo de los ojos y la vanagloria de la vida.

Satanás influenció a Simón Pedro para estorbar la misión de Jesús en la cruz en Mateo 16:22.

En Lucas 10:18, Jesús nos dice que Él vio caer a Satanás. Nos advierte en Marcos 4:15 que Satanás intentará robar la palabra de fe de nuestros corazones. Satanás oprimió a una mujer por dieciocho años (Lc 13:16). Entró en el corazón de Judas para que negara a Jesús (Lc 22:3), ¡y sacudió y zarandeó como a trigo al discípulo Pedro (v.3 1)!

En la Iglesia primitiva vemos que Satanás llenó los corazones de Ananías y Safira, haciendo que mintieran al Espíritu Santo (Hch 5:3). De los perdidos que vienen a Cristo se dice que son librados "de la potestad de Satanás" (Hch 26:18).

Satanás puede matar a los cristianos que están bajo disciplina que avergüenzan el testimonio de Cristo y de la Iglesia por su continua conducta inmoral (1 Co 5:5). Ataca la fidelidad conyugal y el goce sexual (1 Co 7:5). Desea sacar ventaja de todos los creyentes (2 Co 2:11) y puede venir disfrazado como un mensajero celestial (2 Co 11:14). Trata de estorbar la obra de la Iglesia (1 Ts 2:18). Satanás puede operar en ministerios carismáticos que hacen milagros (2 Ts 2:9). Ataca con haraganería, murmuración y actividades de entremetimiento (1 Ti 5:13). Satanás blasfema, mata, ataca sinagogas y engaña (Ap 2:9, 13).

Aunque los métodos de opresión de Satanás son muchos, no se desanime ni se sienta agobiado. Satanás puede ser aplastado bajo los pies de todo creyente fiel (Ro 16:20). Recuerde, la victoria de Jesús en el Calvario nos asegura nuestra victoria hoy. Además, un día Satanás será confinado al infierno, que fue preparado para él y para todos sus demonios (Ap 20:10).

El diablo

Como enemigo, lo encontramos sembrando cizaña en el buen campo para engañar (Mt 13:24-29). Es llamado padre de los que no creen en Jesús (Jn 8:44). El diablo causa enfermedad (Hch 10:38). Puede tomar un lugar físico (Ef 4:27). Tiene métodos y artimañas con los cuales ataca a los creyentes (Ef 6:11). Instila orgullo, prepara trampas y toma cautivos (1 Ti 3:6-7; 2 Ti 2:26). Sólo tiene el poder de matar si Jesús se lo permite. Desea devorar como un león y pone a los creyentes en prisión de cadenas espirituales (1 P 5:8; Ap 2:10). Como puede ver, el enemigo es una fuerza decisiva en la tierra. Puede ser resistido y huirá de los creyentes: "Someteos, pues, a Dios; resistid al diablo, y huirá de vosotros" (Stg 4:7). ¡Aleluya!

capítulo 12

LA JERARQUÍA DEL INFIERNO

EN LA PELÍCULA *La guerra de las galaxias*, tanto el bien como el mal eran llamados "la fuerza". "La fuerza" era un poder invisible que tenía un lado bueno y un lado oscuro. La Fuerza llamada el lado oscuro era representada por un personaje malvado llamado Darth Vader. Vader había sido en un tiempo Anakin Skywalker, pero se había vuelto malvado.

De manera extraña, este escenario imita lo que sucedió antes del tiempo. En un capítulo anterior aprendimos que Lucifer, un ángel de Dios y un mensajero de luz, se había vuelto al lado oscuro y se convirtió en Satanás. En las Sagradas Escrituras, el mal nunca es una fuerza indefinida sino que tiene individualidad y personalidad.

Satanás conduce las fuerzas de las tinieblas. Su nombre anterior, Lucifer, significa "portador de la luz", "estrella de la mañana", o "luz justa". Su luz era el reflejo de la luz de Dios. Se transformó en Satanás, que significa el acusador o el adversario. El hebreo *Ha-Satan* significa "el principal adversario". *Satanás*, en griego, significa "el acusador" (Ap 20:2). Es llamado "dragón". "Dragón" proviene de la palabra griega *dérkomai*, que significa "aterrador para mirar". Llegó a significar una criatura aterradora, monstruosa. En el mismo versículo Satanás es llamado "la serpiente antigua", que en griego es *arjáios ofis* y quiere decir "ojos de serpiente antigua". Ésta es la serpiente que ha estado buscando herir durante siglos. Por último, Satanás es llamado "el diablo", que es *diábolos* en griego. Esto significa "el que ataca". La idea es de uno que arroja una lanza, o en nuestro tiempo, quien dispara una bala contra el cuerpo de otro.

Evidentemente Satanás puede aparecer como un ángel de luz (2 Co 11:14), una criatura monstruosa, una serpiente oculta, un perseguidor, un asesino y un enemigo mortal. Jesús describe a nuestro adversario y su misión al decir: "El ladrón no viene sino para matar y hurtar y destruir" (Jn 10:10).

EL EJÉRCITO DEL INFIERNO

Creo que Satanás es un gran imitador, de modo que diseñó su ejército como el de los santos ángeles. La carta a los Efesios identifica estas fuerzas de las tinieblas en el siguiente flujo de autoridad: "Porque no tenemos lucha contra sangre y carne, sino contra principados, contra potestades, contra los gobernadores de las tinieblas de este siglo, contra huestes espirituales de maldad en las regiones celestes" (Ef 6:12).

Principados

Se llama principados a los seres demoníacos del más alto rango. La palabra principado se traduce del griego *arjé*, que significa "principal". Estos son los jefes de los demonios, que equivalen a los arcángeles entre los santos ángeles. Estos príncipes ejercen dominio sobre las almas de la gente (Ef 2:1-3). Un principado es lo que comisiona a los espíritus demoníacos para que operen en los desobedientes. Además, estos príncipes gobiernan sobre continentes y naciones. En Daniel 10:12-13, Gabriel le informa al profeta que un principado de Persia había estorbado su llegada a Daniel durante tres semanas. Gabriel tuvo que llamar al arcángel Miguel para vencer al archidemonio de Persia. Estos demonios están sujetos a Cristo (Ef 1:20-22). También se sujetan a los creyentes llenos del Espíritu Santo, como leemos en Efesios 2:6; este pasaje explica que Cristo "juntamente con él nos resucitó, y asimismo nos hizo sentar en los lugares celestiales con Cristo Jesús".

Potestades

El siguiente rango de oficiales malignos de las tinieblas se llama "potestades". La palabra *potestad* proviene del griego *exousía*, que significa "autoridad delegada" como la de un policía. Estos demonios parecen operar invisiblemente en centros gubernamentales como los gobiernos nacionales. Estas potestades no pueden separarnos del amor de Dios (Ro 8:38). Serán conmovidas al final de la era (Mt 24:29). Estas potestades, como los principados, se sujetan a Cristo (1 P 3:22).

Gobernadores de las tinieblas

El siguiente nivel de líderes demoníacos toca el orden creado. "Gobernadores de las tinieblas" se traduce de la palabra griega *kosmokrátor*, que significa apoderarse y asir los gobiernos por las tinieblas y el mal. *Kosmas* tiene que ver con "un arreglo u orden". Estos gobernadores quieren dominar las oficinas del gobierno, la legislatura, y las cortes judiciales.

Fuerzas espirituales de maldad

"Fuerzas espirituales de maldad" en griego literalmente significa "impostores espirituales". La palabra *maldad* es *ponería*, de la cual derivan *fornicación* y *pornografía.* [ESTO ESTÁ EQUIVOCADO] Estos son espíritus inmundos con los que tratamos a diario. [VER CÓMO QUEDA ESTO.]

Algunos de estos tienen nombre para nosotros. Beelzebub significa "señor de las moscas". "Abadón" o "Apolión" significa "destructor". "Demonio" quiere decir "tormento de la mente". Estos espíritus de más bajo nivel espiritual son aquellos con los que lidiamos diariamente.

El ejército de Satanás está bien organizado, y sus legiones emplean un despliegue de métodos y artimañas. Debemos estar preparados para hacer frente a este enemigo infernal y poner al descubierto sus tácticas.

capítulo 13

Desenmascarar al enemigo

No cometa errores, ¡hay una verdadera guerra que se libra contra un verdadero enemigo! Una vez que usted asume su posición en Cristo, el siguiente paso es conocer al enemigo para que pueda estar debidamente preparado. Examinemos el peligroso ejército infernal que está a disposición de Satanás. Apocalipsis 12:9 se remonta antes del tiempo: "Y fue lanzado fuera el gran dragón, la serpiente antigua, que se llama diablo y Satanás, el cual engaña al mundo entero; fue arrojado a la tierra, y sus ángeles fueron arrojados con él". Como explicamos anteriormente, a estos ángeles caídos se les dan muchos nombres diferentes en la Escritura: demonios, principados, potestades, gobernadores de las tinieblas, espíritus malvados, espíritus inmundos, además de otras descripciones. Recuerde también que, según Apocalipsis 12:4, un tercio del innumerable ejército de ángeles cayó: "Y su cola arrastraba la tercera parte de las estrellas del cielo". Las "estrellas del cielo" se refiere simbólicamente a los ángeles.

El ejército infernal preparado contra nosotros

Jesucristo confrontó regularmente demonios como parte integral de su ministerio. Lucas registra que cuando Jesús comenzó su ministerio público citó Isaías 61:1-2: "El Espíritu del Señor está sobre mí, por cuanto me ha ungido para dar buenas nuevas a los pobres; me ha enviado a sanar a los quebrantados de corazón; a pregonar libertad a los cautivos a poner en libertad a los oprimidos" (Lucas 4:18). Obviamente Jesús sabía que su propósito era rescatar a la humanidad de la esclavitud y la opresión del enemigo.

Por lo menos nueve veces en el Nuevo Testamento Jesucristo enfrenta a los demonios. Daré más detalles acerca de la actividad demoníaca en capítulos posteriores, pero permítame describir brevemente lo que aprendemos acerca de ellos de un incidente en la vida de Jesús. En Lucas 8:26-39, tenemos la versión del médico amado en cuanto al encuentro del endemoniado gadareno con Jesús.

> Y arribaron a la tierra de los gadarenos, que está en la ribera opuesta a Galilea. Al llegar él a tierra, vino a su encuentro un hombre de la ciudad, endemoniado desde hacía mucho tiempo; y no vestía ropa, ni moraba en casa, sino en los sepulcros. Este, al ver a Jesús, lanzó un gran grito, y postrándose a sus pies exclamó a gran voz: ¿Qué tienes conmigo, Jesús, Hijo del Dios Altísimo? Te ruego que no me atormentes. (Porque mandaba al espíritu inmundo que saliese del hombre, pues hacía mucho tiempo que se había apoderado de él; y le ataban con cadenas y grillos, pero rompiendo las cadenas, era impelido por el demonio a los desiertos.) Y le preguntó Jesús, diciendo: ¿Cómo te llamas? Y él dijo: Legión. Porque muchos demonios habían entrado en él. Y le rogaban que no los mandase ir al abismo. Había allí un hato de muchos cerdos que pacían en el monte; y le rogaron que los dejase entrar en ellos; y les dio permiso. Y los demonios, salidos del hombre, entraron en los cerdos; y el hato se precipitó por un despeñadero al lago, y se ahogó. Y los que apacentaban los cerdos, cuando vieron lo que había acontecido, huyeron, y yendo dieron aviso en la ciudad y por los campos. Y salieron a ver lo que había sucedido; y vinieron a Jesús, y hallaron al hombre de quien habían salido los demonios, sentado a los pies de Jesús, vestido, y en su cabal juicio; y tuvieron miedo. Y los que lo habían visto, les contaron cómo había sido salvado el endemoniado. Entonces toda la multitud de la región alrededor de los gadarenos le rogó que se marchase de ellos, pues tenían gran temor. Y Jesús, entrando en la barca, se volvió. Y el hombre de quien habían salido los demonios le rogaba que le dejase estar con él; pero Jesús le despidió, diciendo: Vuélvete a tu casa, y cuenta cuán grandes cosas

ha hecho Dios contigo. Y él se fue, publicando por toda la ciudad cuán grandes cosas había hecho Jesús con él.

Bien, veamos los demonios y sus características en estos versículos. Los demonios tienen personalidades, usan la velocidad, parecen expresar la emoción del temor, fomentan la impureza, atormentan y crean trastornos mentales. Sin embargo, la gloriosa verdad es ¡que los demonios deben obedecer las órdenes de Jesucristo!

¿UNA PERSONA PUEDE ESTAR POSEÍDA POR DEMONIOS?

La palabra griega para describir la condición de una persona afectada por un demonio es *daimonízomai*, que fue traducida como "endemoniado"[1] en la mayor parte de las versiones en español. Según Arndt y Gingrich es un tiempo presente con una voz activa y un final pasivo.[2] Una persona en esta condición puede ser descripta como en "una pasividad controlada por demonios". En otras palabras, la persona está controlada hasta el punto de la pasividad por un demonio. C. Fred Dickason señala correctamente que el término *posesión* nunca aparece en el Nuevo Testamento.[3] Un demonio puede poseer a un no creyente. Un creyente puede estar demonizado por el enemigo, lo cual significa controlado, ¡pero no poseído! El grado de demonización es limitado en los creyentes.

Los demonios pueden usar voces de personas, confundir, infundir fantasías, causar demencia, aparecer como personalidades múltiples, y causar inactividad del hablar, del oír y movimientos físicos.

En Lucas 8: 26-39, citado anteriormente, observamos rasgos tales como una inusual fuerza física, arrebatos de ira, personalidades múltiples y desintegradas, resistencia a Jesús, clarividencia (saber quién era Jesús) y transferencia ocultista (los demonios entran a los cerdos). Más adelante discutiremos algunos de estos más detalladamente.

El prominente pastor alemán Kurt Koch y el psiquiatra alemán Alfred Lechler investigaron la demonización en Alemania. En sus hallazgos notaron lo siguiente en cuanto a individuos demonizados: resistencia a la Biblia, caída en un estado semejante al trance, oposición a la oración y una reacción negativa al nombre de Jesús.[4]

¿LOS DEMONIOS AFECTAN A LOS CRISTIANOS?

Una de las mayores estrategias de Satanás es lograr que los creyentes crean que son inmunes a la influencia demoníaca. Un creyente lleno del Espíritu Santo que camina en obediencia a Cristo está absolutamente protegido del enemigo. Sin embargo, aunque el espíritu de un cristiano desobediente está protegido del enemigo, la mente y el cuerpo de ese creyente infiel pueden estar sujetos a ataques.

Un cristiano puede "dar lugar al diablo" (Ef 4:27). Cuando un cristiano vive con pecado habitual no confesado, el enemigo se mueve hacia ese lugar de la vida del creyente. Él construye un patrón de pensamiento en torno a ese pecado o actitud. Segunda de Corintios 10:4-5 describe como "fortaleza" a esa casa de los pensamientos. Los demonios pueden establecer su residencia en esa fortaleza de la vida del creyente.

Estos demonios no poseen a los cristianos más de lo que una cucaracha puede poseer una casa. Las cucarachas son sucias, pueden causar desorden y problemas, pero no pueden poseer la casa. De la misma manera, los demonios pueden hostigar, oprimir, deprimir y reprimir al creyente. No pueden destruir a los cristianos, pero pueden distraerlos. En la próxima sección, expondremos la forma en que operan para que usted como cristiano pueda estar alerta.

DESENMASCARAR LA ACTIVIDAD DEMONÍACA

Habiendo expuesto en la última sección la dinastía demoníaca, veamos con mayor profundidad la personalidad demoníaca y cómo opera. Recuerde que el reino de Satanás está en conflicto con el Reino de Dios. Aunque derrotado, Satanás todavía tiene una influencia controladora en este mundo. En Mateo 4:8-9 Satanás le ofrece a Jesús el mundo, su poder y su gloria. Demos una mirada a la tentación:

> Otra vez le llevó el diablo a un monte muy alto, y le mostró todos los reinos del mundo y la gloria de ellos, y le dijo: Todo esto te daré, si postrado me adorares.
>
> —MATEO 4:8-9

Satanás tiene innumerables fuerzas demoníacas a su disposición: "El mundo entero está bajo el maligno" (1 Jn 5:19).

En Lucas, Jesús habló de cómo operan estas entidades demoníacas en un extraño pasaje: "Cuando el espíritu inmundo sale del hombre, anda por lugares secos, buscando reposo; y no hallándolo, dice: Volveré a mi casa de donde salí. Y cuando llega, la halla barrida y adornada. Entonces va, y toma otros siete espíritus peores que él; y entrados, moran allí; y el postrer estado de aquel hombre viene a ser peor que el primero" (Lc 11:24-26).

Creo que esta es la descripción más clara del pensamiento y el proceso demoníaco de toda la Escritura. Examine cuidadosamente estos versículos y notará los siguientes hechos alarmantes en cuanto a la actividad demoníaca.

Primero, los demonios pueden existir tanto dentro como fuera de los seres humanos. Es obvio que pueden atravesar la atmósfera de nuestro planeta.

Segundo, los demonios viajan a voluntad. El versículo dice que "anda por lugares secos, buscando reposo" (v. 24). Parecen preferir viajar por tierra en vez de por agua. En Marcos 5 Jesús envió los demonios hacia un hato de cerdos y los mandó al Mar de Galilea. Los demonios pueden moverse a través de la atmósfera de este planeta.

Tercero, los demonios necesitan un huésped humano para descansar. "anda por lugares secos, buscando reposo". Parece que los demonios están fatigados hasta que encuentran un humano al cual incorporarse.

Cuarto, los demonios pueden comunicarse usando el aparato vocal de su huésped. Lucas 11:24 deja en claro que los demonios pueden hablar. En Marcos 5:7 le hablan a Jesús por medio del huésped humano, diciendo: "no me atormentes".

Quinto, los demonios tienen personalidades e identidades individuales. Observe en Lucas 11:24 cuando el demonio dice: "[Yo] volveré" Los demonios no son fuerzas impersonales, sino que, como los ángeles, tienen nombres y personalidades.

Sexto, ¡los demonios consideran que el cuerpo en el que viven es su casa! En Lucas 11:24 el demonio dice respecto de su anterior huésped humano: "Volveré a mi casa de donde salí". Los demonios son posesivos y buscan tomar posesión de la vida humana a la que invaden. Piense en esto: un demonio jactándose con sus seguidores de que el cuerpo de usted es su casa. Por esa razón Pablo nos advierte en Efesios 4:27: "ni deis lugar al diablo". Si usted le da un punto de apoyo al enemigo, él pondrá un buzón y declarará que su cuerpo es su domicilio.

En la película *El inquilino* (Pacific Heights) —también llamada *De repente, un extraño*, en otros países—, una joven pareja compra una gran casa y la remodela. A fin de poder pagar la hipoteca, alquilan parte de ella a un hombre. Éste se rehúsa a pagar la renta, hostiga a la pareja, los demanda y hace de sus vidas un auténtico infierno. La casa fue poseída por un loco que dominó sus vidas.

Esa historia ilustra gráficamente la estrategia de los demonios. Un demonio vendrá a vivir tranquilamente a esa área de su vida que usted se rehúsa a rendir a Jesús. Desde esa fortaleza, él intentará dominar y arruinar su vida.

Séptimo, los demonios pueden plantar pensamientos y afectar la salud mental. En Lucas 11:25 encontramos una referencia a la mente humana: "Y cuando llega, la halla barrida y adornada".

El demonio regresa a la persona que ha sido liberada. Encuentra la mente limpia y en orden. Sin embargo, esa persona no tiene llenura espiritual. El Espíritu Santo no está presente en su vida, o está en el espíritu de la persona y no llena su mente ni controla su cuerpo. Esta persona recae en el mismo pecado. Tal vez el enojo era la fortaleza de la cual fue liberado, y en vez de crecer en el Señor, llenando su mente con la Escritura y viviendo en alabanza, este individuo cae en el mismo patrón que antes. El demonio puede ver la vacuidad en ese individuo y atacar la mente que carece del Espíritu Santo.

Octavo, los demonios pueden recordar, pensar y planear. Observe en todos estos versículos las estrategias empleadas por estas entidades. No son tontos y no deben ser tratados a la ligera.

Noveno, los demonios pueden comunicarse unos con otros. En Lucas 11:26 ese demonio se comunica con otros siete. Cuando uno da lugar a una entidad demoníaca, esa entidad a menudo traerá demonios compatibles. La Biblia habla del "espíritu de cobardía" o "de temor" (2 Ti1:7). Y en 1 Juan 4:18 la Escritura habla del amor como un arma que "echa fuera el temor". Luego agrega: "porque el temor lleva en sí castigo". Jesús habla de los "verdugos" refiriéndose a quienes no perdonan: "Entonces su señor, enojado, le entregó a los verdugos, hasta que pagase todo lo que le debía. Así también mi Padre celestial hará con vosotros si no perdonáis de todo corazón cada uno a su hermano sus ofensas" (Mt 18:34-35).

De modo que un demonio de temor puede traer demonios que atormentan. La falta de perdón puede invitar a los torturadores a la vida de una persona. Los demonios son como cucarachas, como dijimos anteriormente; tienden a incrementar su número si no se los expulsa por el poder de Dios.

Décimo, existen niveles de demonios dentro de las jerarquías demoníacas. Lucas 11.26 dice que el demonio "Entonces va, y toma otros siete espíritus peores que él". Las entidades demoníacas viven en varios niveles de maldad. Aquí un demonio recluta siete más para ocupar este huésped. Si una persona tolera un poquito del mal, luego le vendrá más mal.

Undécimo, los demonios son un problema para los cristianos de hoy. Efesios 6:12 dice que estamos en una lucha cuerpo a cuerpo "contra principados, contra potestades, contra los gobernadores de las tinieblas de este siglo, contra huestes espirituales de maldad". Aunque estos espíritus no pueden poseer a un cristiano en su espíritu, pueden afligir el cuerpo y oprimir la mente. Debemos estar muy alertas para imponer la victoria de la cruz sobre estas fuerzas malignas.

Duodécimo, los demonios están involucrados en el engaño a los creyentes por la enseñanza de falsas doctrinas. Primera Timoteo 4:1 dice: "Pero el Espíritu dice claramente que en los postreros tiempos algunos apostatarán de la fe, escuchando a espíritus engañadores y a doctrinas de demonios". En estos últimos días los demonios están seduciendo y engañando a muchos por medio de falsas enseñanzas. El mero hecho de que una persona agite su Biblia y actúe de manera espiritual no significa que su ministerio esté ungido por Dios. El engaño religioso es el peor de los controles demoníacos.

Para concluir este capítulo dejemos en claro que ignorar la verdad sobre las fuerzas demoníacas es vano y peligroso. Al no afrontar la verdad acerca de nuestro enemigo dejamos a la iglesia y a nosotros mismos mal preparados para la feroz batalla. ¿Cuántas víctimas espirituales serán necesarias antes de que la iglesia despierte a la realidad de la guerra espiritual?

capítulo 14

Protocolos demoníacos

En los gobiernos del mundo hay ejércitos visibles y estrategias de guerra. Una forma más oculta y sutil de guerra son las llamadas operaciones encubiertas. Estas son estrategias secretas ejecutadas por cada rama del ejército; además las operaciones especiales y las agencias tales como el FBI y la CIA tienen operativos encubiertos.

Satanás también usa operaciones encubiertas. La mayor parte de lo que hace está disfrazado y oculto a la vista.

Las artimañas de Satanás

La palabra *artimañas* proviene del vocablo griego *medsodeía*. Nuestra palabra *método* surge también de esta palabra. Se deriva de dos palabras griegas: *metá*, que significa "en medio", y *jodeúo*, que quiere decir "ir por un camino, o viajar". Satanás quiere interrumpir su viaje, matar su visión, cambiar su ruta, ¡y arrancarlo del centro! ¿Cómo hace eso?

Satanás usa la tentación para atraer a las personas y alejarlas de lo mejor que Dios tiene para ellas. Tentación es *peirasmós*, que significa "abordar" o "atraer a la acción". Satanás usa esta herramienta para alejarnos de Dios y movernos a hacer el mal. Puede tentarnos, pero la voluntad humana debe participar y estar de acuerdo.

> Cuando alguno es tentado, no diga que es tentado de parte de Dios; porque Dios no puede ser tentado por el mal, ni él tienta a nadie; sino que cada uno es tentado, cuando de su propia concupiscencia es atraído y seducido. Entonces la concupiscencia, después que ha concebido, da a luz el pecado; y el pecado, siendo consumado, da a luz la muerte.
>
> —Santiago 1:13-15

Jesucristo fue tentado, pero no pecó. Nunca debemos confundir tentación con pecado. Todos nosotros debemos resistir la tentación sin permitir que los malos deseos dominen nuestro pensamiento y nos alejen de Dios. La Biblia nos enseña que la tentación es una cuestión común a todos nosotros como seres humanos (1 Co10:13). También enseña que las riquezas conllevan un problema mayor en cuanto a la tentación (1 Ti 6:9). Debemos orar: "Y no nos metas en tentación, mas líbranos del mal" (Mt 6:13).

Es interesante notar que la palabra inglesa *piracy* (piratería) viene de *peirasmós*. La tentación es la manera que Satanás tiene de robarle su preciosa vida.

Él usa la perversión para destruir lo que es bueno. La palabra *perverso* (usada en Isaías 19:14, KJV) viene del hebreo *avá*, que significa "torcer". A veces se traduce como "iniquidad". La palabra griega es *diastréfo*, que quiere decir "tergiversar", o "distorsionar". Satanás toma las cosas buenas y las afea. Por ejemplo, el sexo en un matrimonio heterosexual es un regalo de Dios. Satanás puede distorsionarlo en homosexualidad, pornografía y abuso.

Él usa la imitación para alejar a la gente del verdadero Dios. La mayor parte de las religiones son malas copias de las enseñanzas de Dios. La mayor imitación de Satanás será el Anticristo, que imitará los milagros de Cristo. Hasta será resucitado de una herida mortal y adorado como Dios (vea 2 Tesalonicenses 2:9, y Apocalipsis 13:13-18).

Satanás puede incluso falsificar la adoración y el ministerio (2 Co 11:14). Por esa razón debemos examinar a quienes afirman tener el Espíritu Santo y no dejarnos desviar por lo falso (1 Jn 4:1-3).

LOS DEMONIOS USAN EL ENGAÑO

Apocalipsis 12:9 declara que Satanás ha engañado al mundo entero. La palabra *engañar* describe a una persona que cree una mentira como si fuera verdad. Una persona engañada es la que está totalmente convencida de que lo bueno es malo y lo malo bueno. Satanás es un engañador. Él practica el engaño en muchos ámbitos. Básicamente, el engaño se practica en el área de la Palabra de Dios. Si Satanás puede convencer a una persona de que Dios es mentiroso, entonces puede lograr que esa persona transgreda los principios de Dios para la vida. Otra área de engaño se refiere a la persona y la obra de Cristo.

Los demonios usan la perversión para tergiversar el plan de Dios. Satanás es un pervertidor de todos los apetitos físicos que Dios nos ha dado. El apetito por la comida puede ser pervertido en gula. El alcohol dado por Dios para medicina se ha convertido en el peor problema social en los Estados Unidos. (Vea Proverbios 20:1; 23:1-3, 20-21, 29-35). El sexo es un regalo de Dios para el hombre y la mujer en el vínculo del matrimonio. Ahora este regalo ha sido pervertido en toda maldad imaginable. La Escritura prohíbe el sexo prematrimonial y los actos homosexuales; Satanás dice que son aceptables. El mundo llama a eso "preferencias sexuales".

Satanás pervierte el plan de Dios. Produce imitadores que hacen mal uso de lo que es el plan de Dios y desvían a otras personas. Cuando Moisés se paró frente a Faraón y su vara se convirtió en una serpiente, los magos de Faraón hicieron lo mismo (Éx 7:11-12). Ha habido y habrá muchos lobos disfrazados de ovejas hasta el regreso de Cristo. Satanás finalmente producirá el Anticristo, que será una imitación de Jesús.

Por lo tanto es necesario probar el espíritu que habla por el hombre. Pruébelo por la Palabra de Dios: "Amados, no creáis a todo espíritu, sino probad los espíritus si son de Dios; porque muchos falsos profetas han salido por el mundo" (1 Jn 4:1).

El mayor engaño de Satanás contra los cristianos es el que usó contra Job, es decir, la acusación. Satanás nos acusará del pecado que Dios ya ha perdonado. Él es un calumniador y mentiroso. Acusó a Job de servir a Dios por las bendiciones materiales. Job fue reivindicado y Dios venció. Satanás usó el clima, la muerte, la familia, la enfermedad y los falsos amigos. A través de todo eso, Job ni maldijo a Dios ni lo acusó injustamente.

Satanás le dirá que Dios tiene la culpa de sus problemas. Le dirá que su pecado tiene la culpa. Lo acusará y tratará de derrotarlo y destruir su fe. Nuestra defensa es la confesión del pecado conforme a 1 Juan 1:9. No estamos condenados; estamos perdonados.

Tal vez una de las mayores formas en que Satanás opera en el mundo es mediante la rebelión contra la autoridad. El gobierno humano fue permitido con el fin de frustrar el propósito satánico de inducir el caos. Cuando la rebelión y la anarquía derrocan un gobierno, siempre traen un régimen más represivo. El desmoronamiento de la autoridad en la nación, el hogar y la iglesia hará surgir un gobierno más duro o la destrucción total. El ataque al World Trade Center de la ciudad de Nueva York en 1993 y el trágico atentado al edificio federal en

Oklahoma en 1995 son claros ejemplos de rebelión inspirada por demonios.

La Biblia nos advierte del pecado de rebelión. La rebelión de Saúl se describe como adivinación y su obstinación como iniquidad e idolatría (1 S 15:23). Satanás destruyó a Saúl por la rebelión. ¡Es peligroso vivir fuera de la autoridad! La autoridad dada por Dios debe ser establecida y honrada en nuestras iglesias.

Otros métodos que Satanás usa incluyen las tentaciones de la carne, la participación en el ocultismo, la charlatanería religiosa, el temor y la intimidación.

La victoria será ganada por el creyente cuando utilice las armas provistas por Dios. ¡Sólo los desarmados conocerán la derrota! Cuando Eliot Ness y el Departamento del Tesoro recién comenzaban a luchar contra la banda de Capone en Chicago, al FBI no se le permitía llevar armas. Sólo después de que varios agentes fueron asesinados el gobierno finalmente acordó permitirles armarse.

¡Nuestro Rey nos ha permitido portar armas! ¡Vistámonos con la armadura de Dios y vivamos en victoria!

capítulo 15

SÍNTOMAS DE ACTIVIDAD DEMONÍACA

El tema de la enfermedad mental es muy controvertido en los círculos cristianos. Entre las escuelas de pensamiento extremo encontramos equilibrio y una perspectiva escritural. Primero permítame decirlo claramente: no toda enfermedad mental es resultado de ataque demoníaco. Además, una buena atención psicológica de parte de profesionales cristianos es vital y adecuada cuando un individuo está pasando una crisis. Cuando ocurren desequilibrios químicos incluso puede ser necesaria la medicación administrada por un profesional. Cuando la medicina y la terapia tradicionales no resultan efectivas para una cura, entonces es posible que los síntomas indiquen una operación demoníaca.

Permítame enumerar catorce síntomas de operación demoníaca. Mientras los enumeramos, considere que algunos de ellos también podrían ser ocasionados por otras causas ajenas a la opresión demoníaca. Los primeros seis síntomas de la lista son extremos y se derivan del registro del endemoniado de Gadara de Marcos 4. Este hombre había sido encadenado en un cementerio debido a su conducta errática y violenta. Al observar Marcos 5:1-15, puede ver los síntomas evidentes de una actividad demoníaca.

Síntoma 1: Incapacidad para vivir de manera normal (Marcos 5:1-5)

Así como las acciones de la legión lo hacían inadecuado para la interacción social normal con los amigos y la familia, con frecuencia se establece un deseo inusual de estar solo acompañado de una profunda soledad. La persona se torna muy pasiva sin deseos de cambiar.

Síntoma 2: Conducta extrema (Marcos 5:4)

La violencia a menudo será evidente en la vida de la víctima. Un temperamento explosivo y un enojo sumamente incontrolable son conductas peligrosas que controlan al individuo y a sus seres queridos.

Síntoma 3: Cambios de personalidad (Marcos 5:9,12)

En algunos de los casos más serios de control demoníaco existen personalidades múltiples. Este hombre tenía una "legión" de espíritus en su vida. Quizás no todos los casos de personalidad múltiple sean demoníacos, pero en la mayoría interviene la actividad demoníaca. Los cambios de personalidad, extremos o moderados, pueden ser evidencia de dicha actividad.

Síntoma 4: Agitación e insomnio (Marcos 5:5)

En el versículo 5 vemos a este hombre gritando entre los sepulcros "de día y de noche". No podía dormir. El insomnio puede ser señal de un problema físico o de un problema espiritual. Dios ha concedido el sueño a sus hijos (Sal 127:2). De modo que cuando no puede dormir noche tras noche y no hay causa médica para ese trastorno, el diablo lo puede estar atormentando. No olvide, ¡usted tiene derecho a descansar en Jesús!

En el Salmo 3 vemos un cuadro de la guerra espiritual. Aquí David estaba acosado por sus enemigos. En los versículos 3 y 4 clama al Señor: "Tú eres escudo alrededor de mí". Y en los versículos 5 y 6: "Yo me acosté y dormí, y desperté, porque Jehová me sustentaba. No temeré a diez millares de gente, que pusieren sitio contra mí". Dice además en el Salmo 4:8: "En paz me acostaré, y asimismo dormiré; porque sólo tú, Jehová, me haces vivir confiado". El sueño es un regalo de Dios para todos los que en Él confían.

Síntoma 5: Una terrible angustia interna (Marcos 5.5)

Obviamente este hombre estaba profundamente atormentado en su mente y en su corazón. Se evidencian varios niveles de angustia en quienes son afligidos por demonios. La pena y la angustia son emociones normales para todos nosotros. Sin embargo, la angustia persistente y no resuelta que no se va después de las terapias normales de consejería, el aliento y la oración, podría ser demoníaca.

Síntoma 6. Heridas autoinfligidas y suicidio (Marcos 5.5)

Aquí vemos que el hombre endemoniado se hería a sí mismo. Si lee Marcos 9:14-29, verá el relato del hombre cuyo hijo estaba sordo y mudo por causa de un demonio: "dondequiera que le toma, le sacude y muchas veces le echa en el fuego y en el agua para matarle" (vv.18, 22). Jesús echó fuera al demonio. "Entonces el espíritu, clamando y sacudiéndole con violencia, salió; y él quedó como muerto. Pero Jesús, tomándole de la mano, le enderezó; y se levantó" (vv.26-27). Los demonios pueden hacer que las personas se hieran a sí mismas. Incluso incitan al suicidio.

Síntoma 7: Enfermedades inexplicables sin una obvia causa médica

Cuando los exámenes médicos no dan con ninguna causa física para una enfermedad, entonces deberíamos buscar respuestas en la mente y el espíritu. A veces las enfermedades son psicológicas y una buena consejería puede sanarlas. Otras veces la batalla es con demonios.

Un ejemplo escritural se halla en Lucas 13:11-16, el relato de una mujer afligida por un "espíritu de enfermedad" (v.11). Jesús la llamó una "hija de Abraham, que Satanás había atado" (v.16). Obviamente era una hija de Dios, fiel a su sinagoga, con el deseo de saber más del Señor. "Jesús le dijo: Mujer, eres libre de tu enfermedad. Y puso las manos sobre ella; y ella se enderezó luego, y glorificaba a Dios" (vv.12-13). Existen enfermedades físicas causadas por una clase de demonios llamados "espíritus de enfermedad".

Síntoma 8: Conducta adictiva

La adicción al alcohol, las drogas, el sexo, la comida, el juego y otras cosas, abre la puerta a la influencia y al control demoníaco. No estoy diciendo que los demonios causen todos estos problemas; ciertamente las personas son responsables de sus propias elecciones erróneas. Pero cualquier cosa que haga que alguien pierda el control predispone a esa persona al control infernal.

Síntoma 9: Conducta sexual anormal

Cuando el hijo de Jezabel preguntó si había paz, Jehú respondió: "¿Qué paz, con las fornicaciones de Jezabel tu madre, y sus muchas hechicerías?" (2 R 9:22).

En Ezequiel 16:20-51 se menciona varias veces el espíritu de prostitución. Este espíritu infectaba a la nación de Israel con los pecados de Sodoma (vv.49-50). Incluso sacrificaban a sus propios hijos (vv.20-21).

La homosexualidad, el adulterio, la fornicación y hasta el infanticidio son todos inspirados por el espíritu de prostitución. Oseas 4:12 dice: "espíritu de fornicaciones lo hizo errar, y dejaron a su Dios para fornicar". Mire Oseas 5:4: "No piensan en convertirse a su Dios, porque espíritu de fornicación está en medio de ellos, y no conocen a Jehová".

Una nación y un pueblo dados a los pecados y las abominaciones sexuales están gobernados por un espíritu de fornicación. Observe Nahum 3:4: "A causa de la multitud de las fornicaciones de la ramera de hermosa gracia, maestra en hechizos, que seduce a las naciones con sus fornicaciones, y a los pueblos con sus hechizos".

Naciones y familias son vendidas como esclavas por la hechicería del espíritu de prostitución. Cuando jugamos con el pecado sexual, nos exponemos a este espíritu demoníaco. Debemos batallar contra este principado que domina nuestra nación.

Síntoma 10: Derrota, fracaso y depresión en la vida cristiana

Pablo escribió en 2 Corintios 2:14: "Mas a Dios gracias, el cual nos lleva siempre en triunfo en Cristo Jesús". Observe que este versículo está precedido por una exhortación de Pablo a perdonar a los demás "para que Satanás no gane ventaja alguna sobre nosotros; pues no ignoramos sus maquinaciones" (vv.10-11). El propósito de Satanás es sacar ventaja de nuestras situaciones y robarnos la vida victoriosa que es nuestra en Cristo. El salmista clamó: "En esto sabré que te he agradado: en que mi enemigo no triunfe sobre mí" (Sal 41:11, NVI).

Este síntoma se manifiesta a menudo por la incapacidad de alabar y adorar. El Salmo 92:1-4 es un testimonio del poder de la alabanza. Culmina en el versículo 4 donde David dice: "Por cuanto me has alegrado, oh Jehová, con tus obras; en las obras de tus manos me gozo". Otra vez: "Sálvanos, Jehová, Dios nuestro... para que alabemos tu santo nombre, para que nos gloriemos en tus alabanzas" (Sal 106:47).

Síntoma 11: Participación y conducta ocultistas

Deuteronomio 18:9-12 clasifica las obras del ocultismo y la hechicería, incluyendo el sacrificio de niños, la brujería, la agorería, la adivinación, la interpretación de presagios, la brujería, los que hacen hechizos, los médiums, los espiritistas y los que invocan a los muertos. El versículo 15 instruye al pueblo a oír la Palabra de Dios por medio del profeta de Dios y ordenar su vida en consecuencia. Involucrarse en el ocultismo es evidentemente un síntoma de control demoníaco.

Síntoma 12: Dificultades del habla

En Mateo 9:32-33 Jesús reprende a un demonio, y el mudo pudo hablar. Las dificultades del habla pueden ser físicas, emocionales, mentales, y en algunos casos, demoníacas. El lenguaje grosero y las malas palabras pueden ser provocados por el enemigo.

Síntoma 13: El error doctrinal

En 1 Timoteo 4:1 recibimos una advertencia de que en los últimos tiempos los espíritus engañadores enseñarán doctrinas de demonios. Hoy en día, los cultos o sectas religiosas y la charlatanería abundan. La razón por la cual estos engañadores desvían a muchas personas es el poder demoníaco que los instruye.

Síntoma 14: El legalismo religioso

Gálatas 3:1 le dice al creyente que está en peligro de volver a estar bajo la ley: "¿Quién os fascinó para no obedecer a la verdad?" La iglesia de Galacia había abandonado el ministerio de fe que realizaba milagros (v.5) por un ministerio de reglas y regulaciones legales. Pablo catalogó este error como hechicería.

Mucha gente profundamente religiosa se halla bajo la esclavitud de la tradición, las reglas hechas por hombres y las apariencias externas. Los demonios proliferan en esta clase de ambiente, especialmente los demonios de control. Es mucho más fácil mantener un ritual o una lista de reglas que caminar por fe. Siempre que haya algún sustituto de la fe en la obra completa de Cristo, es una doctrina de demonios.

Sección IV

CÓMO CONOCER LAS ESTRATEGIAS DE SU ENEMIGO

capítulo 16

LA ESTRATEGIA DEL MIEDO

EN JOB 3:25 encontramos estas palabras: "Porque el temor que me espantaba me ha venido, y me ha acontecido lo que yo temía". Satanás vino a Jehová y dijo: "Quiero el permiso para tocar a Job", y Dios se lo dio. Sin embargo, la única razón por la que el enemigo tuvo cualquier clase de acceso a Job "aunque se le había dado permiso" fue porque Job le cedió terreno.

Creo que en la vida de Job existían dos clases de pecados de temor. Job era un hombre que vivía con temor de que algo les ocurriera a sus hijos y a su dinero. Vivía de ese modo toda su vida.

El temor es un imán para los demonios. El temor atraerá al enemigo y hará que ocurra lo que ha salido de su boca. Usted debe entender que el temor no es sólo una emoción, sino que también es un espíritu. En 2 Timoteo 1:7 leemos: "Porque no nos ha dado Dios espíritu de cobardía, sino de poder, de amor y de dominio propio".

Creo que los espíritus de timidez y cobardía entran, nos paralizan e impiden que nos movamos como Dios quiere que lo hagamos. Esto no es simplemente un "problemita"; creo que en realidad el temor está matando a la gente: "Desfalleciendo los hombres por el temor y la expectación de las cosas que sobrevendrán en la tierra; porque las potencias de los cielos serán conmovidas" (Lc 21:26). El temor es un imán mortal que lo destruirá y quitará la felicidad de su vida. En la Biblia, lo opuesto al temor no es la valentía; son la fe y la esperanza.

RECONOZCA SUS TEMORES

¿Qué temores específicos inundan su vida y lo hacen fracasar? Es tiempo de examinarse y ver qué temores existen en sus procesos de pensamiento.

Temor a la vida

Cada día encuentro personas que temen vivir la vida plenamente. Este temor es el primero en mostrar su rostro en este mundo. Justo después de que Adán y Eva cayeran en pecado, Dios se manifestó y les habló. Adán admitió ante Dios: "Y él respondió: Oí tu voz en el huerto, y tuve miedo, porque estaba desnudo; y me escondí" (Gn 3:10). ¡Adán ni siquiera podía continuar su rutina normal allí en el jardín!

Tal vez tenga temor de que la gente sepa cómo es usted realmente y luego lo rechace. Teme que alguna cosas que usted ha hecho, cosas que están entre usted y Dios, puedan evidenciarse. Vive con temor de la verdad. Sin embargo, si existe un lugar en este mundo en donde usted debería poder vivir una vida transparente ¡es en la iglesia! Debería poder compartir sus dificultades y sus fracasos y tratar con ellos confiadamente.

Dios juzga el temor tan duramente como cualquier otro pecado presentado en la Biblia. Mateo 25 contiene la parábola de los talentos. Un individuo recibe cinco talentos, otro dos, y uno, recibe solamente un talento. El que recibió cinco los invirtió y duplicó su dinero, así también lo hizo el que recibió dos. ¡Dios espera algo de su inversión! Él quiere ver resultados de lo que siembra. Pero el individuo que había recibido un solo talento simplemente lo escondió. Observe este razonamiento: "Pero llegando también el que había recibido un talento, dijo: Señor, te conocía que eres hombre duro, que siegas donde no sembraste y recoges donde no esparciste; por lo cual tuve miedo, y fui y escondí tu talento en la tierra; aquí tienes lo que es tuyo" (vv.24-25). Este nervioso individuo en realidad no conocía al Dios a quien servimos; tenía una percepción equivocada de Él. ¿Cuál fue la respuesta del amo? Él no dijo: "¡Pobrecito está asustado!". En cambio dijo: "Quitadle, pues, el talento, y dadlo al que tiene diez talentos" (v.28). ¿Comprende? Si usted no lo usa, lo pierde.

El impacto del temor va más allá de los asuntos espirituales; también puede afectar su trabajo. Quizás usted tenga temor de dar el próximo paso para un ascenso. Tal vez tema ingresar en la gerencia porque teme que la responsabilidad será mayor que lo que jamás ha conocido. Se prefiere la zona de comodidad antes que el progreso. Alguien que está leyendo este libro puede haber concebido una maravillosa idea, pero no correrá el riesgo porque tiene un profundo temor al fracaso.

La historia nos dice que Abraham Lincoln perdió cada elección en la que participó, ¡excepto cuando se postuló para presidente! ¿Y si hubiera dejado? No habríamos tenido uno de nuestros más grandes presidentes. Hay quienes están paralizados por el temor de levantarse por la mañana y seguir las rutinas de la vida. Quiero desafiarlo a quebrar este espíritu y creer que usted puede ser todo aquello para lo cual Dios lo ha creado.

Temor a la muerte

> Así que, por cuanto los hijos participaron de carne y sangre, él también participó de lo mismo, para destruir por medio de la muerte al que tenía el imperio de la muerte, esto es, al diablo, y librar a todos los que por el temor de la muerte estaban durante toda la vida sujetos a servidumbre.
>
> —Hebreos 2:14-15

Muchas personas padecen un terrible temor a morir. Creo que por esa razón muchos de los dólares de nuestros hospitales se destinan para hacer a la gente análisis de enfermedades que no tienen. Mucha gente se despierta sin aliento por las noches. Realmente podría estar sufriendo pesadillas, un ataque demoníaco a la base de la salud.

Si usted es salvo, ¿por qué debería tener temor de morir? ¿No debería jactarse todo cristiano de "Para mí el vivir es Cristo, y el morir es ganancia" (Fil 1:21)? El cielo no es un destino que deba ser temido. He oído a personas que dicen: "Bien, yo quiero ir al cielo, pero no estoy listo". Bueno, ¡yo estoy listo para irme hoy! Extrañaría muchísimo a mi familia, y ellos a mí. Pero después de que Jesús murió en la cruz y resucitó de la tumba, ¡iluminó para siempre los pasillos de la muerte! ¡No temeré! "Aunque ande en valle de sombra de muerte, no temeré mal alguno, porque tú estarás conmigo" (Sal 23:4). Aun en la muerte no estamos solos.

Temor al enemigo

Aquí tiene la respuesta apropiada cuando enfrenta al enemigo: "Porque oigo la calumnia de muchos; el miedo me asalta por todas partes, mientras consultan juntos contra mí e idean quitarme la vida. Mas yo en ti confío, oh Jehová; digo: Tú eres mi Dios. En tu mano están mis tiempos; líbrame de la mano de mis enemigos y de mis perseguidores" (Sal 31:13-15).

No tengo que tener temor del diablo ni de sus emisarios manifestados aquí en la tierra. ¡Jesús derrotó a los principados y potestades!

Arrancó de sus tronos a las deidades astrales y expuso al enemigo. No tengo que tener miedo de una carta de tarot o de un horóscopo. No necesito llamar a un psíquico para averiguar lo que va a suceder mañana. Me jacto con el salmista David: "En tu mano están mis tiempos".

Temor al hombre

> El temor del hombre pondrá lazo; mas el que confía en Jehová será exaltado.
>
> —PROVERBIOS 29:25

Éste es un fuerte temor para muchos en nuestro mundo actual. ¿Hay en su vida alguien que hace que surja temor en su espíritu? ¿Hay algo en su interior que hace que acuerde con la gente o hasta vaya con ellos cuando están equivocados, sencillamente porque tiene temor de lo que piensen de usted?

Este temor del hombre es algo que realmente atrapa a nuestros jóvenes hoy. La presión de los pares, el temor de lo que piensen los amigos, pueden dominar sus vidas. El temor a ser diferentes, temor a lo que pensarán los demás, pueden ser muy fuertes. No le estoy diciendo que sea odioso, pero ésta es la pura verdad: no importa lo que los demás piensen de usted ¡sino lo que Dios piense! Es necesario que los jóvenes y adultos por igual dejen de permitir que el temor al hombre estorbe lo que Dios desea hacer en sus vidas.

El temor a la insignificancia

Las personas temen que sus vidas no cuenten para nada. Pienso en la historia de Abraham. Aquí está el anciano Abram. Dejó la fama y la fortuna en Ur de los caldeos, dejó su hermoso hogar, y vive en una carpa. Por aquí, nadie sabe quién es él. "Después de estas cosas vino la palabra de Jehová a Abram en visión, diciendo: No temas, Abram; yo soy tu escudo, y tu galardón será sobremanera grande" (Gn 15.1).

Usted dice: "Bueno, no gané El Empleado del Mes aunque lo merecía". Pero Dios lo vio, y Él tuvo en cuenta su administración. Usted dice: "Nunca nadie me ha dado una placa. Nadie aprecia lo que hago". Quiero decirle esto: su mayor recompensa es Dios.

Permítame recordarle el relato de la mujer que quebró el frasco de alabastro y lloró a los pies de Jesús. Nadie sabe realmente su nombre; algunos eruditos dicen creen que era María. Lo que sí sabemos con certeza ¡es que Jesús sí apreció lo que ella hizo! Nadie sabe el nombre de la viuda que dio todo lo que tenía para la ofrenda del templo, pero Jesús sí lo sabe, y ella es importante para Él.

Si usted experimenta sentimientos de inferioridad, debe aceptar la idea de que Jesucristo es Aquél que puede dar significado e importancia a su vida. Y un día, cuando usted llegue al cielo, ¡verá que todo lo que sembró en esta vida sigue estando allí!

Una noche estaba mirando televisión con mis amigos cuando comenzó un gran espectáculo de premios. Un amigo dijo: "Miren eso, servicio para la carne. ¡Es todo tan mundano!". No pude evitar el responderle: "Déjalos. Esa estatuilla puede ser todo lo que obtengan en reconocimiento por esta vida".

Pero sabe, tengo algo más preparado para mí: una corona en la gloria. Mi Salvador sabe mi nombre y la cantidad de cabellos de mi cabeza, y ha preparado mi vida. No tengo que tener miedo de sentirme insignificante ¡o perdido en la multitud!

Temor al futuro

> Porque yo sé los pensamientos que tengo acerca de vosotros, dice Jehová, pensamientos de paz, y no de mal, para daros el fin que esperáis.
>
> —Jeremías 29:11

No debe tener temor de lo que va a ocurrir mañana. Una vez que usted conoce al Señor Jesucristo, el temor al futuro puede irse.

Cuando mi hijo, Ronnie Jr., era pequeño, le encantaba ir conmigo a hacer recados. Aun cuando tenía cuatro o cinco años, subía ansiosamente al asiento del acompañante aunque fuera un viaje corto. Al recordarlo, creo que fue importante que ni una sola vez haya dicho: "Papi, ¿tienes gasolina en el auto?" "Papi, ¿trajiste dinero?" "Papi, ¿realmente sabes adónde vamos?".

¿Sabe? Él no tenía que hacer esas preguntas. Ponía su manito en la mía y era todo lo que él necesitaba. Estaba listo para salir porque confiaba en mí. Sabía que si estaba conmigo, sus necesidades serían satisfechas en abundancia. Fuera una gaseosa de la estación de servicio, o el paso por un restaurante de comidas rápidas con servicio en el coche, él sabía que no tendría hambre en nuestro viaje. Si necesitaba un lugar para descansar, papi conseguía uno. Y podía confiar en que papi sabría como regresar a casa cuando fuera el momento.

No puedo predecir lo que sucederá en el futuro. Pero puedo decir esto: como creyente, lo que le espera en la eternidad es maravilloso y usted no tiene que preocuparse.

ENFRENTAR LAS FORTALEZAS PRIVADAS DEL TEMOR

Si usted tiene un temor fuera de lo usual, tal como temor a un animal, a la oscuridad, a las multitudes, a la escasez, a ciertos lugares o momentos del día, por favor comprenda que estos temores no se irán solos. Se los debe tratar. Primera de Pedro 3:14 dice: "Si alguna cosa padecéis por causa de la justicia, bienaventurados sois. Por tanto, no os amedrentéis por temor de ellos, ni os conturbéis". Y 2 Timoteo 1:7: "Porque no nos ha dado Dios espíritu de cobardía, sino de poder, de amor y de dominio propio". La Biblia dice que el temor tiene que ser echado fuera.

El temor es un imán para los demonios.

> Y nosotros hemos conocido y creído el amor que Dios tiene para con nosotros. Dios es amor; y el que permanece en amor, permanece en Dios, y Dios en él. En esto se ha perfeccionado el amor en nosotros, para que tengamos confianza en el día del juicio; pues como él es, así somos nosotros en este mundo.
>
> —1 JUAN 4:16-17

El versículo 18 continúa este pensamiento: "En el amor [*ágape*] no hay temor; sino que el perfecto amor echa fuera el temor". Este espíritu no se irá solo. Puede ingerir todo el Valium y el Zoloft que quiera. Puede emborracharse, fumar, tomar pastillas para dormir, o ir al cine o al club de comedias. Temporalmente puede olvidar su temor. Pero cuando despierte o esté sobrio, el temor va a estar mirándolo a la cara.

LOS ESPANTOSOS SEGUIDORES DEL TEMOR

Cuando usted atrae el espíritu de temor, él trae a sus compinches atormentadores. El temor nunca viene solo. El mejor amigo del temor es el tormento. El tormento implica noches de insomnio o pensar que su esposo tiene una aventura amorosa cuando no la tiene o la incapacidad para hablar la verdad. Son todos estos tormentos y más.

El temor y el tormento obtienen acceso a su vida por medio de las relaciones equivocadas. Algunos de ustedes pueden albergar temor porque en su pasado hay algo con lo que no han tratado. En Mateo 18, Jesús contó una parábola de un hombre que perdonó a alguien que le debía mucho dinero. Sin embargo, ese hombre perdonado recordó una deuda que otro tenía con él. Rehusó perdonarle la pequeña deuda y acosó al deudor.

Pronto el amo supo lo que había ocurrido y lo mandó a llamar, para decirle: "Siervo malvado, toda aquella deuda te perdoné, porque me rogaste. ¿No debías tú también tener misericordia de tu consiervo, como yo tuve misericordia de ti? Entonces su señor, enojado, le entregó a los verdugos, hasta que pagase todo lo que le debía" (Mt 18:32-34). La historia culmina con una advertencia: "Así también mi Padre celestial hará con vosotros si no perdonáis de todo corazón cada uno a su hermano sus ofensas" (v.35).

La razón por la cual algunos de ustedes están atormentados por el temor es algo que les sucedió. Quizás fueron abusados o heridos. Quizás les mintieron o sufrieron rechazo de alguien importante. Puede haber sido abuso verbal o físico, pero de todos modos, sigue atormentado porque nunca dejó ir el dolor ni perdonó a quienes lo hirieron.

¿Qué es lo esencial de la parábola del siervo malvado? Simplemente esto: Dios conoce el corazón. Dios lo está mirando y diciendo que Él sabe todo lo que usted ha pensado y hecho. Él envió a su Hijo al Calvario para derramar su sangre y perdonarle a usted toda su deuda. Por lo tanto, no importa quien lo haya herido o cuán profundamente haya sido herido "le hayan pedido perdón o no" así como el siervo, ¡usted los debe perdonar! De lo contrario estará encadenado a ellos por el resto de su vida, y demonios atormentadores le quitarán el sueño y la paz.

No tengo una solución rápida y fácil para usted. Sencillamente tiene que tratar sus heridas. Tal vez se ha arrodillado cientos de veces en el altar de la iglesia, pero sólo sintió un alivio temporario porque volvió a levantar ese rencor y se fue con él. O al día siguiente alguien le dice algo hiriente, y todo el viejo dolor vuelve a irrumpir. El temor y los tormentos tienen acceso cuando usted tiene falta de perdón hacia otros. Estaba ministrando en el altar durante una serie de reuniones cuando una dama se paró frente a mí para que orara. El Espíritu Santo me mostró inmediatamente cuál era su necesidad. Hablé lo que el Espíritu me movía a decir, y le dije: "Tiene que perdonar a su papá". Ella se inclinó, cayó sobre sus rodillas y dijo: "¡No!". No era su clamor. Era ese espíritu de tormento que la había invadido hacía veinte años. Todo su maquillaje, su belleza, y su dinero (y tenía mucho) no la ayudaban, porque era atormentada por el hecho de que su padre había sido muy injusto con ella y nunca lo había resuelto.

Dios proveyó perdón no sólo para nosotros sino también para quienes nos han hecho mal. Quizás usted piense que eso no es justo, pero no es justicia lo que necesitamos en la vida: ¡necesitamos misericordia! En el Espíritu, veo la sangre de Cristo cubriéndole mientras usted lee este libro y las cadenas están cayendo. Se están yendo los antiguos miedos, y está comenzando una nueva vida ¡mientras sostiene este libro!

Echar fuera el temor

¿Cómo lo echa fuera? El apóstol Juan dio la respuesta cuando escribió: "El perfecto amor echa fuera el temor" (1 Jn 4:18). Jesús vive en nuestro corazón, y su perfecto amor está en nosotros. Él ha derramado su amor en nosotros por su Espíritu Santo. Usted pregunta: "¿Cómo se va el temor?" ¡Dígale que se vaya! Por qué no perdona a quien le hirió y dice: "Ahora, miserable espíritu inmundo de temor y todos tus espíritus de tormento, he perdonado a quienes me hirieron. Ustedes están vencidos. ¡Fuera!". Ellos tienen que irse. El amor es el antídoto para el temor. Deshágase del dolor y aférrese al amor de Dios.

Retener su libertad

Una vez que arrancó su temor, ¿cómo puede mantenerse libre de él? Mire nuevamente lo que Dios nos dice: "Porque yo sé los pensamientos que tengo acerca de vosotros, dice Jehová, pensamientos de paz, y no de mal, para daros el fin que esperáis" (Jer 29:11). ¡Imagine a Dios pensando en nosotros! Eso me fascina. Aun cuando usted no esté pensando en Dios, Él piensa en usted. Y sus pensamientos no son de malicia o juicio, sino que son pensamientos de paz. *Shalom* en hebreo significa no sólo "buenos sentimientos", sino también "prosperidad". Cuando Jeremías escribió esto, escribía para un pueblo que estaba siendo llevado cautivo a Babilonia por setenta años. Muchos de ellos no vivirían para regresar a sus hogares. Iban a un lugar que nunca habían visto y en el cual tenía que haber temor. Pero Dios quería que supieran que la esperanza estaba firme en el futuro.

Vivir en libertad

¿Cómo vivir frente a tanta agitación? ¿Cómo vivir con esperanza y sin temor, cuando parece que en su vida hay cosas por las que no puede hacer nada?

> Así ha dicho Jehová de los ejércitos, Dios de Israel, a todos los de la cautividad que hice transportar de Jerusalén a Babilonia: Edificad casas, y habitadlas; y plantad huertos, y comed del fruto de ellos. Casaos, y engendrad hijos e hijas; dad mujeres a vuestros hijos, y dad maridos a vuestras hijas, para que tengan hijos e hijas; y multiplicaos ahí, y no os disminuyáis. Y procurad la paz de la ciudad a la cual os hice transportar, y rogad por ella a Jehová; porque en su paz tendréis vosotros paz.
>
> —Jeremías 29:4-7

Permítame hablarle de otro antídoto para el temor: disfrute de lo que Dios le ha dado y deje de sentirse culpable por eso. Quizás cuando compra algo nuevo, siente siempre como si tuviera que explicarlo a los demás. Puede tener temor de que la gente piense: "Vaya, eso es presuntuoso. ¡Mira esa extravagancia!". Pero Dios dice: "Disfruta de aquello con lo que te he bendecido".

Hacer oídos sordos a lo negativo

Deje de escuchar a la gente negativa. "Porque así ha dicho Jehová de los ejércitos, Dios de Israel: No os engañen vuestros profetas que están entre vosotros, ni vuestros adivinos; ni atendáis a los sueños que soñáis. Porque falsamente os profetizan ellos en mi nombre; no los envié, ha dicho Jehová" (Jer 29:8-9).

Si Dios le ha dado un sueño, ¡casi puede contar con que vendrá alguien a hablarle con pesimismo al respecto! Una manera segura de mirar al futuro con esperanza es preguntarle a Dios qué quiere hacer en su vida, obtener una palabra segura de Él y luego aferrarse a su sueño. ¡Rehúsese a escuchar a quienes matan los sueños!

CONFÍE EN SU BUENA PALABRA

Para mantener alejado el temor, usted debe anclar su fe en la Palabra de Dios. Jeremías 29:10 prometió: "Porque así dijo Jehová: Cuando en Babilonia se cumplan los setenta años, yo os visitaré, y despertaré sobre vosotros mi buena palabra, para haceros volver a este lugar". Esa palabra **buena** en el hebreo significa literalmente "hermosa". Dios básicamente dijo: "He hablado una hermosa palabra. Vayan y vivan su vida. Continúen con su sueño. Puede no llegar aquí en su tiempo, pero yo he hablado". Llevó setenta años que se cumpliera el sueño de Israel, pero Dios cumplió todo lo que dijo.

Tiene que dejar de sentir temor de lo que su familia piense y de lo que otros piensen. Eso no quiere decir ser odioso. Mantenga firmes en su mente las promesas de Dios y dígase: "Realmente no me importa si otros hablan de mi sueño de manera negativa, ¡Dios ha hablado!".

CONOCER A DIOS DIARIAMENTE

Sinceramente no soy muy madrugador, pero mi esposa y yo hemos establecido una rutina. Paulette me llama: "Cariño, tengo listo el café". Cerca de las 6:30 de la mañana, con el café en la mano, nos ponemos frente al televisor y miramos juntos uno de nuestros programas devocionales favoritos. Después de cinco minutos de emisión, ¡estoy listo para atacar al infierno con una pistola de agua!

¿Cómo mantiene viva la esperanza? Vea todo el mañana como un regalo de Dios. Cuando se levante mañana, aunque sea lunes, abra sus ojos y diga: "Buen día, Señor. ¿Cómo te va? ¿Qué vamos a hacer hoy, Señor?". Aunque usted vaya a ese trabajo secular, está de guardia para Él. Dios nos conoce. Él tiene un plan para nuestra vida.

Además, encontrará que la oración evita que regrese el temor. Mire Jeremías 29:12: "Entonces me invocaréis, y vendréis y oraréis a mí, y yo os oiré". Así que primero Él nos dijo: "¡Estoy pensando en ti!", y ahora dice: "¡Voy a escucharte!"

También debemos alimentar nuestra pasión por Dios. Mire Jeremías 29:13: "Y me buscaréis y me hallaréis, porque me buscaréis de todo vuestro corazón". El versículo 14 nos dice que Dios es un Dios de esperanza. Él dice: "Seré hallado por vosotros". A veces puede parecer que Dios juega a las escondidas, pero finalmente va a decir: "¡Aquí estoy! Si vienes a mí con todo tu corazón, me encontrarás". En esta incansable búsqueda de la gloria de Dios, encontrará que Él está en medio de toda circunstancia de su vida.

Suelo decir a Paulette que nuestro noviazgo puede resumirse así: ¡La perseguí hasta que ella me atrapó! Es reconfortante saber que puede perseguir a Dios hasta que Él lo atrape. El perfecto amor echa fuera el temor. Un futuro feliz y seguro puede ser suyo.

Ahora mismo usted puede pedirle a Dios que supla lo que es necesario en su vida. El temor está a punto de irse para siempre:

> *En el nombre de Jesús, ordeno al espíritu de temor que preste atención. Te ordeno que sueltes tu control conforme a la Palabra de Dios. Te sujeto delante del Señor Jesús que dijo: "No temas", cuyo nacimiento anunció un nuevo día. Ordeno que sea quebrado tu poder y que te vayas en el nombre que es sobre todo nombre. Ahora, Espíritu Santo, ven y reemplaza el temor con el fruto: amor, gozo, paz, fe, longanimidad, bondad, mansedumbre, benignidad y templanza. Ven, llenura de poder. Vengan, paz de Dios y una mente sana. Ven, Jehová, y toca mi vida. En el nombre de Jesús, amén.*

capítulo 17

LA ESTRATEGIA DE LA DEPRESIÓN

¿HAY UNA CURA permanente para la depresión? Las estadísticas muestran que multitudes de estadounidenses están esperando una cura rápida. En 2001, se estimaba que 28 millones de personas ingerían antidepresivos. Algunos estudios muestran que al menos uno de cada cuatro estadounidenses utiliza alguna clase de droga psiquiátrica, pero los expertos creen que el número es menor.[1]

Nuestro Señor Jesús, cuando comenzó su ministerio, sabía a que clase de mundo había venido. Su primer sermón fue predicado del pasaje de Isaías 61. Jesús comenzó su ministerio diciendo:

> El Espíritu de Jehová el Señor está sobre mi, porque me ungió Jehová; me ha enviado a predicar buenas nuevas a los abatidos, a vendar a los quebrantados de corazón, a publicar libertad a los cautivos, y a los presos apertura de la cárcel; a proclamar el año de la buena voluntad de Jehová, y el día de venganza del Dios nuestros; a consolar a todos los enlutados; a ordenar que a los afligidos de Sion se les dé gloria en lugar de ceniza, óleo de gozo en lugar de luto, manto de alegría en lugar del espíritu angustiado; y serán llamados árboles de justicia, plantío de Jehová, para gloria suya.
>
> —ISAÍAS 61:1-3

Este pasaje es literalmente el libertador declarando la liberación. ¡Es la voz de su Salvador enviando el llamado de libertad a su espíritu! Entonces ¿por qué la queja número uno entre los cristianos profesantes de los Estados Unidos es el problema de la depresión?

Depresión es la condición de estar deprimido: un sentimiento de decepción, de desesperanza. Puede afectar el cuerpo. Puede causar una abrumadora sensación de fatiga que le sobreviene a la persona. De hecho, existen estudios que indican que muchas neurosis psicológicas, al igual que algunos padecimientos de fatiga, son resultado de vivir con depresión.

La Biblia no lo llama depresión. Lo llama espíritu de opresión. Hay un demonio implicado aquí. David lo llama "estar abatido". La depresión es un estado de luto en su vida, un estado de pesadez sobre las circunstancias. Usted está bajo las circunstancias de su vida.

Puertas abiertas para la depresión

Una gran cantidad de cosas pueden exponer su vida al espíritu de depresión. Veamos brevemente algunas de ellas.

Las circunstancias

En Isaías 61, Jesús dijo: "Me ha enviado ha predicar buenas nuevas". Una de las causas obvias o disparadores de la depresión son las circunstancias negativas, o las malas noticias. Johnny Cash solía cantar una canción sobre que las malas noticias se esparcen como un fuego arrasador; en realidad, la letra de la canción dice que lo llamaban "Fuego arrasador".

Eso es precisamente como el diablo: ¡a él le encantaría ser conocido como "el Viejo Fuego arrasador"! Pero Jesús no es así Él no vino a traer malas noticias. Hasta la palabra *evangelio* significa "buenas noticias". Jesús vino a decir que la noche oscura acabó. ¡Él vino a liberarlo! Muchos de ustedes están viviendo con un espíritu de opresión debido a las circunstancias negativas que les sobrevinieron durante su vida.

Enfermedad

Además, la enfermedad física o mental puede deprimirlo. Si está físicamente enfermo durante un tiempo prolongado, eso a veces puede traer un espíritu de depresión. ¡Las facturas médicas que vienen con una enfermedad prolongada también son otra circunstancia negativa! En ocasiones los problemas mentales son verdaderamente la causa de un alma deprimida. Es importante recordar que no todas las enfermedades mentales son demonios.

Patrones de pensamiento

A veces el pensamiento equivocado domina la vida. Se hace difícil mirar la vida a través de los claros lentes de la realidad. Usted mira a través de los anteojos para sol de sus propias circunstancias, y todos y todo parecen teñidos por sus propias experiencias. Es por eso que a veces una mujer cuyo padre fue adúltero e infiel mira a todos los hombres como si fueran adúlteros e infieles. ¡Es hora de deshacerse de esos viejos anteojos del pasado!

Cadenas de hábitos

La esclavitud demoníaca y los hábitos pueden encadenarlo. Isaías 61 nos dice que Jesús vino a proclamar libertad a los cautivos. Dios no desea que usted viva con depresión como cautivo del enemigo. Él vino a consolar a los enlutados.

El rechazo

El rechazo puede sumirlo en depresión. Si me permite, parafraseo Isaías 61:2 así: "Él vino a declarar el año de la aceptación del Señor". Jesús vino a decirle que Dios no lo ha rechazado; usted lo ha rechazado a Él. Él vino para que usted sea aceptado. Quizás está deprimido porque el enemigo que le habla de rechazo ha venido y le ha creído la mentira que le dice el diablo respecto a usted. Déjeme decirle un secreto: ¡Dios lo ama tal cual es!

Muerte y pérdidas

Tal vez está depresivo porque ha perdido a alguien. Debe saber que Jesús vino a consolar a todos los enlutados de Sion. Vino con el óleo de alegría.

Comprenda esto: no hay nada malo en el luto legítimo. Si en su familia ha habido una muerte, no está poseído por un demonio o demonizado sólo por estar triste por la pérdida. Es humano sentir tristeza cuando alguien muere. Con mucha frecuencia alguna persona bienintencionada trata de consolar a quienes han perdido un compañero u otro ser querido diciendo: "Bueno, Jesús sabe lo que pasa. Realmente es una bendición saber que está en el cielo". Aunque sus palabras puedan ser verdaderas, en el momento de dolor usted no se siente bendecido. Lleva tiempo superar una pérdida.

Cuando mi papá murió, mi madre tuvo que atravesar un importante periodo de adaptación. Mamá amaba a Jesús con todo su corazón, pero aquí en la tierra, papá era todo para ella. Quiero decir, ¡mamá planchaba hasta las medias de papá! Le preparaba su ropa. Lo amaba y él a ella. Cuando él se fue, mamá no sabía qué hacer consigo misma. Tenía que encontrar otra salida para su servicio y no podía asimilarlo de un día para otro.

Todos deberían atravesar las etapas del dolor a su propio paso. Sin embargo, si ha pasado más de un año desde la pérdida y sigue estando de luto, es hora de que se saque esas vestiduras y se ponga las de alabanza. No permita que el enemigo lo arrastre a la más negra depresión.

Falta de dirección

Usted puede estar deprimido porque carece de dirección en su vida. Isaías 61:3: "A ordenar que a los afligidos de Sion". *Ordenar* es la misma palabra usada para entronizar a un rey. Debe saber que Dios tiene un lugar para usted. Si viene a Él y lo deja que deshaga esa depresión de su vida, el Dios Todopoderoso lo va a poner en su puesto. Cuando esté en el centro de la voluntad de Dios, con su dirección, ¡la razón de su depresión se irá!

Fracaso

Jesús dijo: "He venido a darles gloria en lugar de cenizas" (Is 61:3). Dios está esperando que usted le entregue su fracaso. Dios puede usar sus fracasos mucho más de lo que puede usar sus triunfos, si confía en Él. Bill y Gloria Gaither escribieron la canción "Something Beautiful" (Algo hermoso), que dice que Dios toma los fracasos y los transforma en algo hermoso. Encuentre esta canción y escúchela, lo bendecirá tanto como a mí.

Usted se puede sentir hecho un fracaso. Envuelva ese fracaso y tráigalo a Jesús. Él sabe cómo resucitar las visiones y los sueños muertos. Él puede sacar vida de las cenizas.

Pérdida de la pasión por Dios

Tal vez está deprimido porque ha perdido contacto con Dios. Jesús dijo: "Manto de alegría en lugar del espíritu angustiado" (Is 61:3). Usted sabe que ha perdido el contacto con Dios cuando ya no lo alaba. Debemos alabarlo no sólo cuando las cosas están yendo estupendamente ¡sino también cuando van mal! Cuando no tiene ganas de cantar, ése es el momento de cantar.

Los carceleros habían golpeado a Pablo y a Silas casi hasta la muerte. Era medianoche. ¿Qué hace usted a medianoche en una celda cuando ha sido golpeado casi hasta la muerte? La Escritura nos dice que a la medianoche comenzaron a cantar, y Dios se manifestó y los levantó.

Usted puede sentirse como si hubiera sido golpeado y encarcelado, pero es hora de cantar.

SÍNTOMAS DE LA DEPRESIÓN

En los Salmos 42 y 43 vemos una clara imagen de lo que se siente al estar deprimidos.

Correr de pánico

"Como el ciervo brama por las corrientes de las aguas, así clama por ti, oh Dios, el alma mía" (Sal 42:1). Aquí tenemos un animal perseguido. La depresión a veces lo hace sentir como si estuviera siendo perseguido por alguien. Se siente tan cansado de huir de aquello que teme que no sabe adónde ir. Ése es uno de los síntomas. David está hablando de su alma abatida. Él dice: "Me siento como un ciervo, un cazador está detrás de mí y me sigue la pista".

Insatisfacción

Usted puede estar sediento e insatisfecho en su alma: "Mi alma tiene sed de Dios, del Dios vivo; ¿Cuándo vendré, y me presentaré delante de Dios?" (Sal 42:2). Jesús dijo en el Sermón del Monte: "Bienaventurados los que tienen hambre y sed de justicia, porque ellos serán saciados" (Mt 5:6). Siento entusiasmo en mi alma cuando visito una iglesia y percibo que tienen hambre y sed. No lo saben todo. En sus almas hay algo que clama. No están satisfechos con el lugar donde están. La depresión pondrá sed en usted. Le hará decir: "Señor, tengo que salir de esto. No lo puedo soportar. No me importa lo que cueste. Tengo sed de ti, Dios. Necesito que te manifiestes en mi vida".

Emociones inestables

"Fueron mis lágrimas mi pan de día y de noche, mientras me dicen todos los días: ¿Dónde está tu Dios?" (Sal 42:3). Estas son preguntas que se le lanzan a todo creyente que sufre de depresión. "Pensé que eras cristiano. Pensé que tenías ayuda. Pensé que sabías algo de Dios. ¿Qué pasa contigo?"

Hablo como un hombre que sufrió depresión durante doce años. Gran parte de la razón fue el trajín diario del ministerio. Había llegado al punto de no confiar en nadie, no querer escuchar a nadie y no creerle a nadie. Sé como es querer darse por vencido. Sé lo que es empapar la almohada con lágrimas cada noche y seguir teniendo que pararse con una sonrisa detrás del púlpito cuando todo en usted se desmorona completamente.

También sé lo que es querer morir. Mucho antes en mi vida, a la tierna edad de catorce años, me paré en un puente ferroviario y le dije a Dios: "Ya no quiero vivir más. Haz que el tren pase sobre mí o dame la valentía para saltar". Pero oí una voz en ese puente. Tenía un amigo allí y Él no vino a sermonearme por estar deprimido. Simplemente me empujó hacia un costado. Sé lo que es tener que luchar con emociones inestables y "llevar cautivo todo pensamiento".

Sentirse olvidado

¿Alguna vez ha tenido ganas de gritar: "Dios, no sé dónde estás; te busco y no te puedo encontrar"? Bienvenido al mundo real. Hasta Jesús clamó: "Dios mío, Dios mío, ¿por qué me has desamparado?" (Mt 27:46). Estoy hablando del Hijo de Dios. Por supuesto, Dios no había desamparado a su Hijo. Pero hasta Jesús, cuando llevó nuestro pecado y bebió nuestra copa, sintió esa inundación abrumadora, y por un momento sintió como si Dios lo hubiera desamparado.

David también se sintió lejos de Dios a veces. El libro de los Salmos está lleno de su clamor: "Dios, ¿dónde estás. ¿Me has olvidado? Soy David, Señor. Aquí estoy. Mis enemigos me rodean. Estoy enfermo. Señor, no sé qué hacer". Por favor, comprenda que la Biblia no está llena de "supersantos"; los héroes de la Biblia eran personas comunes, como usted y yo.

Sentirse abrumado

"¿Porqué te abates, oh alma mía, y te turbas dentro de mí? Espera en Dios; porque aun he de alabarle, Salvación mía y Dios mío. Un abismo llama a otro a la voz de tus cascadas; todas tus ondas y tus olas han pasado sobre mí" (Sal 42:5, 7). ¿Alguna vez sintió como si se ahogara, pero sin poder ahogarse? No está lleno de agua, pero tampoco puede sacar la cabeza del agua. Así es el estar deprimido.

Opresión

"Diré a Dios: Roca mía, ¿por qué te has olvidado de mí? ¿Por qué andaré yo enlutado por la opresión del enemigo? (Sal 42:9). El diablo no causa depresión. Cuando usted permite que las circunstancias de la vida lo alejen de Dios, cuando deja de alabarlo, cuando deja de ir a la iglesia, usted queda expuesto a ese espíritu. El versículo 4 nos dice: "Me acuerdo de estas cosas, y derramo mi alma dentro de mí; de cómo yo fui con la multitud, y la conduje hasta la casa de Dios entre voces de alegría y de alabanza del pueblo en fiesta". A menudo es así como reaccionamos bajo presión; evitamos precisamente el lugar en que necesitamos estar.

Su camino a la recuperación

Para ser sanado de la depresión, ¡usted debe experimentar una nueva obra del Espíritu Santo en su vida! Isaías 61 dice cómo Jesús vino al deprimido, a los cautivos, y a los quebrantados: "El Espíritu de Jehová el Señor está sobre mí, porque me ungió Jehová". Jesús vino con una unción "una unción que quiebra yugos, aplasta la depresión, da vida y anuncia la libertad. Todo lo que usted tiene que hacer es pedírsela.

Luego pida una palabra fresca del Señor. Él dice: "He venido a proclamar. He venido con una palabra" ¡Él es nuestro socorro y nuestra salvación!

Lo tercero que necesita es una nueva ofrenda de adoración a Dios: "Así que, ofrezcamos siempre a Dios, por medio de él sacrificio de alabanza, es decir, frutos de labios que confiesan su nombre" (He 13:15). Recuerde, Jesús dijo que nos vistamos con un manto de alabanza, no tenga temor de dejar que Dios haga algo diferente en su vida de adoración. Usted dice: "Bueno, pastor Phillips, le alabaré en mi corazón". Puedo asegurarle que cuando se levante mañana a las 6 de la mañana, no importa lo cansado que esté, ¡se vestirá para ir a trabajar! No puede entrar a su lugar de trabajo sin ropa, diciendo: "No sentía ganas de vestirme; pensé que evitaría eso hoy!" Dios dijo: "[les daré] un manto de alegría". Usted se pone su vestimenta, ¡tenga ganas o no! Su corazón puede estar triste. Puede haber experimentado insuperable dolor, ¡pero clame al Señor de todos modos!

El diablo no puede quitar la sangre de la cruz. No puede quitar la resurrección de Jesús. No puede quitar su salvación. Proclame junto con Job: "Aunque él me matare, en él esperaré". "Yo sé que mi Redentor vive, y al fin se levantará sobre el polvo" (Job 19:25).

Este espíritu de depresión debe ser arrancado, o su impacto será devastador. Si el padre depresivo no da estos pasos para vencerlo, podría arrastrar a su esposa y a sus hijos. Abuela, también podría arrastrar a sus nietos. Es mejor que se deshaga de eso.

Solía luchar con ese espíritu de depresión cada Navidad debido a las dificultades de mi juventud. Los recuerdos me perseguían cada año.

Realmente podía sentir que empezaba a retraerme de mi familia y de mis amigos cuando la celebración del nacimiento de Jesús se intensificaba. Dios usó a mis hijos para sacarme de ese ataque temporal de depresión. Le digo esto para que esté en guardia y atento ante esos ataques.

Los demonios no pueden poseer a un cristiano, pero pueden obsesionarlo, aplastarlo y deprimirlo. Pueden vivir en usted como una rata o una cucaracha. Tiene que sacarlos. Yo no me deshice de ellos diciéndoles: "Bueno, lamento tanto que estén aquí". Les dijo adónde ir: "¡Fuera de mi vida, opresión!". Y por el poder y la sangre de Jesús, ¡esos espíritus tienen que huir!

capítulo 18

LA ESTRATEGIA DE LA AFLICCIÓN

Lucas relata la historia de una mujer, una hija de Dios, que sufría un ataque de Satanás en su cuerpo físico:

> Enseñaba Jesús en una sinagoga en el día de reposo; y había allí una mujer que desde hacía dieciocho años tenía espíritu de enfermedad, y andaba encorvada, y en ninguna manera se podía enderezar. Cuando Jesús la vio, la llamó y le dijo: Mujer, eres libre de tu enfermedad. Y puso las manos sobre ella; y ella se enderezó luego, y glorificaba a Dios. Pero el principal de la sinagoga, enojado de que Jesús hubiese sanado en el día de reposo, dijo a la gente: Seis días hay en que se debe trabajar; en éstos, pues, venid y sed sanados, y no en día de reposo. Entonces el Señor le respondió y dijo: Hipócrita, cada uno de vosotros ¿no desata en el día de reposo su buey o su asno del pesebre y lo lleva a beber? Y a esta hija de Abraham, que Satanás había atado dieciocho años, ¿no se le debía desatar de esta ligadura en el día de reposo? Al decir él estas cosas, se avergonzaban todos sus adversarios; pero todo el pueblo se regocijaba por todas las cosas gloriosas hechas por él.
>
> —Lucas 13:10-17

Esta mujer tenía los síntomas físicos de una espalda lisiada, sin embargo Jesús declara que Satanás mismo tuvo atada a esta mujer por dieciocho años. Él fue el culpable de hacer que la vida de esta mujer fuera un infierno.

Los antecedentes de esta mujer mostraban que era una creyente justa y temerosa de Dios. Asistía fielmente a la iglesia, ya que estaba presente en la sinagoga cuando Jesús enseñaba. Provenía de una buena familia: el pasaje dice "esta hija de Abraham". Pero como hija, estaba viviendo por debajo de su privilegio.

Aunque algunos suponen que el enemigo no puede afectar a los creyentes, evidentemente esta mujer era una fiel creyente, y sin embargo, estaba casi incapacitada por su aflicción.

El versículo 16 nos dice que esta hija de Abraham estaba "atada" por Satanás. En el griego, la palabra *atada* significa "sujetar con cadenas" o "poner bajo obligación". ¿Comprende? Esta mujer estaba casada con su enfermedad. Estaba aprisionada e incapacitada por ella. Se hallaba bajo su autoridad legal. Un espíritu de enfermedad enviado por Satanás causaba su esclavitud.

Esta pobre mujer era incapaz de actuar y servir debido a su condición tullida. Puede imaginarse su incapacidad para ser una esposa y madre efectiva. Satanás quería evitar que ella hiciera y fuera todo lo que podía ser para el reino de Dios.

Las autoridades médicas son plenamente conscientes de que muchas enfermedades físicas son resultado de una mala salud mental. Las personas pueden presentar numerosos síntomas, y sin embargo, no hallarse ninguna enfermedad o causa física.

La mujer de nuestro relato no recibió ayuda de la iglesia. Iba semana tras semana, pero parecían no tener poder para ayudarla. Incluso cuando Jesús la tocó y la sanó, los líderes de la iglesia lo criticaron porque no lo hizo de la manera "aceptada" por ellos.

¡Pero la sanidad estaba en camino! "Cuando Jesús la vio, la llamó y le dijo: Mujer, eres libre de tu enfermedad. Y puso las manos sobre ella; y ella se enderezó luego, y glorificaba a Dios" (Lc 13:12-13).

Creo que toda enfermedad causada por espíritus de enfermedad puede ser sanada mediante la liberación. El registro de Lucas respecto al poderoso ministerio de sanidad de Jesús indica esto, ya que escribió: "Cómo Dios ungió con el Espíritu Santo y con poder a Jesús de Nazaret, y cómo éste anduvo haciendo bienes y sanando a todos los oprimidos por el diablo, porque Dios estaba con él" (Hch 10:38).

El concepto de Lucas nos dice muchas cosas acerca de Jesús. Primero, Jesús actuó bajo la unción del Espíritu Santo. ¡Este mismo Espíritu Santo puede prepararnos, darnos poder, y capacitarnos hoy en día!

Segundo, la unción y el poder del Espíritu Santo se libera "para hacer el bien". El ministerio de liberación es un labor dadora de vida que debe ser parte de cada ministerio de la iglesia. Muchas iglesias han sustituido la actividad religiosa y muerta por el magnífico poder del Espíritu Santo.

Tercero, la enfermedad puede ser causada o empeorada por el diablo. No se equivoque: el enemigo de su alma desea volverlo ineficaz, como lo hizo con la mujer de Lucas 13. Estas enfermedades se irán cuando el poder demoníaco sea quebrado.

Cuando usted decide a qué iglesia asistir, debe determinar si existe un auténtico obrar del Reino de Dios en ese lugar. Jesús dijo: "Pero si yo por el Espíritu de Dios echo fuera los demonios, ciertamente ha llegado a vosotros el reino de Dios" (Mt 12:28). Cuando enfrentamos las fuerzas de la oscuridad y las vencemos, se torna evidente que Dios ha extendido su reino y reina sobre la Iglesia.

La Palabra de Dios revela otros ejemplos de espíritus de enfermedad:

> Pero había en la sinagoga de ellos un hombre con espíritu inmundo, que dio voces, diciendo: ¡Ah! ¿qué tienes con nosotros, Jesús nazareno? ¿Has venido para destruirnos? Sé quién eres, el Santo de Dios. Pero Jesús le reprendió, diciendo: ¡Cállate, y sal de él! Y el espíritu inmundo, sacudiéndole con violencia, y clamando a gran voz, salió de él.
>
> —MARCOS 1:23-26

Aun se registró otra ocasión en el evangelio de Lucas:

> Y he aquí, un hombre de la multitud clamó diciendo: Maestro, te ruego que veas a mi hijo, pues es el único que tengo; y sucede que un espíritu le toma, y de repente da voces, y le sacude con violencia, y le hace echar espuma, y estropeándole, a duras penas se aparta de él. Y rogué a tus discípulos que le echasen fuera, y no pudieron. Respondiendo Jesús, dijo: ¡Oh generación incrédula y perversa! ¿Hasta cuándo he de estar con vosotros, y os he de soportar? Trae acá a tu hijo. Y mientras se acercaba el muchacho, el demonio le derribó y le sacudió con violencia; pero Jesús reprendió al espíritu inmundo, y sanó al muchacho, y se lo devolvió a su padre.
>
> —LUCAS 9:38-42

El espíritu de enfermedad e impureza y los espíritus sordos y mudos manifiestan enfermedad.

Pasos para la sanidad por liberación

Los creyentes pueden ser sanados, especialmente cuando su enfermedad es causada por un ataque satánico o una atadura. Son necesarios siete pasos para la sanidad.

1. **Asegúrese de tener una clara evaluación médica**. Cerciórese de que su condición no tiene un origen físico. Conocí a un hombre que sufría de depresión. Los antidepresivos parecían estar haciendo el efecto contrario; su depresión aumentó. Examinado por un médico supo que ¡tenía diabetes! Cuando su azúcar estuvo bajo control, ¡su depresión se fue! Si en verdad las prácticas y exámenes médicos no encuentran herida o causa, entonces prosiga con los pasos para la liberación. Es más, si los médicos llegan a un diagnóstico, pero parecen no encontrar una cura, también prosiga con la liberación.
2. **Asegúrese de estar bien con Dios**. Todos los pecados deben ser confesados y puestos bajo la sangre de Jesús. Cualquier pecado escondido dará lugar al enemigo para esconderse en su cuerpo.
3. **Sea lleno del Espíritu Santo**. Sométase al Espíritu Santo para una nueva llenura, y asegúrese de que quienes estén asistiéndolo en liberación hayan hecho lo mismo.
4. **Póngase la armadura de Dios (Ef 6:10-18).** Todo creyente debe alistarse cada día para la batalla, pues Dios dice: "Vestíos de toda la armadura de Dios, para que podáis estar firmes contra las asechanzas del diablo" (v. 11).
5. **Ore y declare la Palabra de Dios, específicamente sus promesas acerca de la libertad y la sanidad.** ¡He encontrado en la Escritura diez medios para la sanidad que están disponibles para todo cristiano! Dios puede elegir usar cualquiera de estos para tocar su vida con la sanidad: (1) la presencia del don y la unción para sanar en una iglesia o individuo (2 Co 12:9); (2) la imposición de manos por otros creyentes (Mr 16:18); (3) la oración

y la unción de aceite por medio de los ancianos de la iglesia (Stg.5:14); (4) declarar la palabra a su enfermedad (Mr 11:23); (5) ponerse de acuerdo en oración con otros creyentes (Mt 18:19-20); (6) su propia fe (Mr 11:24); (7) participar de la Cena del Señor (Lc 22:14-20); (8) el nombre de Jesús (Jn14:13); (9) orar por otros (Job 42:10); (10) la fe de otros moviéndose a favor de su sanidad (Mr 4:40).

6. **Ordenar al espíritu de enfermedad que se vaya**. Después de tomar autoridad, respire hondo hasta que sienta descanso en su cuerpo y en su alma.
7. **Regocíjese en su liberación.** La liberación debe mantenerse con un adecuado caminar con Dios. Los demonios desean volver a sus anfitriones y regresarán con venganza si se les da lugar. Vuelva su corazón a Dios en adoración y devoción, y permita que Él llene los lugares vacíos de su vida.

capítulo 19

LA ESTRATEGIA DEL ERROR

MUCHOS CRISTIANOS NO caminan en libertad. Antes de revelar algunos de los espíritus que plagan la Iglesia hoy en día, establezcamos los fundamentos.

RECORDAR LOS FUNDAMENTOS

La guerra espiritual implica algunos fundamentos. Primero, usted debe saber cuándo es tiempo de luchar. Debe pelear cuando hay una causa justa. Cuando el conflicto obvio y la opresión están en el aire, ¡usted debe actuar!

Segundo, use las armas espirituales adecuadas: la oración y la Palabra de Dios. En cuanto se aparte de la Palabra de Dios y la oración, ¡probablemente será azotado! Puede parecer que gana una batalla temporal aquí o allá, pero va a perder la guerra espiritual a menos que esté armado con la Palabra de Dios y bañado en oración.

Finalmente, debe mantener la determinación de pelear y tener el conocimiento del enemigo al que enfrenta. Cuando sabe que está el diablo detrás del conflicto, usted puede golpearlo mucho más fuerte y mucho más rápido, y deshacerse de él. Muchos de nosotros batallamos con la gente que nos rodea, pero ellos no son nuestros enemigos. Nunca debemos olvidar contra quien peleamos realmente. En este sentido sin darse cuenta acepta al primer espíritu enemigo: el espíritu de error.

RECONOCER AL ERROR Y AL ENGAÑO

Una vez que se establecen los fundamentos, debe avanzar hasta convertirse en un guerrero que discierne.

> Y todo espíritu que no confiesa que Jesucristo ha venido en carne, no es de Dios; este es el espíritu del anticristo, el cual vosotros habéis oído que viene, y que ahora ya está en el mundo. Hijitos, vosotros sois de Dios, y los habéis vencido; porque mayor es el que está en vosotros, que el que está en el mundo. Ellos son del mundo; por eso hablan del mundo, y el mundo los oye. Nosotros somos de Dios; el que conoce a Dios, nos oye; el que no es de Dios, no nos oye. En esto conocemos el espíritu de verdad y el espíritu de error.
>
> —1 JUAN 4:3-6

Este espíritu invasor posiblemente es la atadura número uno de la iglesia. No es simplemente un mal hábito. Creer una mentira, repetir una mentira, murmurar acerca de una mentira, y aceptar abiertamente una mentira lo expone a un demonio llamado "espíritu de error". ¡Expone su vida al control del enemigo!

Como he viajado por las iglesias a través de este país y me he reunido con personas, me asombran las extrañas doctrinas tergiversadas que la gente acepta y a las cuales se aferra tercamente. Han sido capturados por una mentira.

El diablo es mentiroso y el mentir está en su naturaleza. Por esa razón es tan importante para el cristiano aceptar solamente la verdad. El Dr. Neil Anderson comenzó su espléndido libro de gran venta *The Bondage Breaker* (Rompiendo las cadenas) con esta afirmación: "La libertad de los conflictos espirituales y la esclavitud [la guerra espiritual] no es un encuentro de poder; es un encuentro con la verdad".[1] Debemos comprender que la mayor parte de la guerra espiritual se acaba cuando el individuo acepta la verdad. Por eso es tan importante afrontar el hecho de que estamos implicados en una guerra espiritual y que la mayor arma del enemigo contra nosotros es la mentira.

CASI, PERO NO SUFICIENTE

Imagine que usted es el jefe de estación de un ferrocarril de vanguardia. Su trabajo es ver que las computadoras y los horarios de trenes funcionen perfectamente. ¿Qué sería más peligroso: un reloj atrasado cinco horas o uno que atrasa treinta segundos? Por supuesto. Si un reloj atrasara cinco horas, cualquiera de sus empleados (¡y los clientes!) notarían el error y sería corregido. En cambio, un error de treinta segundos ¡podría costar cientos de vidas en una acelerada y concurrida estación de trasbordo!

Algo que parece terriblemente cercano a la verdad es más peligroso que una flagrante y obvia mentira. Encuentro que esto es totalmente cierto en el marco de la vida de la iglesia, por enseñar el error doctrinal y por el juicio insuficiente de quienes escuchan y aceptan ese error. El creer algo "casi verdadero" ha abierto en muchos creyentes puertas para las fortalezas malignas en sus vidas.

Pablo habla de esto: "Pues aunque andamos en la carne, no militamos según la carne" (2 Co 10:3). Es muy fácil culpar a un compañero cristiano si usted tiene luchas y conflictos personales. Sin embargo, muy a menudo su problema es con el enemigo: "Porque no tenemos lucha contra sangre y carne" (Ef 6:12). Aunque parece que pasamos mucho de nuestro tiempo preocupándonos, peleando, hablando, renegando, gruñendo, corriendo, riñendo y discutiendo los problemas de la carne, ¡no estamos en una batalla unos contra otros en la iglesia!

Una media verdad es una mentira; contar parte de la historia es una mentira. No hay áreas grises con Dios: "derribando argumentos y toda altivez que se levanta contra el conocimiento de Dios, y llevando cautivo todo pensamiento a la obediencia a Cristo" (2 Co 10:5). Creo que en la vida de una persona toda fortaleza comienza con una mentira.

LA RAÍZ DEL ERROR

Jesús dijo: "Vosotros sois de vuestro padre el diablo, y los deseos de vuestro padre queréis hacer. Él ha sido homicida desde el principio, y no ha permanecido en la verdad, porque no hay verdad en él. Cuando habla mentira, de suyo habla; porque es mentiroso, y padre de mentira" (Jn 8:44). Sea el movimiento de la Nueva Era, el humanismo, o cualquier otra fuente, las mentiras y el error se originan en Satanás, que es el padre de la mentira. Tome nota de esto, ¡no hay mentiras piadosas, ni chismes inocentes ni murmuraciones inocentes! Estas cosas abren la puerta al enemigo. Si participa en ellas, su vieja naturaleza, su carne, está siendo gobernada por Satanás, el padre de la mentira.

Las palabras de Santiago son muy fuertes respecto al uso de nuestra lengua: "Pero ningún hombre puede domar la lengua, que es un mal que no puede ser refrenado, llena de veneno mortal" (Stg 3:8). Fácilmente puede imaginarse el cuadro gráfico de una lengua mentirosa como un infierno ardiente, ¡destruyendo todo a su paso! Cuando usted pone en sus labios una mentira y comienza a comunicarla, ¡en ese momento tiene "aliento de azufre"! Probablemente va a herirse a sí mismo y a quienes estén a su alrededor.

Los cristianos frecuentemente son engañados con las más sencillas verdades a medias y doctrinas erróneas. ¿Algunos de estos ejemplos se han deslizado en su vida y en su conversación?

- Cuentos de viejas y supersticiones
- Viernes trece
- No caminar por debajo de una escalera
- La pata de conejo para "la suerte"
- Usar cristales
- Leer horóscopos
- Mirar o escuchar espectáculos de entrevistas (*talk shows*) o "*reality shows*" (escucharlos ciegamente sin verificar la verdad)

Usted no necesita una pata de conejo ni un amuleto de la suerte para tener bendición. "Mi Dios, pues, suplirá todo lo que os falta conforme a sus riquezas en gloria en Cristo Jesús" (Fil 4:19). Algunos cristianos se han dicho a sí mismo que leer su horóscopo todos los días es una práctica inocente, pero se exponen a las mentiras del enemigo. Recibimos una clara advertencia: "Desecha las fábulas profanas y de viejas. Ejercítate para la piedad" (1 Ti 4:7).

Más mentiras proliferan en nuestra cultura actual de entretenimientos. Aunque el esparcimiento es algo bueno, muchos cristianos gastan su dinero en películas cuyo contenido es cuestionable. Con el tiempo descubren que no los hacen sentir tan incómodos como antes. La fornicación, la sodomía, el lenguaje vulgar, la violencia extrema antes de que pase mucho tiempo usted habrá sido debilitado por la mentira.

Luego está el "respetable" pecado del chisme. Tenga cuidado cuando alguien comienza su conversación con "No estoy chismeando, pero" o "¿Has oído de fulano de tal? Déjame que te cuente para orar". ¡Mejor que tenga cuidado cuando oye eso! Esto también tiene sus raíces en el espíritu de error. Si usted es indulgente y fomenta tal chisme, inmediatamente está expuesto a una fortaleza. Al escuchar, hace suya la ofensa de la otra persona. Pronto comienza el ciclo al esparcirlo a la familia y a los amigos. Los originalmente ofendidos siguen sin hablarse, y ahora las personas de su entorno están involucradas. ¿Qué sucede? Fortalezas "de amargura, enojo, ira, y división" ¡se levantan en las mentes y los corazones de otros que lo rodean!

De modo que ¿qué hace cuando alguien viene con un cuento acerca de alguien que le ha hecho mal? Simplemente esto: "Querido amigo, Mateo 18 dice que si alguien tiene una ofensa contra alguno, vaya a él. ¡Trate de restaurar el compañerismo con ese hermano o hermana!" Según mi experiencia, las personas más razonables pueden solucionar sus conflictos con sólo sentarse juntas e intentarlo. Cuando no se realizan intentos de reconciliación, ocurre toda clase de enojos y figuraciones. Pueden entrar sigilosamente la paranoia y la desesperación.

Todos vamos a ser ofendidos en un momento u otro. Lo interesante es que la mayoría de las veces ¡no vale la pena preocuparse por esa ofensa! Cuando una situación o un conflicto lo preocupen, piense: si mañana se le dijera que tiene un tumor inoperable, ¿el conflicto le seguiría pareciendo tan enorme y apremiante? A veces cuando estamos cerca de algo parece que fuera el fin del mundo, pero en la perspectiva de Dios, ¡no vale la pena perder el compañerismo de un hermano por eso!

Por supuesto, si usted y su hermano no pueden solucionar el problema uno con el otro, la Biblia dice que entonces deberían buscar un amigo común y sentarse juntos. Si de ese modo no lo resuelven, entonces llamen a la iglesia para que los ayude. ¡Hasta que se hayan realizado esos pasos, nadie más debe oír acerca del problema, hablarlo, o enviarlo por "un pajarito"!

La fuerza del error

El error es una enfermedad que lo invade todo. Así, mucho de lo que vemos y oímos por los medios no es más que absoluta mentira. Por esa razón debemos ser celosos de la verdad, tanto al vivirla, como al aceptarla, y al predicarla a quienes están a nuestro alrededor. Quienes están en las garras del error a menudo no lo ven. Debemos traerlos a la luz de la verdad. Quienes están creciendo en el Señor serán capaces de discernir el error.

El espíritu del Anticristo está operando en nuestra nación. Ese espíritu niega la deidad de Cristo y se opone a todo lo que creemos. Genera desorden y descomposición de la sociedad. Humanismo secular es el nombre cortés que damos a este espíritu de error.

El Dr. Bill Bright, el difunto director de Cruzada Estudiantil para Cristo, dijo una vez: "¿Se han preguntado por qué nuestra sociedad se está volviendo más secular, por qué la oración y la lectura de la Biblia ya no son bienvenidas en nuestras escuelas públicas? La religión del humanismo en gran parte es la responsable. ¿Se han preguntado alguna vez por qué los estadounidenses en la actualidad son mucho más tolerantes con la libertad sexual, la homosexualidad, el incesto y el aborto? La religión del humanismo en gran parte es al responsable".[2]

Santiago 5:19-20 nos advierte que el error conduce a la muerte: "Hermanos, si alguno de vosotros se ha extraviado de la verdad, y alguno le hace volver, sepa que el que hace volver al pecador del error de su camino, salvará de muerte un alma, y cubrirá multitud de pecados". Desde el momento en que corregimos una mentira o rehúsamos aceptarla, estamos luchando contra la multiplicación del pecado. En cambio, si permitimos que la mentira prolifere, vamos a ver los cadáveres cayendo, espiritualmente, a nuestro alrededor.

Pienso en el cuento para niños del escorpión y la rana. El escorpión le pidió a la rana que lo ayude a cruzar el río. La rana, reacia, temiendo el aguijón mortal, trató de rehusarse cortésmente, pero al final fue convencida por las palabras elocuentes del escorpión. En medio del río, éste le clava el aguijón. "¿Por qué hiciste eso? ¡Ahora ambos vamos a morir!" gritó la rana mientras sentía el veneno quemar su cuerpo. El escorpión contestó: "Pero el aguijonear está en mi naturaleza".

Destruir está en la naturaleza de Satanás. Tal vez usted esté leyendo este libro y hasta haya rehusado el regalo de la salvación que Cristo le da gratuitamente. Tal vez ha vivido por años, proclamando ser cristiano, pero interiormente sabe que nunca ha habido un verdadero cambio en su vida. Si éste es su caso, repita ahora esta oración:

> *Señor, perdóname por creer tanto tiempo una mentira. Ahora creo que sin Cristo estoy perdido. Recibo su muerte y su resurrección como mi única esperanza. Acepto a Jesús como Señor y Salvador de mi vida. En el nombre de Jesús, amén.*

Otros que leen aquí pueden estar sintiendo las tentaciones propuestas con la fuerza infecciosa del error. ¡No escuche a ese escorpión! Permítase aceptar sólo la verdad. Afírmese en la Palabra de Dios y las verdades justas que contiene: ¡Usted puede vivir y amar la vida basándose en sus principios! Que ésta sea su oración:

> *En el nombre de Jesús ato el espíritu de error, y le ordeno que deje mi mente. Rehúso y rechazo todas las mentiras y pensamientos tergiversados que has traído. Escucho y libero en mi vida al Espíritu de la verdad. Te amo, Jesús, y te doy gracias por ayudarme a ser libre de las mentiras.*

capítulo 20

LA ESTRATEGIA DE LA PERVERSIÓN

EL ESPÍRITU DE prostitución y el de perversión suelen obrar tomados de la mano. Estos demonios, u hombres fuertes, conducen a la inmoralidad sexual. Odian a la humanidad y están atacando a la juventud actual con gran fuerza. En los Estados Unidos, estos espíritus han dominado los medios de entretenimientos en todos los niveles. Los jóvenes de nuestra nación idolatran y aplauden a los artistas, muchos de los cuales están demonizados por estas entidades.

Tiger Woods, jugador profesional de golf y sin duda el más grande golfista que haya habido, lo tenía todo. Hace unos meses el mundo entero envidiaba a Woods. Parecía como si Tiger lo tuviera todo: dinero, fama, influencia y esposa e hijos hermosos. Pero después de un simple accidente de automóvil supimos que Tiger Woods tenía una adicción al sexo. Esta adicción le costó millones de dólares en avales publicitarios, y ahora su popularidad está limitada al alcance del reciente escándalo y a la especulación de la prensa sensacionalista.

Michael Jackson, reconocido como el Rey del Pop, murió el año pasado después de una década o más de suma controversia respecto a si había tenido relaciones cuestionables con niños. En algunos de los pleitos contra Jackson la evidencia era tan abrumadora que se llegó a un acuerdo extrajudicial, afirmando que no quería ser expuesto públicamente. La exposición vino, no obstante, y el reino financiero de Jackson se derrumbó delante de nuestros ojos.

Aún así, el público corrió a comprar entradas para la gira de Jackson "This is it". Aun en su muerte la película documental de su último concierto obtuvo millones de dólares los cuales, por supuesto, son inútiles para Jackson.

La estudiante estadounidense Amanda Knox fue hallada culpable del asesinato de su compañera de cuarto británica en Italia y se le dio una sentencia de veintiséis años de prisión. Knox parecía tener todo lo que una joven podría desear, incluyendo inteligencia y belleza. Después de una noche demoníaca saturada de la más profunda perversión, Knox y su novio atacaron sexualmente y mataron a Meredith Kercher.[1] La vida de Amanda Knox se acabó y todo lo que pudo hacer cuando se leyó el veredicto fue llorar y murmurar: "¡No, no!".[2] Pero era demasiado tarde.

He visto personalmente los enormes cementerios del SIDA en los países del tercer mundo, testificando de los resultados mortales de traficar con los demonios de la perversión. Frecuentemente las personas no esperan que esos pecados lleguen a convertirse en su problema, pero terminan atrapadas.

Usted puede haberse sentido cómodo al ver el título de este capítulo, pensando: "No tengo problemas con el pecado sexual. Nunca estuve con una prostituta, ni la he visitado. Me he mantenido muy alejado de la pornografía y de las novelas vulgares. Seguramente este capítulo no tiene aplicación para mí".

Sin embargo, el espíritu de prostitución tiene en su centro el problema de la idolatría. Cualquier cosa que domine su vida puede convertirse en un ídolo. Esto incluye su carrera, los deportes, una persona, una causa o proyecto dignos, la comida, la televisión, los pasatiempos, o el sexo. Primera de Corintios 6:12 lo dice claramente: "Todas las cosas me son lícitas, mas no todas convienen; todas las cosas me son lícitas, mas yo no me dejaré dominar de ninguna". Quienes están controlados por la prostitución y la perversión no tienen simplemente un problema sexual, siempre existen en la mente y el espíritu de una persona causas que conducen a esas acciones externas.

HACER ÍDOLOS

En los Diez Mandamientos, Dios comenzó con una instrucción fundamental: "No tendrás dioses ajenos delante de mí yo soy Jehová tu Dios, fuerte, celoso" (Ex 20:3-5).

Las manifestaciones de los espíritus de prostitución y de perversión comienzan cuando usted se entrega a alguna cosa más que al Señor. Cuando vende la devoción de su corazón a algo menor que el Señor Jesucristo, usted prostituye su vida. Dios le tiene algo excelente y usted se está vendiendo por algo inferior. La Biblia revela muchas razones por las que la prostitución y la perversión tienen entrada en una vida.

Fallas de los padres

Cualquier forma de abuso tiene resultados trágicos que más tarde pueden llevar a un niño a entablar relaciones equivocadas, incluso en su adultez. Por esta razón definimos el abuso a los niños como: "Cualquier acto o incumplimiento reciente por parte del padre o tutor que resulta en la muerte, grave daño físico o emocional, abuso sexual o explotación; o un acto o incumplimiento que presenta un riesgo inminente de daño grave".[3]

Hemos conducido a ex prostitutas a la liberación mediante nuestro ministerio y descubrimos que la mayoría fueron víctimas de abuso sexual en manos de su padre, padrastro, o alguna figura con autoridad. Otras fueron víctimas de violaciones en algún momento. Satanás obtuvo acceso por medio de ese abuso. La mayoría de los homosexuales que he aconsejado fueron víctimas de encuentros sexuales precoces y abusos. Otros simplemente no tienen el modelo del rol masculino, o fueron abusados emocionalmente por su padre. Las maldiciones generacionales siguen al mal comportamiento de los padres.

Problemas sexuales en el matrimonio

Si una pareja no disfruta de una saludable vida sexual, el compañero en desventaja es colocado bajo el ataque del enemigo. La tentación puede continuar hasta llevar a la carne a pecar. La Biblia dice: "No os neguéis el uno al otro, a no ser por algún tiempo de mutuo consentimiento, para ocuparos sosegadamente en la oración; y volved a juntaros en uno, para que no os tiente Satanás a causa de vuestra incontinencia" (1 Co 7:5).

Esto se desarrolla como una progresión: malos deseos, incentivos, malos actos, pecado, y luego la muerte. "Sino que cada uno es tentado, cuando de su propia concupiscencia es atraído y seducido. Entonces la concupiscencia, después que ha concebido, da a luz el pecado; y el pecado, siendo consumado, da a luz la muerte. (Stg 1:14-15).

Hoy en día encontramos oportunidades sexuales por todas partes. La Internet se ha convertido en un nuevo lugar para acceder al mal. La pornografía está disponible rápidamente, y los sitios de chat pueden ser un terreno fértil para las relaciones ilícitas.

Exposición precoz a material sexual explícito

El enemigo quiere contaminar las mentes, y cuanto más joven sea la persona, mejor. Hasta los niños pueden acceder a los peores materiales, y esa exposición precoz puede abrir puertas a los espíritus demoníacos.

La televisión, las películas y la Internet, son portillos en la mente tanto de los jóvenes como de los adultos, y no se puede eludir la necesidad de información de cada uno según su edad. A los estudiantes se les asignan tareas en la Internet, y toda su estructura educacional y social está construida en torno a la tecnología informática. Trabajadores de todos los ámbitos lo hacen vía internet. En otras palabras, la solución no es esconderse de la tecnología.

La tecnología no es mala, es neutral. Obviamente, no queremos volver el calendario a 1955 cuando mucha gente rechazaba la tecnología, viéndola como una potencial fuente del mal. Pero debemos ponernos firmes contra el enemigo, reconociendo que Satanás quiere destruir totalmente nuestras familias y nuestras vidas.

Es necesario que seamos responsables ante nuestras esposas y esposos. Los padres deben habilitar el control parental en sus computadoras, monitorear los programas de televisión y películas, y mantenerse firmes contra cualquier tentación. Los abuelos deben tomar en consideración su influencia, ya que muchos de ellos están sirviendo como padres sustitutos. Algo tan inocente y hasta útil como las redes sociales en la Internet pueden crear avenidas para que se infiltre la perversión sexual a nuestros hogares. Considere este ejemplo personal de una querida amiga mía:

> Hace un par de noches mi hijo estaba visitando a su abuela. Una de sus actividades favoritas es jugar con videojuegos en línea. Un amigo de la escuela, que sabíamos que sufría abuso en su hogar, le dijo a mi hijo que fuera a un sitio de la red. El nombre del sitio le sonaba inofensivo a mi hijo (como a cualquiera), pero cuando entró a ese lugar (sin supervisión ni controles de seguridad), fue impactado por lo que vio. Corrió hacia su abuela llorando y confesó. Este incidente podría haberse evitado empleando los controles parentales y un mejor monitoreo. Después de recompensar a mi hijo por su confesión, todos confesamos que había habido una falla en nuestro sistema de monitoreo y oramos con mi hijo.

Una vida devocional indisciplinada

Es probable que quienes están comprometidos con Jesucristo y lo buscan a diario permanezcan intocables para los espíritus de perversión. Los creyentes deben vivir una vida de dominio propio y mantenerse alejados de las cosas que tientan a la carne. Buscar a Dios diariamente significa una vida de oración activa, que incluye la acción de gracias y la alabanza. ¡Los ángeles habitan en la alabanza a Dios, y hay protección en nuestra diaria devoción a Él! Buscar a Dios a diario significa también una activa vida de estudio. La Biblia ilumina nuestro mundo y desenmascara al enemigo.

Participación en el ocultismo

Esto es una entrada en fornicaciones. Jezabel estaba sumamente involucrada en prácticas ocultistas aunque se sentaba en el trono de Israel, una nación fundada por Dios. Sedujo a los siervos de Dios y usurpó el reino a su verdadero liderazgo. Aquellos a quienes he aconsejado para ser libres de prácticas ocultistas y de hechicería, me han dicho que tuvieron encuentros sexuales como parte de su iniciación.

Hay una conexión entre la rebelión espiritual y la prostitución. Muchos ministros y miembros de la iglesia caen víctimas del espíritu de prostitución cuando se rebelan contra la voluntad de Dios. Al salir de la protección de Dios por nuestra desobediencia, cedemos a los demonios las llaves de nuestro dominio propio y en última instancia de nuestra reputación.

La sociedad está sumamente interesada en el ocultismo. Parece como si en cada canal de televisión los cazadores de fantasmas y doctores en brujería se estudiaran, creyeran y hasta se imitaran. En el sudeste de Tennessee hay actualmente varios grupos que se autodenominan cazadores de fantasmas, que van a donde se dice que los hay para cazarlos.

Considere esta definición de ocultismo: "Un conocimiento extremadamente retorcido de lo paranormal opuesto al conocimiento de Dios por medio de Cristo Jesús".

Lecciones de Oseas

El libro de Oseas es un libro inusual. Toda la historia de la vida de este profeta está enmarcada por su matrimonio con Gomer, una ramera y prostituta. Oseas sufrió la agonía de amar a una mujer que estaba controlada por ese espíritu. Gomer le dio a Oseas tres hijos, el último de los cuales se llamó "no mío". Gomer era sexualmente adicta y lo dejó para convertirse en una prostituta del templo del dios Baal; probablemente habría muerto en esa vida como esclava, a no ser porque Oseas la compró por amor y misericordia y la trajo nuevamente consigo. Su vida de adulterio era una imagen de la infidelidad de Israel hacia Dios.

Como ve, cuando una persona camina lejos de Dios, se le vuelve fácil alejarse de cualquier otro compromiso importante de la vida. El libro de Oseas registra el curso de alguien controlado por el espíritu de prostitución. Observe los siete pasos de descenso:

1. Las personas controladas por este espíritu no conocen a Dios. (Oseas 5:4).
2. Violan sus leyes (Oseas 4:2-3).
3. La destrucción viene sobre ellos (Oseas 4:6).
4. La prosperidad se convierte en un medio para el mal en vez de ser de bendición (Oseas 4:7).
5. La gente adora otras cosas y no a Dios (Oseas 4:12).
6. La Iglesia se convierte en hipocresía (Oseas 4:15).
7. Dios entonces castiga al que es controlado por el espíritu de ramera y de prostituta (Oseas 4:9).

El Nuevo Testamento también relata este descenso del pecador. Un claro sendero hacia el juicio es evidente en quienes siguen la prostitución y la perversión. Romanos 1:17-32 lista estos pasos:

1. Rehusarse a vivir por fe (v.17)
2. Rechazar a Dios (vv.18-22)
3. Cambiar la gloria de Dios por un ídolo (vv.21-23)
4. Cambiar la verdad de Dios por mentiras (vv.24-25)
5. Aceptar la perversión sexual (vv.26-27)
6. Ser entregado por Dios a sus propios recursos (v28)
7. La destrucción de la sociedad (vv.29-32).

Los que caen en estos caminos destructivos hacen un intercambio gigantesco. Este intercambio es justificado mentalmente por una gratificación instantánea, y el placer temporal, emocional y físico, que no puede durar y no durará. El juicio de Dios sobre ellos es triple. Él los entrega a la impureza, a la vil pasión y a una mente reprobada.

Las ramificaciones de estas fortalezas destructivas alcanzan a dos áreas. Primero, una persona expone su vida a la destrucción. Esto es seguido por el fracaso moral, la angustia mental y el infierno emocional. Los peligros físicos y mentales tales como enfermedades, depresión y SIDA pueden llevar a la muerte.

Fue el gran poeta Lord Byron quien escribió acerca de sus propias fallas morales y sus consecuencias:

Mis días tienen las hojas amarillas:
Las flores y los frutos del amor se han ido;
El gusano, la úlcera y el dolor,
¡Son sólo míos![4]

Los principios básicos de la sociedad se desintegran siguiendo la reprobación moral. Los demonios de prostitución minan las normas familiares y sociales, causando confusión. ¿Qué son las normas sociales? Las normas sociales ya no están claramente definidas para *nadie* desconectado del cuerpo de la iglesia. Nuestra televisión y nuestro gobierno están redefiniendo las normas sociales con inteligentes estrategias del mercado del espectáculo. Hasta los cristianos infieles están creyendo las mentiras a perpetuidad en la iglesia y en el trabajo porque su sentido de las normas sociales está torcido. El ejemplo más reciente de esto es Cindy McCain posando para una serie fotográfica con cinta adhesiva plateada sobre la boca en apoyo al matrimonio gay y NOH8, una protesta fotográfica contra la Proposición 8, que prohíbe el matrimonio gay y fue aproada en California en 2008.[5] A pesar de la limpieza de las Relaciones Públicas (PR) del Partido Republicano, eso envió una onda expansiva a través del GOP.[6]

Los índices de divorcio son tan altos dentro de la iglesia como fuera de los muros de nuestra frecuentemente amurallada ciudad. Esto sólo prueba la influencia de los medios de comunicación desviados, y la actual visión gubernamental de lo que significa una familia. Los matrimonios desmoronados y los hijos deshechos testifican del poder destructivo de la perversión.

ATAR LA IDOLATRÍA

Para vencer esta fortaleza maligna, primero usted debe estar seguro de que Jesús es el Señor de su vida. Examine su corazón y determine si Él reina en el trono de su vida. ¿Ha retenido de Él algunos deseos o áreas de su corazón y mente? Ríndalos a la voluntad divina.

Segundo, arranque todo ídolo de su corazón. Si hay algo en lo cual invierte más tiempo, talento y pasión que los que invierte en su amor por Dios, ¡considere eso como ídolo y solucione la situación inmediatamente!

Finalmente, ate los espíritus de fornicación y prostitución que puedan haberse arraigado en su vida. Tome un momento para orar:

> *Señor Jesús: perdóname por permitir que algo o alguien que no eres tú gobernara mi vida. Confieso que solamente tú tienes derecho a ser el Señor. Rechazo toda mentira de Satanás y todo ídolo que él ha traído a mi vida. En el nombre de Jesús, ato estos espíritus destructivos y te pido que limpies mi vida de todo el mal que hayan acarreado. Gracias por tu libertad. En el nombre de Jesús, amén.*

capítulo 21

LA ESTRATEGIA DE LA CONFUSIÓN

La promesa para todos los que estamos en la Iglesia es el fluir de la presencia de Dios. Este fluir es representado por ríos y corrientes.

> En el último y gran día de la fiesta, Jesús se puso en pie y alzó la voz, diciendo: Si alguno tiene sed, venga a mí y beba. El que cree en mí, como dice la Escritura, de su interior correrán ríos de agua viva. Esto dijo del Espíritu que habían de recibir los que creyesen en él; pues aún no había venido el Espíritu Santo, porque Jesús no había sido aún glorificado.
>
> —Juan 7:37-39

> Del río sus corrientes alegran la ciudad de Dios, el santuario de las moradas del Altísimo.
>
> —Salmos 46:4

Cuando nos reunimos en unidad y adoración, las corrientes fluyen juntas de nuestros corazones y fluye el poder para ministrar. Debería haber una corriente en su espíritu. Pero a menudo el fluir es estorbado por espíritus ocultos. Veamos el espíritu de Leviatán y aprendamos a tratar con esta trampa de confusión.

El Leviatán es mencionado por primera vez en el libro de Job.

> Maldíganla los que maldicen el día, los que se aprestan para despertar a Leviatán.
>
> —Job 3:8

> ¿Sacarás tú al leviatán con anzuelo, o con cuerda que le eches en su lengua? ¿Pondrás tú soga en sus narices, y horadarás con garfio su quijada? ¿Multiplicará él ruegos para

> contigo? ¿Te hablará él lisonjas? ¿Hará pacto contigo para que lo tomes por siervo perpetuo? ¿Jugarás con él como con pájaro, o lo atarás para tus niñas? ¿Harán de él banquete los compañeros? ¿Lo repartirán entre los mercaderes?
>
> —JOB 41:1–6

Después vemos que el leviatán se vuelve a mencionar en el libro de Isaías.

> En aquel día Jehová castigará con su espada dura, grande y fuerte al leviatán serpiente veloz, y al leviatán serpiente tortuosa; y matará al dragón que está en el mar.
>
> —ISAÍAS 27:1

Y nuevamente en el libro de los Salmos: "Allí surcan las naves, y el Leviatán que hiciste para jugar en él" (Sal 104:26, LBLA).

Aquí tenemos un animal que simboliza el mal. Este leviatán es un espíritu gigante que bloquea el fluir del propósito de Dios, del poder y la prosperidad en su vida. El nombre literalmente significa "torcer". Él es la monstruosa fuerza demoníaca que "tuerce" todo para estorbar el fluir de Dios. Se le llama la "serpiente tortuosa". Según el *Easton's Illustrated Bible Dictionary*, el leviatán es usado figuradamente para un "cruel enemigo".[1] El *Brown-Driver-Briggs Hebrew Lexicon* dice que éste es un dragón semejante a un dinosaurio, una bestia que es hostil al pueblo de Dios.[2]

Para nosotros, el leviatán y sus características son un cuadro ¡de un gran enemigo oculto en la Iglesia que interrumpe el fluir! Demos una mirada más cercana a lo que Job nos dice acerca de un espíritu oculto, tomándonos un minuto para leer los primeros nueve versículos de Job 41. Aquí la Escritura nos relata las fuertes características del leviatán. La Escritura habla de un espíritu formidable y aterrador, que no es fácilmente detectado o captado por medios naturales. En la carne, ningún humano puede batallar con él.

AQUÍ ESTÁ EL ENEMIGO NÚMERO 1 DE LA IGLESIA

¿Por qué digo que es el enemigo número uno de la Iglesia? Mire con atención. Él está escondido: "¿Sacarás con anzuelo, o con cuerda ?". Se esconde debajo del agua. El agua en la Biblia representa varias cosas:

1. La Palabra
2. El fluir de la voluntad de Dios
3. El conjunto de la humanidad.

El leviatán trata de esconderse donde la Palabra y el fluir del Espíritu de Dios se están moviendo entre la gente. Es frecuente que no notemos su obra hasta que muchos están heridos. Está oculto hasta que es expuesto por Dios.

Otra razón por la que es el enemigo número uno es que él no vivirá en pacto. Cuando alguien es afectado por este espíritu, destruye las relaciones de pacto. Este espíritu quiebra los matrimonios, el compañerismo en los negocios, y lo peor de todo, las iglesias. Si no pueden llevarse bien, puede estar el leviatán. Ahora quédese conmigo. Le mostraré en un momento que esto no es culpa de nadie.

Esta serpiente enrollada tuerce la verdad. Mire otra vez a Isaías 27:1 "serpiente tortuosa". Aquí tenemos cómo actúa este espíritu engañador. Se dice algo de la Palabra, y antes de que usted lo oiga, ¡él lo tuerce! Lo oye mal. Quizás usted habla con su compañero sobre un tema queriendo decir algo bueno, pero se enojan por eso. Se toma alguna decisión en la iglesia, y "es lo que es", pero usted siente que debería ser más. O alguien infectado por Leviatán tuerce lo que se ha dicho y crea división. (Recuerde a Adán y Eva.) Esta serpiente se mete entre usted y yo y tuerce la verdad. Se mete entre los amigos, y entre los cónyuges, y tergiversa. Se mete en la vida de la Iglesia y tergiversa.

Tal vez el leviatán sea semejante al cocodrilo. Éste es peligroso cuando el agua crece, pero durante las sequías puede cambiar de lugar para encontrar agua. El cocodrilo es de sangre fría, así que su metabolismo se basa parcialmente en su ambiente; por lo tanto, para que el cocodrilo se enfríe debe estar en el agua o se cubre de barro endurecido.

Si el agua en este ejemplo simboliza el mover del Espíritu de Dios, examinemos cuán aterrador puede ser el leviatán comparado con un cocodrilo. El cocodrilo sabe que su presa potencial siempre seguirá el agua, así que toda su economía se basa en esconderse y darse un festín en y alrededor de su alimento, mostrándose inofensivo a menudo por muchos días.

Pero en un instante el cocodrilo toma su presa y la retuerce hasta que le quita la vida. El ataque es sumamente rápido. Después de retorcer a su presa, ahoga a la víctima bajo las aguas lodosas. El enemigo toma buena gente y la retuerce hasta que venga la confusión, entonces, la sepulta en el abismo, sin dejarle posibilidad de escape.

También vemos en Isaías 27:1 que primero ataca y después huye. Por esta razón la gente suele dejar un compañero, dejar la iglesia, o dejar una amistad. Pone en las personas un espíritu de huida, o mejor dicho, una actitud de abandonar y huir. Como mucha gente no es consciente de este espíritu asfixiante y estrangulador, frecuentemente sienten que no tienen otra opción que abandonar la espantosa situación. Así que, en un estado de pánico y confusión, corren en un intento de obtener claridad.

El Leviatán ha atacado a la maternidad. Una forma distorsionada de feminismo aparece en los medios como si inocentemente confiriera poder a las mujeres, pero en realidad, en nombre de la libertad, esas mujeres están rehuyendo la responsabilidad de criar a sus hijos. Las mujeres están escapando totalmente de la maternidad, sea con la práctica diabólica del aborto o simplemente dando sus hijos a los ex esposos o a los abuelos para que los críen. Las mujeres jóvenes estadounidenses, gracias a ejemplos como Britney Spears, están siendo desviadas y confundidas.

La generación anterior frecuentemente ha sido rotulada "sin padres" debido a los millones de padres que se alejaron de sus responsabilidades. Es posible suponer que esta próxima generación, potencialmente, no tendrá madre ni padre: huérfanos espirituales que naturalmente pueden ser la presa más fácil de las fuerzas demoníacas.

El leviatán está atacando nuestras escuelas. Aún después de que la oración fue quitada de las escuelas y se implementó una interpretación errónea de la separación de la iglesia y el estado, los padres podíamos descansar sabiendo que a nuestros hijos se les enseñarían las libertades y los valores esenciales que hicieron grande a esta nación.

En cambio, hasta en el Cinturón Bíblico[3], se ha establecido el precedente para que la educación sexual incluya la enseñanza de la homosexualidad como un estilo de vida alternativo. Como cristianos, hemos sido despojados de nuestra libertad de disentir.

Las grandes mentes que una vez condujeron nuestros institutos educativos viven con el temor de ser condenados al ostracismo por los medios de comunicación, o de perder los fondos del gobierno si no están de acuerdo.

El leviatán comienza a torcer los registros históricos, tuerce los testimonios de los que profesan ser homosexuales, y tuerce el apoyo de la comunidad hasta que una escuela es sepultada bajo las ondas de la llamada "tolerancia". Es evidente que el Leviatán está vivo ya que el resultado de los exámenes sigue en brusco descenso y nuestros estudiantes de secundaria son menos educados que en cualquier otro momento de la historia.

Este enemigo puede ser derrotado

> En aquel día Jehová castigará con su espada dura, grande y fuerte al leviatán serpiente veloz, y al leviatán serpiente tortuosa; y matará al dragón que está en el mar.
>
> —Isaías 27:1

El leviatán es derrotado por la espada del Señor, que es dura, grande, y fuerte. La espada del Señor es la Palabra y el Espíritu como vemos en Efesios 6:17: "la espada del Espíritu, que es la palabra de Dios". También encontramos en Hebreos la espada que discierne: "Porque la palabra de Dios es viva y eficaz, y más cortante que toda espada de dos filos; y penetra hasta partir el alma y el espíritu, las coyunturas y los tuétanos, y discierne los pensamientos y las intenciones del corazón. Y no hay cosa creada que no sea manifiesta en su presencia; antes bien todas las cosas están desnudas y abiertas a los ojos de aquel a quien tenemos que dar cuenta" (He 4:12-23).

Esta espada le ayuda a reconocer a Leviatán, no puede hacerlo sin el Espíritu Santo y sin la Palabra. Cuando la Iglesia se determina a dejar que Jesús hable, ¡esa espada actuará, y el leviatán huirá!

¿Qué debemos hacer? Reconocer que nuestro orgullo proviene del enemigo. Mire el último pasaje acerca del leviatán: "Menosprecia toda cosa alta; es rey sobre todos los soberbios" (Job 41:34). ¿Él es rey sobre todos los soberbios? El orgullo nos aleja de Dios. El orgullo hace que nos ofendamos fácilmente. El orgullo nos hace caer. El orgullo nos entorpece cumplir el plan de Dios.

> Casi en todas sus epístolas, hablando en ellas de estas cosas; entre las cuales hay algunas difíciles de entender, las cuales los indoctos e inconstantes *tuercen*, como también las otras Escrituras, para su propia *perdición*. Así que vosotros, oh amados, sabiéndolo de antemano, guardaos, no sea que *arrastrados* por el error de los inicuos, *caigáis* de vuestra firmeza. Antes bien, creced en la gracia y el conocimiento

> de nuestro Señor y Salvador Jesucristo. A él sea gloria ahora y hasta el día de la eternidad. Amén.
>
> —2 PEDRO 3:16-18, ÉNFASIS AGREGADO

Un pensamiento final. Observe estas palabras: *tuercen, perdición, arrastrados, caigáis.* ¡Esa es la obra del leviatán! ¿Cómo lo derrotamos? La respuesta es: crezca por medio de las Escrituras, crezca en gracia (amor y perdón) y crezca en conocimiento (intimidad con Jesús).

capítulo 22

LA ESTRATEGIA DE LA AMARGURA

LOS CREYENTES LLENOS del Espíritu Santo y en unidad fluyen juntos como un formidable río del poder de Dios. "Del río sus corrientes alegran la ciudad de Dios, el santuario de las moradas del Altísimo" (Sal 46:4).

Sin embargo, en Apocalipsis tenemos una descripción de un desastre específico del Tiempo Final. "El tercer ángel tocó la trompeta, y cayó del cielo una gran estrella, ardiendo como una antorcha, y cayó sobre la tercera parte de los ríos, y sobre las fuentes de las aguas. Y el nombre de la estrella es Ajenjo. Y la tercera parte de las aguas se convirtió en ajenjo; y muchos hombres murieron a causa de esas aguas, porque se hicieron amargas" (Ap 8:10-11). El Espíritu Santo me reveló que este evento tiene una aplicación espiritual.

Aquí tenemos "una gran estrella" que cae ¡que contamina los ríos y las fuentes de agua! El río es el fluir de Dios, y las fuentes representan al Espíritu Santo en el pueblo de Dios: "mas el que bebiere del agua que yo le daré, no tendrá sed jamás; sino que el agua que yo le daré será en él una fuente de agua que salte para vida eterna" (Jn 4:14).

"Ajenjo" es la palabra griega *ápsindsos.* Aquí tenemos un demonio caído a la tierra para envenenar el agua y esparcir muerte sobre los ríos de Dios que dan vida. En el Antiguo Testamento hallamos que se menciona el mismo demonio: "No sea que haya entre vosotros varón o mujer, o familia o tribu, cuyo corazón se aparte hoy de Jehová nuestro Dios, para ir a servir a los dioses de esas naciones; no sea que haya en medio de vosotros raíz que produzca hiel y ajenjo" (Dt 29:18).

Veamos las palabras *hiel* y *ajenjo*: *hiel*, originalmente *rosh*, que significa "cabeza venenosa"; era usada como veneno proveniente de una serpiente o de una planta. *Ajenjo*, originalmente *laaná*, se refiere ¡a un veneno maldito!

Cuando llega *ápsindsos*, hace que la persona se amargue ¡y los resultados son horrorosos!

ÁPSINDSOS COMIENZA SIENDO PEQUEÑO

> ¿De dónde vienen las guerras y los pleitos entre vosotros? ¿No es de vuestras pasiones, las cuales combaten en vuestros miembros? Codiciáis, y no tenéis; matáis y ardéis de envidia, y no podéis alcanzar; combatís y lucháis, pero no tenéis lo que deseáis, porque no pedís. Pedís, y no recibís, porque pedís mal, para gastar en vuestros deleites. ¡Oh almas adúlteras! ¿No sabéis que la amistad del mundo es enemistad contra Dios? Cualquiera, pues, que quiera ser amigo del mundo, se constituye enemigo de Dios. ¿O pensáis que la Escritura dice en vano: El Espíritu que él ha hecho morar en nosotros nos anhela celosamente?
>
> —SANTIAGO 4:1-5

Observe que son las palabras las que engendran amargura. Aprendimos que el leviatán, el espíritu que tergiversa, puede causar confusión. Cuando llega la confusión, la sigue la amargura.

> Te has enlazado con las palabras de tu boca, y has quedado preso en los dichos de tus labios.
>
> —PROVERBIOS 6:2

> El hombre malo, el hombre depravado, es el que anda en perversidad de boca; que guiña los ojos, que habla con los pies, que hace señas con los dedos. Perversidades hay en su corazón; anda pensando el mal en todo tiempo; siembra las discordias. Por tanto, su calamidad vendrá de repente; súbitamente será quebrantado, y no habrá remedio. Seis cosas aborrece Jehová, y aun siete abomina su alma: Los ojos altivos, la lengua mentirosa, las manos derramadoras de sangre inocente, el corazón que maquina pensamientos inicuos, los pies presurosos para correr al mal, el testigo falso que habla mentiras, y el que siembra discordia entre hermanos.
>
> —PROVERBIOS 6:12-19

Ápsindsos se esparce rápidamente

La amargura se esparce rápidamente de una persona a otra; así como una pequeña chispa en la leña puede iniciar un incendio forestal, así *ápsindsos* hace su obra. Observe que la amargura contamina todo el cuerpo; un poquito de amargura puede envenenar y debilitar todo el cuerpo de la Iglesia. "Las calzadas de Sion tienen luto, porque no hay quien venga a las fiestas solemnes; todas sus puertas están asoladas, sus sacerdotes gimen, sus vírgenes están afligidas, y ella tiene amargura" (Lm 1:4).

Ápsindsos estorba las bendiciones y trae maldiciones

Ápsindsos detiene el fluir de la bendición que deberíamos estar prodigándonos los unos a los otros. Eso es. ¡Deberíamos estar prodigándonos bendiciones los unos a los otros! Estamos acostumbrados a sentarnos en la iglesia como bebés en una silla alta llorando: "Papá, aliméntame". Colocamos la responsabilidad de nuestra nutrición espiritual en nuestros pastores, maestros y en el liderazgo de la Iglesia. En consecuencia no llegamos a comprender la tremenda bendición de comprometerse, aprender, confraternizar y bendecir a quienes se sientan a nuestro lado, porque estamos demasiado ocupados tratando de imaginar si ellos están en la misma esfera de influencia, o cuál será su situación socioeconómica, o quizás enrostrándoles su pasado.

Los celos en las iglesias entre los líderes de adoración, los pastores, los maestros de grupos pequeños y los diáconos crean amargura y reducen el fluir del Espíritu de Dios de un río a un hilito de agua. Un líder de grupo pequeño estaba alentado a un ministro de otro ministerio local que estaba lleno de amargura. El ministro amargado hablaba mal de que los números en su lugar de reunión eran bajos. El maestro de grupo pequeño le ofreció algunos consejos administrativos basados en el éxito de su grupo. El ministro, lleno de amargura, gritó: "No enseño a grupos pequeños. Yo tengo un ministerio". ¡No pudo comprender el valor de un compañero de batalla, ni recibir su bendición!

La amargura que proviene de los celos y el orgullo nos impide oír maneras de perfeccionar nuestra vida, negocios y ministerios.

> Someteos, pues, a Dios; resistid al diablo, y huirá de vosotros. Acercaos a Dios, y él se acercará a vosotros. Pecadores,

> limpiad las manos; y vosotros los de doble ánimo, purificad vuestros corazones. Afligíos, y lamentad, y llorad. Vuestra risa se convierta en lloro, y vuestro gozo en tristeza. Humillaos delante del Señor, y él os exaltará. Hermanos, no murmuréis los unos de los otros. El que murmura del hermano y juzga a su hermano, murmura de la ley y juzga a la ley; pero si tú juzgas a la ley, no eres hacedor de la ley, sino juez. Uno solo es el dador de la ley, que puede salvar y perder; pero tú, ¿quién eres para que juzgues a otro?
>
> —SANTIAGO 4:7-12

Ápsindsos es veneno mortal para su vida espiritual e impide que en usted brote el fruto de Dios. Usted no puede bendecir y maldecir al mismo tiempo. Llegamos a la iglesia y decimos el repetitivo: "Dios te bendiga", luego vamos a casa y asesinamos verbalmente a los compañeros y colegas, miembros de la Iglesia, maestros, estudiantes y hasta a nuestro cónyuge, enseñando subliminalmente a nuestros hijos el arte de matar. Y a veces en ese mismo momento bendecimos nuestros alimentos. En consecuencia, constantes informes de alimentos contaminados entran en nuestros hogares y restaurantes, y se recetan medicamentos para el estómago y los intestinos ahora más que nunca. Mientras tanto, nuestras conversaciones asesinas reverberan en nuestras paredes y regresan a nuestras vidas.

Otro dicho cristiano y popular repetido hasta el cansancio es, si alguien le pregunta como está, decir: "Bendecido y muy favorecido". Una lengua asesina no está bendecida ni favorecida, ¡y Dios odia la lengua mentirosa! La próxima vez que oiga "Dios te bendiga" o "Estoy bendecido y muy favorecido", no juzgue la afirmación sino pregúntese: "¿Mi boca me permite estar bendecido?, y ¿tengo el favor de Dios de acuerdo a mi conversación?"

ÁPSINDSOS ES LA SABIDURÍA DESATADA DEL INFIERNO

Ahora vemos el origen de este espíritu con mayor claridad. Es:

- Terrenal (*epígeios*): la que está en toda la tierra
- Animal (sensual) (*psujikós*): esto viene de su alma y emociones, no de su espíritu

- Diabólica (*daimoniódes*): que proviene ¡de la opresión demoníaca! Este espíritu abre puerta a la envidia, al buscar lo suyo, a la confusión, y a todo mal, los cuales ahora tienen acceso.

¿CÓMO PODEMOS CAMINAR LIBRES DE *ÁPSINDSOS?*

Primero, debemos andar en el Espíritu, usando la sabiduría pura y pacífica que viene de arriba.

> ¿Quién es sabio y entendido entre vosotros? Muestre por la buena conducta sus obras en sabia mansedumbre. Pero si tenéis celos amargos y contención en vuestro corazón, no os jactéis, ni mintáis contra la verdad; porque esta sabiduría no es la que desciende de lo alto, sino terrenal, animal, diabólica. Porque donde hay celos y contención, allí hay perturbación y toda obra perversa. Pero la sabiduría que es de lo alto es primeramente pura, después pacífica, amable, benigna, llena de misericordia y de buenos frutos, sin incertidumbre ni hipocresía. Y el fruto de justicia se siembra en paz para aquellos que hacen la paz.
>
> —SANTIAGO 3:13-18

Necesitamos que Dios hable a nuestra amargura. Él traerá perdón y liberará bendición en nuestras vidas. El fruto del Espíritu fluirá.

Para caminar en libertad, debemos dejar de lado las palabras indebidas como nos enseña Efesios 4:31: "Quítense de vosotros toda amargura, enojo, ira, gritería y maledicencia, y toda malicia".

Incluso debemos mostrar perdón y perdonar a otros. Me gusta la palabra perdón porque cuando uno es "perdonado", el delito ya no está sujeto a más investigación, examen, discusión, o explicación. Si alguien es perdonado de una sentencia a prisión, antes estaba en la cárcel y ahora ya no. Es así de simple. En el castellano actual decimos que los dejamos "salir del atolladero". Efesios 4:32 lo dice así: "Antes sed benignos unos con otros, misericordiosos, perdonándoos unos a otros, como Dios también os perdonó a vosotros en Cristo".

Finalmente, debemos seguir la paz; correr tras ella, buscarla, usar todos nuestros recursos para vivir en paz los unos con los otros. La palabra *paz* significa que todos en una sociedad o una relación actúan armoniosamente. Observe que no quiere decir que todos hacemos lo mismo. Celebramos las diferencias que Dios nos dio, en nuestra común búsqueda de la rectitud, en vez de exigir cristianos hechos en serie que miran, actúan y piensan exactamente igual.

> Seguid la paz con todos, y la santidad, sin la cual nadie verá al Señor. Mirad bien, no sea que alguno deje de alcanzar la gracia de Dios; que brotando alguna raíz de amargura, os estorbe, y por ella muchos sean contaminados.
>
> —HEBREOS 12:14-15

Esto significa que no dejamos que se arraiguen en nuestra vida el hablar mal, la falta de perdón, o el veneno. ¡Deshágase de eso y elija la paz! Observe la frase: "os estorbe". La palabra traducida como *estorbe* en el griego es *enojléo*, que significa "ser hostigado por una turba".

Cuando la iglesia se convierte en una turba sería un buen título para un libro totalmente diferente. ¿Cuántos ministros han sufrido en manos de una turba tiránica? Aún nuestros antepasados norteamericanos temían la tiranía de las masas descontroladas con información errónea tanto como temían a la tiranía de los reyes. De hecho, nuestra estructura gubernamental está basada en parte en tales temores. En la Francia revolucionaria, el rey Luis XVI y su esposa María Antonieta, fueron decapitados en parte debido a la furiosa prensa sensacionalista que exageraba respecto a las vidas personales de los monarcas.

Los siguientes cuatro años fueron los más sangrientos de la historia francesa ya que más de cuatro mil personas murieron en la guillotina.[1] Cada siguiente gobierno fracasó, otra vez, en parte debido a los rumores y las exageraciones, rumores de asesinatos que causaban muerte y caos.

Finalmente, en vez de un rey, en vez de la democracia, los franceses se permitieron estar bajo el dominio de Napoleón Bonaparte, que es considerado por algunos historiadores como un déspota. No hay nada pacífico en una turba llena de rumores. ¿Cuántas iglesias han cambiado la paz por el despótico Satanás?

De modo que lo esencial es participar, dejar de lado, perdonar y buscar, entonces ¡su vida conocerá la paz!

capítulo 23

LA ESTRATEGIA DE LA MUERTE

CONTINUEMOS EXPONIENDO ALGUNOS espíritus ocultos que impiden el fluir de Dios. En este capítulo nos concentraremos primero en Caín, el primogénito de Adán y Eva; aunque fue un regalo de Dios se volvió hacia el enemigo: "No como Caín, que era del maligno y mató a su hermano. ¿Y por qué causa le mató? Porque sus obras eran malas, y las de su hermano justas" (1 Jn 3:12). Como en el caso de Jezabel, encontramos que el "espíritu demoníaco" que operó en él sigue operando en el Nuevo Testamento.

> Pero estos blasfeman de cuantas cosas no conocen; y en las que por naturaleza conocen, se corrompen como animales irracionales. ¡Ay de ellos! porque han seguido el camino de Caín, y se lanzaron por lucro en el error de Balaam, y perecieron en la contradicción de Coré.
>
> —JUDAS 10-11

Hay quienes eligen "el camino de Caín". Caín es conocido por asesinar a su hermano Abel ¡en una guerra de adoración!

> Por la fe Abel ofreció a Dios más excelente sacrificio que Caín, por lo cual alcanzó testimonio de que era justo, dando Dios testimonio de sus ofrendas; y muerto, aún habla por ella.
>
> —HEBREOS 11:4

Abel fue un hombre de fe mientras que Caín actuaba en su propia fuerza. Hoy en día el asesinato se realiza con palabras, no con armas. El odio no es una emoción; es una acción. Las palabras equivocadas y los informes falsos pueden matar a otros. Mire otra vez al antiguo registro de Judas y examine si este espíritu lo ha atacado a usted y a su iglesia.

Este espíritu opera de manera característica dentro de las familias: "Conoció Adán a su mujer Eva, la cual concibió y dio a luz a Caín, y dijo: Por voluntad de Jehová he adquirido varón. Después dio a luz a su hermano Abel. Y Abel fue pastor de ovejas, y Caín fue labrador de la tierra" (Gn 4:1-2). Caín tenía problemas no con los de fuera de su familia sino con los de su propia casa. ¿Cuán a menudo el fluir ha sido estorbado a causa de un conflicto en la familia? Cuando digo "familia", me refiero también a la iglesia, que es la familia de Dios.

Este espíritu también rechaza al liderazgo y cree que tiene una mejor manera de hacer las cosas.

> Y aconteció andando el tiempo, que Caín trajo del fruto de la tierra una ofrenda a Jehová. Y Abel trajo también de los primogénitos de sus ovejas, de lo más gordo de ellas. Y miró Jehová con agrado a Abel y a su ofrenda.
>
> —GÉNESIS 4:3-4

Dios había instruido claramente a la primera familia que sólo podían acercarse a Él por medio de un sacrificio de sangre. En la puerta del Edén entre los querubines que la guardaban, Jehová derramó la sangre de animales para vestir a nuestros padres ancestrales. Caín rechazó la instrucción de sus autoridades, Adán y Eva, y pensó que él tenía una manera mejor de hacerlo.

En la familia de la iglesia siempre están "'los que dicen" yo ya sabía'", o "los que cuestionan a posteriori", personas que son rápidas para criticar las decisiones. El desacuerdo honesto es bienvenido si se presenta en el espíritu correcto, pero la rebelión que ataca y socava el liderazgo es hechicería. La hechicería, como hemos visto, es parte del ocultismo que conlleva una hueste de hombres fuertes demoníacos.

Observe este espíritu que expresa enojo y sarcasmo: "Pero no miró con agrado a Caín y a la ofrenda suya. Y se ensañó Caín en gran manera, y decayó su semblante" (v. 5). Este espíritu asesino no recibe corrección, como lo manifestó Caín. Sabiendo que estaba mal, Caín no se arrepintió. En cambio se enojó; y se le notó en el rostro.

Este mismo espíritu se ve en la historia del hijo pródigo: "Él le dijo: Tu hermano ha venido; y tu padre ha hecho matar el becerro gordo, por haberle recibido bueno y sano. Entonces se enojó, y no quería entrar. Salió por tanto su padre, y le rogaba que entrase" (Lc 15:27-28). Cuando el pródigo volvió a casa, el que se enojó fue el hermano mayor y cortó la camaradería. En nuestra iglesia local, cientos han sido bautizados y miles han recibido la salvación de Cristo, sin embargo, hay quienes no se regocijan debido al espíritu de Caín.

Como vemos en Génesis, notemos que este espíritu no escucha la Palabra de Dios: "Entonces Jehová dijo a Caín: ¿Por qué te has ensañado, y por qué ha decaído tu semblante?" (Gn 4:6). Aquí la Palabra de Dios vino directamente a Caín. Dios le dijo que todo podía remediarse, pero este espíritu no puede recibir la Palabra.

Este espíritu abre la puerta a otros más desastrosos: "Si bien hicieres, ¿no serás enaltecido? y si no hicieres bien, el pecado está a la puerta; con todo esto, a ti será su deseo, y tú te enseñorearás de él" (v.7). Dios nos advierte como a Caín, si rehusamos cambiar, se abrirá la puerta al pecado. El texto hebreo indica que el pecado es como una bestia feroz lista para saltar a través de la puerta abierta. Si usted como padre vive en este espíritu ¡abrirá la puerta al desastre sobre sus hijos!

Este espíritu bloquea su vida: "Y dijo Caín a su hermano Abel: Salgamos al campo. Y aconteció que estando ellos en el campo, Caín se levantó contra su hermano Abel, y lo mató" (v.8). Caín asesinó a Abel, ¡que no había hecho más que adorar y servir a Dios! Este espíritu bloquea la adoración de la iglesia. Esa es la razón por la que luchan los ministros de música.

Este espíritu ataca en la época de la cosecha. Mire otra vez el versículo 8: "Y dijo Caín a su hermano Abel: Salgamos al campo. Y aconteció que estando ellos en el campo, Caín se levantó contra su hermano Abel, y lo mató". Caín mató a su hermano "en el campo" durante la cosecha. Este enemigo tratará de desbaratar el plan de Dios. La discordia surge frecuentemente en las iglesias cuando es tiempo de cosecha. El espíritu de Caín no sólo mata su objetivo deseado, sino que al matar el cultivo de la tierra, también mata a quienes dependen de la cosecha. En este sentido, el espíritu de Caín es un asesino espiritual de masas.

Durante la Gran Depresión, el estilo de tiranía de Joseph Stalin dominó Rusia, conocida entonces como Unión Soviética. Durante la hambruna, Stalin enfrentaba intentos de asesinato y rumores de que podría ser removido del poder. La paranoia de Stalin se concentró en la una vez políticamente poderosa comunidad agrícola conocida como Kulaks. Stalin envió allí un pequeño ejército y asaltaron los depósitos de semillas para la próxima primavera.

Al hacerlo, Stalin pudo acusar falsamente a los granjeros de acaparar el grano. Miles (si no millones) de estos granjeros fueron ejecutados. El pueblo ruso comió un poquito por una temporada, pero la verdadera hambruna vino más tarde ya que en la primavera no tuvieron nada para plantar.[1]

Este espíritu trae una maldición sobre sus portadores: "Jehová dijo a Caín: ¿Dónde está Abel tu hermano? Y él respondió: No sé. ¿Soy yo acaso guarda de mi hermano? Y él le dijo: ¿Qué has hecho? La voz de la sangre de tu hermano clama a mí desde la tierra. Ahora, pues, maldito seas tú de la tierra, que abrió su boca para recibir de tu mano la sangre de tu hermano" (vv.9-11). Cuando usted mata la adoración, la cosecha, y el liderazgo de la iglesia con chismes, murmuración, y rebelión, ¡deberá responder! Eso lo maldecirá a usted, a su familia y a sus finanzas.

¿Es posible que los males y carencias de nuestra economía nacional sean debido al ataque contra el liderazgo de las iglesias a nivel nacional? Los precedentes históricos parecen indicar que todo ataque importante contra la Iglesia y el liderazgo da como resultado una caída económica y hasta la guerra.

Este espíritu genera vagabundos espirituales:

> Y él le dijo Cuando labres la tierra, no te volverá a dar su fuerza; errante y extranjero serás en la tierra. Y dijo Caín a Jehová: Grande es mi castigo para ser soportado. He aquí me echas hoy de la tierra, y de tu presencia me esconderé, y seré errante y extranjero en la tierra; y sucederá que cualquiera que me hallare, me matará. Y le respondió Jehová: Ciertamente cualquiera que matare a Caín, siete veces será castigado. Entonces Jehová puso señal en Caín, para que no lo matase cualquiera que le hallara.
>
> —GÉNESIS 4:10, 12-15

Este espíritu no le dejará encontrar una iglesia que sea su hogar. Andará de aquí para allá, y dondequiera que vaya, terminará con la misma gente. Su vida estará marcada por un espíritu errante.

Una persona marcada espiritualmente es reconocida en toda iglesia que visite por quienes tienen la capacidad de discernir los espíritus. Esta marca también puede extenderse a la vida profesional de uno fuera de los muros de la iglesia. Alguien con esta marca asesina también pierde amigos y familia, ya que en el espíritu de Caín no se puede confiar.

LIBERARSE DEL ESPÍRITU DE CAÍN

¿Cómo vive usted libre del control y de los efectos de este espíritu asesino?

Admita su necesidad de sujetar su lengua.

> La muerte y la vida están en poder de la lengua, y el que la ama comerá de sus frutos.
>
> —PROVERBIOS 18:21

> Mas yo os digo que de toda palabra ociosa que hablen los hombres, de ella darán cuenta en el día del juicio. Porque por tus palabras serás justificado, y por tus palabras serás condenado.
>
> —MATEO 12:36-37

> Si alguno se cree religioso entre vosotros, y no refrena su lengua, sino que engaña su corazón, la religión del tal es vana.
>
> —SANTIAGO 1:26

Pida a Dios que le dé un corazón y un pensamiento rectos.

> ¡Generación de víboras! ¿Cómo podéis hablar lo bueno, siendo malos? Porque de la abundancia del corazón habla la boca.
>
> —MATEO 12:34

> Así que, hermanos, os ruego por las misericordias de Dios, que presentéis vuestros cuerpos en sacrificio vivo, santo, agradable a Dios, que es vuestro culto racional. No os conforméis a este siglo, sino transformaos por medio de la renovación de vuestro entendimiento, para que comprobéis cuál sea la buena voluntad de Dios, agradable y perfecta.
>
> —ROMANOS 12:1-2

Pida a Dios que limpie su lengua con fuego.

> En el año que murió el rey Uzías vi yo al Señor sentado sobre un trono alto y sublime, y sus faldas llenaban el templo. Por encima de él había serafines; cada uno tenía

seis alas; con dos cubrían sus rostros, con dos cubrían sus pies, y con dos volaban. Y el uno al otro daba voces, diciendo: Santo, santo, santo, Jehová de los ejércitos; toda la tierra está llena de su gloria. Y los quiciales de las puertas se estremecieron con la voz del que clamaba, y la casa se llenó de humo. Entonces dije: ¡Ay de mí! que soy muerto; porque siendo hombre inmundo de labios, y habitando en medio de pueblo que tiene labios inmundos, han visto mis ojos al Rey, Jehová de los ejércitos. Y voló hacia mí uno de los serafines, teniendo en su mano un carbón encendido, tomado del altar con unas tenazas; y tocando con él sobre mi boca, dijo: He aquí que esto tocó tus labios, y es quitada tu culpa, y limpio tu pecado. Después oí la voz del Señor, que decía: ¿A quién enviaré, y quién irá por nosotros? Entonces respondí yo: Heme aquí, envíame a mí. Y dijo: Anda, y di a este pueblo: Oíd bien, y no entendáis; ved por cierto, mas no comprendáis.

—ISAÍAS 6:1-9

¡Después de este encuentro Isaías estuvo listo para el servicio! Ahora repita esta oración:

Señor, perdóname por mostrar el espíritu de Caín, el espíritu de asesinato, en mi vida. Admito que he estado mal en mi actitud hacia los otros, y me arrepiento de todas las palabras negativas que he hablado acerca de ellos.

Hoy me comprometo contigo a que con tu ayuda cambiaré las palabras de maldición que uso por palabras de bendición. Gracias por darme el regalo del habla que me permite bendecir a quienes comparten mi vida.

Señor, con tu ayuda me esforzaré por ser una bendición a mi familia, a mi iglesia, a quienes tienen autoridad sobre mí, y a todas las otras personas que has puesto en mi vida. Amén.

capítulo 24

La estrategia de la presión

Uno de los peligros de la guerra espiritual es dar cabida al enemigo en su vida. En el Antiguo Testamento a esta forma de dar cabida se la llamaba "las coyundas de los impíos" (RV60), o "las ataduras de los impíos", (NVI).

> Jehová es justo; cortó las coyundas de los impíos. Serán avergonzados y vueltos atrás todos los que aborrecen a Sion.
>
> —Salmos 129:4-5

> Pero el Señor, que es justo, me libró de las ataduras de los impíos. Que retrocedan avergonzados todos los que odian a Sion.
>
> —Salmos 129:4-5 (NVI)

Aquí las ataduras están enrolladas alrededor de los impíos como una serpiente.

> Prenderán al impío sus propias iniquidades, y retenido será con las cuerdas de su pecado. El morirá por falta de corrección, y errará por lo inmenso de su locura.
>
> —Proverbios 5:22-23

El Nuevo Testamento identifica como "pitón" al espíritu "que se enrolla" que se envuelve a nuestro alrededor como una cuerda: "Aconteció que mientras íbamos a la oración, nos salió al encuentro una muchacha que tenía espíritu de adivinación, la cual daba gran ganancia a sus amos, adivinando" (Hch 16:16). Aquí tenemos a una muchacha que está siendo retorcida hasta morir por "pitón". El enemigo desea enrollarse a su alrededor ¡y exprimir su vida!

PITÓN: LA VOZ DEL PASADO

La palabra para este espíritu en el Antiguo Testamento es *ob*, que también es "espíritus familiares". Esta muchacha hablaba por medio de los demonios para consultar a personas que habían muerto. Esto se manifiesta en los días modernos como pecados generacionales, tendencias, fracasos y maldiciones.

> Entonces serás humillada, hablarás desde la tierra, y tu habla saldrá del polvo; y será tu voz de la tierra como la de un fantasma, y tu habla susurrará desde el polvo.
>
> —ISAÍAS 29:4

¡Existen entidades que intentan rastrear a través de su historia familiar! Permítame aclarar que los "pitones" hablaban desde el polvo de la tierra. Dicho sencillamente: el pasado lo envuelve y trata de extraerle la vida.

¡Nuestro pasado está muerto! A menudo nuestro pasado representa la muerte, la destrucción, y la desesperación. A veces estamos infectados con una actitud nostálgica que estrangula las esperanzas y los sueños del mañana. Esta actitud nostálgica infecta la iglesia, y nos aferramos a estilos de adoración y a puntos de vista tradicionales en vez de permitir que Dios haga una "cosa nueva". Existe una manera saludable de construir desde nuestro pasado para obtener una perspectiva de nuestras circunstancias presentes a fin de edificar nuestro futuro.

Moisés deseaba desesperadamente ver el rostro de Dios. Examinemos la conversación entre Dios y Moisés de modo que podamos captar una vislumbre escondida de la perspectiva de Dios de un pasado, presente y futuro saludables.

> Dijo más: No podrás ver mi rostro; porque no me verá hombre, y vivirá. Y dijo aún Jehová: He aquí un lugar junto a mí, y tú estarás sobre la peña; y cuando pase mi gloria, yo te pondré en una hendidura de la peña, y te cubriré con mi mano hasta que haya pasado. Después apartaré mi mano, y verás mis espaldas; mas no se verá mi rostro.
>
> —ÉXODO 33:20-23

Fue Moisés quien registró el nacimiento del planeta Tierra, la caída del hombre, y las vidas de Abraham, Isaac y Jacob. Ningún humano entendió el pasado mejor que Moisés, y sin embargo, él quería ver el rostro de Dios porque sabía que la única esperanza para guiar al pueblo de Dios hacia la Tierra Prometida era si Dios estaba con él durante el viaje. Moisés sabía y comprendía los triunfos y descalabros de la condición humana debido a su conocimiento del pasado. La promesa de Moisés estaba asegurada sólo si el favor de Dios estaba sobre él.

Como aprendió Moisés, nuestro Dios siempre está en movimiento, Quizás Dios podría haber dibujado un cuadro de sí para Moisés, o haberle dado una descripción de su gloria. Dios podía haber dicho no al pedido de Moisés. Pero le indicó un cierto lugar a un cierto tiempo para mostrarle una vislumbre de dónde Él ha estado.

No hay futuro en su pasado porque Dios siempre se mueve hacia adelante. Sólo podemos entretenernos en vestíbulos de nuestro pasado visitando nuestros triunfos y fracasos para aprender de nuestros errores, o nos perderemos lo que Dios está haciendo ahora y su promesa para nuestro futuro.

Pitón: la acumulación de malas circunstancias

> Se apoderarán de él terrores como aguas; torbellino lo arrebatará de noche.
>
> —Job 27:20

En fútbol americano un equipo puede ser penalizado por "amontonarse" después del tacle. El peor "amontonamiento" ocurre después de que un equipo deja caer la pelota. Satanás no conoce reglas. Cuando cometemos errores o pasamos demasiado tiempo celebrando una victoria del pasado, él hará un amontonamiento. La palabra *inundación* en hebreo significa "estar rodeado por aguas". El enemigo tratará de rodearlo.

Pitón: el poder de las relaciones equivocadas

> No erréis; las malas conversaciones corrompen las buenas costumbres.
>
> —1 Corintios 15:33

Hay algo llamado presión de grupo que no es más que un conjunto de demonios que vienen juntos a rodear a quienes no viven rectamente.

Además, en nuestra familia puede haber asesinos de sueños. A veces las ataduras del enemigo son las cintas del delantal de mamá. A veces las ataduras son miembros de la familia controladores.

A pitón le encanta desgastar la teología cultural y pasa mucho tiempo navegando en sitios web de apologética, debatiendo y discutiendo, sofocando a los jóvenes y a los cristianos inseguros con la duda y la incredulidad. Con esto, acompañado por la presión de grupo y los asesinos de sueños, no es raro que pitón pueda ser sentido como "una inundación". Y a menos que usted esté arraigado en la Palabra de Dios, será barrido en un torrente de destrucción.

> Pero Jehová había dicho a Abram: Vete de tu tierra y de tu parentela, y de la casa de tu padre, a la tierra que te mostraré. Y haré de ti una nación grande, y te bendeciré, y engrandeceré tu nombre, y serás bendición. Bendeciré a los que te bendijeren, y a los que te maldijeren maldeciré; y serán benditas en ti todas las familias de la tierra. Y se fue Abram, como Jehová le dijo; y Lot fue con él. Y era Abram de edad de setenta y cinco años cuando salió de Harán. Tomó, pues, Abram a Sarai su mujer, y a Lot hijo de su hermano, y todos sus bienes que habían ganado y las personas que habían adquirido en Harán, y salieron para ir a tierra de Canaán; y a tierra de Canaán llegaron.
>
> —GÉNESIS 12:1-5

Abraham tuvo que alejarse de su familia y de su cultura para encontrar su verdadero propósito. Pablo tuvo que dejar el sofocante espíritu de los fariseos.

LIBERARSE DEL ESPÍRITU PITÓN

¿Cómo puede cortar la serpiente por la mitad y sacarse sus ataduras?

1. **Debemos orar y ayunar**. "Por esto orará a ti todo santo en el tiempo en que puedas ser hallado; ciertamente en la inundación de muchas aguas no llegarán éstas a él" (Sal 32:6). "¿No es más bien el ayuno que yo escogí, desatar las ligaduras de impiedad, soltar las

cargas de opresión, y dejar ir libres a los quebrantados, y que rompáis todo yugo? (Is 58:6). Cuando oramos y ayunamos, lo que nos rodea se quiebra. Podemos escondernos.

2. **Debemos buscar su presencia**. "Tú eres mi refugio; me guardarás de la angustia; con cánticos de liberación me rodearás" (Sal 32:7). Encontramos su presencia en la iglesia reunida. En la congregación Dios deshace a pitón, y nos envuelve en cantos de liberación.
3. **Debemos experimentar el poder del Espíritu Santo**. "Temerán desde el occidente el nombre de Jehová, y desde el nacimiento del sol su gloria; porque vendrá el enemigo como río, mas el Espíritu de Jehová levantará bandera contra él" (Is 59:19). El Espíritu Santo levanta una bandera contra el enemigo. Aquí está Jehová Nissi: nuestra bandera de victoria.
4. **Debemos confesar las promesas de la Palabra**. "Y este será mi pacto con ellos, dijo Jehová: El Espíritu mío que está sobre ti, y mis palabras que puse en tu boca, no faltarán de tu boca, ni de la boca de tus hijos, ni de la boca de los hijos de tus hijos, dijo Jehová, desde ahora y para siempre" (Is 59:21). En vez de este espíritu de pitón que se enrolla saliendo de su pasado, desatando malas circunstancias y pudriendo toda relación, usted puede cambiar su destino y el de sus descendientes para siempre. ¿Cómo? ¡Declarando la Palabra de Dios! Ponga la Palabra en su boca y en boca de sus hijos. ¡Dios se compromete a cambiar su familia para siempre!

Dígale a ese espíritu de pitón: "¡Hoy te vas!"

capítulo 25

LA ESTRATEGIA DE LA POBREZA

Lo contrario de una maldición en la Biblia es una bendición. Una maldición es cuando las dificultades, las aflicciones, la enfermedad, la escasez, u otros asuntos negativos vienen continuamente sobre un individuo o familia. Bendición es cuando la presencia de Dios libera salud, abundancia, favor y contentamiento en un individuo o familia.

En muchas familias y en la iglesia ha habido una maldición de pobreza. El espíritu de pobreza actúa usando carencias inesperadas para generar temor. Este temor a menudo traerá espíritus atormentadores, incluyendo depresión, falta de motivación, riñas, y desesperación. Aun las personas acaudaladas están temerosas de perder su riqueza, de modo que no diezman ni dan como deberían. Pero la Biblia dice: "A los ricos de este siglo manda que no sean altivos, ni pongan la esperanza en las riquezas, las cuales son inciertas, sino en el Dios vivo, que nos da todas las cosas en abundancia para que las disfrutemos" (1 Ti 6:17).

Tengo que declarar un mandato o advertencia a todos los que Dios ha bendecido.

1. No se enorgullezca de sus logros. El Señor "te da el poder para hacer las riquezas", y "La bendición de Jehová es la que enriquece, y no añade tristeza con ella" (Dt 8:18; Pr 10:22).
2. No ponga su fe en su riqueza o en sus posesiones.
3. Confíe en que el "Dios viviente" proveerá para su futuro.
4. Disfrute lo que tiene, ¡pero no acapare!

5. Comparta con otros lo que tiene.
6. Recuerde hacer tesoros en el cielo.

LIBERARSE DEL ESPÍRITU DE POBREZA

Ahora, a quienes se sienten maldecidos, sea por carencias o por temor a perder lo que tienen, ¿cuál es la salida? ¿Cómo puede revertirse y echarse fuera la maldición y que vengan las bendiciones? Dios me ha revelado que el Salmo 112 es la respuesta positiva que podemos dar. Esta respuesta detendrá las fuerzas negativas del enemigo y liberará la corriente positiva de la bendición de Dios.

Respeto reverencial ante el Señor del pacto.

> Bienaventurado el hombre que teme a Jehová.
>
> —SALMOS 112:1

El temor no es encogerse sino tener reverencia por *Yejová*, el GRAN YO SOY. Éste es el nombre que Dios dio a Moisés desde la zarza ardiente. Es su nombre del pacto como proveedor y protector de su pueblo. ¿Está usted rendido en reverencia al Señor que mantiene el pacto? Diga: "¡Siento un respeto reverencial por el Dios que guarda el pacto!"

Obediencia gozosa a los mandatos de Dios.

> Bienaventurado el hombre que teme a Jehová, y en sus mandamientos se deleita en gran manera.
>
> —SALMOS 112:1

Esta persona no se encoge ante los mandatos de Dios. Sabe que cuando Dios dice: "No harás", significa: "No te hieras a ti mismo". Cuando Dios da una palabra positiva, significa: "¡Sírvete felicidad!"

En el área del dar, el mandato de diezmar y su promesa es el mandato de las Escrituras más desobedecido por los creyentes: "Traed todos los diezmos al alfolí y haya alimento en mi casa; y probadme ahora en esto, dice Jehová de los ejércitos, si no os abriré las ventanas de los cielos, y derramaré sobre vosotros bendición hasta que sobreabunde" (Mal 3:10).

Expectativa de un futuro mejor: esperanza.

> Bienes y riquezas hay en su casa, y su justicia permanece para siempre
>
> —SALMOS 112:3

1. **Fuerza**. Aquí tenemos una promesa para sus descendientes: la descendencia que vendrá será poderosa en la tierra, si son rectos.
2. **Provisión**. Como sus descendientes caminan en rectitud, Dios continuará multiplicando lo que usted deja.

Percepción de la guía de Dios en la oscuridad.

> Resplandeció en las tinieblas luz a los rectos.
>
> —SALMOS 112:4

Aquí tenemos la revelación prometida cuando la oscuridad nos esconde la dirección. Dios prometió sabiduría para tomar decisiones correctas en momentos difíciles. Josafat dijo: "Señor, no sabemos qué hacer, pero nuestros ojos están en ti" (2 Cr. 20:12, paráfrasis del autor).

Espíritu misericordioso y generoso.

> Es clemente, y misericordioso, y justo. El hombre de bien tiene misericordia y presta; Gobierna sus cosas con juicio Esparce, da á los pobres: Su justicia permanece para siempre; su cuerno será ensalzado en gloria
>
> —SALMOS 112:4-5, 9, RV1909

Esta persona es bendecida y no maldecida por el espíritu de pobreza porque tiene un espíritu generoso. Presta a quienes lo necesitan. Da repartiendo a los necesitados del reino. La palabra *esparce* es una que se usa para sembrar. Es honesto y cuidadoso de sus tratos financieros. Trabaja mucho.

Aquí tenemos la clave para abrir la corriente del cielo en su vida: "Dad, y se os dará; medida buena, apretada, remecida y rebosando darán en vuestro regazo; porque con la misma medida con que medís, os volverán a medir" (Lc 6:38).

Vivir por fe, no por temor.

> No tendrá temor de malas noticias; su corazón está firme, confiado en Jehová. Asegurado está su corazón; no temerá, hasta que vea en sus enemigos su deseo.
>
> —SALMOS 112:7-8

¡Esta persona no coincide con Wall Street ni opera basándose en el informe de los hombres! Cuando llegan tiempos difíciles, él confía en el Señor y lo prueba no reteniendo los diezmos ni las ofrendas. Se rehúsa a permitir que el enemigo lo intimide y bloquee la obra de Dios. Sabe que todo lo que el enemigo haga, Dios lo transformará para su bien.

Permita que Dios sea glorificado.

> Esparce, da á los pobres: Su justicia permanece para siempre; su cuerno será ensalzado en gloria.
>
> —SALMOS 112:9, RV1909

La palabra *cuerno* representa posición. Dios pondrá su gloria en los benditos y liberará honra y favor en sus vidas. Ésta es la promesa de Dios.

Estamos aquí para quebrar el espíritu de pobreza, para echarlo fuera, y demostrar nuestra fe, no temor. Hoy Dios quebrará el espíritu de pobreza en usted y en la Iglesia.

capítulo 26

LA ESTRATEGIA DEL LEGALISMO

¡Es más fácil vivir según las reglas establecidas por alguien que obedecer al Espíritu Santo! Lamento tener que informar que, a lo largo de casi cuarenta años de ministerio, he sido tanto el iniciador como la víctima del legalismo.

Experimenté por primera vez el legalismo de la iglesia como estudiante secundario en mitad de los sesenta. Mientras la guerra rugía en Vietnam y el Dr. Martin Luther King Jr. marchaba hacia mi ciudad, natal de Montgomery, Alabama ¡nuestro predicador nos advertía sobre los insidiosos peligros del baile de graduación!

Cuando llegué a Chatanooga en 1979 para ministrar en la Iglesia Bautista Central, en las iglesias conservadoras rugía una guerra acerca del uso de pantalones por las mujeres y el largo del cabello de los hombres. Hasta los anteojos con armazón metálica estaban supuestamente prohibidos en algunos círculos, ¡con el razonamiento de que lo identificaban a usted como un liberal!

Ir de un círculo cristiano a otro puede ser literalmente un *shock* cultural por los problemas del legalismo. Nunca olvidaré cuando oí el informe de un amigo que visitó a cristianos de un país de Europa. En una fraternidad cristiana, lamentablemente se oyó a las mujeres discutir sobre que las mujeres estadounidenses usaban excesivo maquillaje. Mientras lamentaban la decadencia de los estándares del cristianismo en EE.UU., estas mujeres europeas ¡dejaban caer grandes lágrimas en sus vasos de cerveza!

¿Hemos abarrotado nuestro mensaje con nuestras propias preferencias culturales? ¿Dónde trazamos la línea de lo que Dios requiere y lo que el hombre prefiere? ¿Y cómo podemos evitar que nuestras iglesias contaminen el mensaje de Dios con reglas farisaicas que sólo impiden la obra de Dios?

Uno de los demonios más insidiosos que luchan contra la iglesia, dividiéndola y estorbando el avivamiento es el legalismo. Puede definirse más simplemente como la sustitución de las obras del hombre por el plan de salvación de Dios. Puede relacionarse con las leyes del Antiguo Testamento.

Algunos quieren añadir algo al sencillo evangelio de la muerte y resurrección de Cristo y nuestra propia fe en ese acto. Esta es la esencia del legalismo. Otros quieren agregar a la práctica de la vida cristiana normas culturales que pueden no tener fundamento bíblico. Otros desean agregar distinciones denominacionales a la definición de espiritualidad. Aun otros quieren agregar sus propios gustos personales, preferencias o aversiones a lo que es adecuado para un cristiano piadoso.

Cualquier cosa que se agregue al evangelio es otro evangelio y es inaceptable a los ojos de Dios. Creo que el mundo no ha rechazado nuestro mensaje, sino que ha rechazado nuestra caricatura del mensaje.

Considerar los excesos de legalismo del islam y la esclavitud que genera debería ser una llamada de atención para la Iglesia cristiana. Si realmente tenemos la carga de alcanzar mil millones de musulmanes con el evangelio de Cristo, es mejor que tengamos algo más que ofrecer que un gran conjunto de reglas y pautas por las cuales vivir.

Pablo confronta al legalismo

Cuando Jesús vino al mundo, la fe judía se había desintegrado en el legalismo extremo. Las reglas habían reemplazado a una relación con Dios. El legalismo había esclavizado a la gente. Jesús vino para liberarlos.

Gálatas 3 es el argumento clave de Pablo que contrasta la ley y la fe. Muchos de los gálatas que habían venido a Cristo estaban cayendo en el judaísmo. Volvían a estar bajo la Ley. Gálatas 3:7 afirma: "Sabed, por tanto, que los que son de fe, estos son hijos de Abraham". Un "verdadero judío" que es parte de la familia de Dios es alguien que es "de la fe". En ese sentido todos los que creen son hijos de Abraham. Pablo hace un llamado a los gálatas desde dos bases.

1. El llamado espiritual

Pablo apela a los gálatas sobre la base de su experiencia personal.

> ¡Oh gálatas insensatos! ¿Quién os fascinó para no obedecer a la verdad, a vosotros ante cuyos ojos Jesucristo fue ya presentado claramente entre vosotros como crucificado? Esto solo quiero saber de vosotros: ¿Recibisteis el Espíritu por las obras de la ley, o por el oír con fe? ¿Tan necios sois? ¿Habiendo comenzado por el Espíritu, ahora vais a acabar por la carne? ¿Tantas cosas habéis padecido en vano? si es que realmente fue en vano. Aquel, pues, que os suministra el Espíritu, y hace maravillas entre vosotros, ¿lo hace por las obras de la ley, o por el oír con fe?
>
> —GÁLATAS 3:1-5

Tres veces encontramos que se menciona su experiencia con el Espíritu Santo. Pablo usa la palabra *insensatos*, que en el lenguaje original se traduce literalmente "sin sentido". ¡Estos cristianos habían perdido el sentido común! Usted puede comprender por qué razón el legalismo hace "inconscientes" a los cristianos cuando estudia las implicancias espirituales.

El legalismo es engaño demoníaco.

"¿Quién os fascinó" El griego aquí es *baskaíno* y significa "decir un hechizo". Es una referencia obvia a un espíritu de engaño que condujo a estos cristianos al error. Muchas de las extrañas parafernalias que los hombres han agregado a la práctica del cristianismo se deben a los engaños o "hechizos" de Satanás.

El legalismo no obedece a la verdad

"Para no obedecer a la verdad" Estos creyentes habían seguido ciegamente al engaño hacia un camino de desobediencia. La verdad de Dios era cambiada por una mentira a la cual siguieron, viviendo así una vida de desobediencia a la voluntad de Dios para ellos.

El legalismo deshonra la cruz.

"¿Ante cuyos ojos Jesucristo fue ya presentado claramente entre vosotros como crucificado?" Pablo declaró que Jesús había sido "presentado" o exhibido. Parece que la crucifixión de Cristo había sido predicada de una manera tal que habían sido dramáticamente salvados por su mensaje. El Cristo crucificado había afectado a la Iglesia de Galacia, pero ellos neciamente volvieron la espalda a la cruz y regresaron a la Ley. Al hacerlo, deshonraban el sacrificio que Jesús hizo por ellos en la cruz.

El legalismo niega al Espíritu

¿Recibisteis el Espíritu ? Estos creyentes habían recibido el Espíritu Santo, y Él había empezado a obrar en ellos. Pero ahora intentan vivir por la Ley y según la carne.

El Espíritu Santo hace posible ofrecer la vida de uno como un sacrificio a Dios. No podemos participar con la carne en lo que se comenzó en el Espíritu. Es sorprendente cuántos cristianos son salvos por el Espíritu de Dios, pero después siguen tratando de vivir la vida cristiana según lo que el hombre dice que es apropiado.

El legalismo niega lo milagroso.

Pablo ministró a los gálatas por el Espíritu. Los milagros se manifestaron por ese mismo poder. La Ley no tiene poder sobrenatural. Los milagros ocurren cuando la Palabra de Dios es predicada bajo el poder del Espíritu y el pueblo la recibe por fe.

En este pasaje aprendemos que la predicación sólo es efectiva si se recibe con "el oír con fe". Algunos cristianos escuchan la predicación solo críticamente. Otros escuchan intelectualmente. Hasta algunos escuchan perjudicialmente. ¡Otros no escuchan nada! Pero si usted escucha con los oídos de la fe, la Palabra de Dios puede trasladarse a la vida práctica.

Hebreos capítulo 3 nos advierte acerca de rehusar oír, advirtiéndonos que si no oímos con fe seremos endurecidos. Hebreos 4:2 además nos da otra advertencia: "Porque también a nosotros se nos ha anunciado la buena nueva como a ellos; pero no les aprovechó el oír la palabra, por no ir acompañada de fe en los que la oyeron". Si la predicación no es mezclada con fe, será infructuosa.

La Iglesia de Galacia había perdido su sentido común. La fe había sido reemplazada por las obras, y la gracia, por la Ley. El siguiente llamado que Pablo hizo venía directamente desde las páginas del Antiguo Testamento.

2. La apelación escritural

Pablo sabía que era necesario que enfatizara la doctrina de la salvación por gracia con pruebas de escrituras del Antiguo Testamento. En Gálatas 3:6-7, Pablo cita la conversión de Abraham como prueba del Antiguo Testamento de la salvación por fe. En Génesis 15:6 leemos de Abraham: "Y creyó a Jehová, y le fue contado por justicia". Por eso vemos que Dios salvaba a la gente entonces de la misma manera en que nos salva a nosotros ahora.

Gálatas 3 continúa con este tema siguiendo desde la conversión de Abraham hasta el pacto que Dios hizo con él: "Y la Escritura, previendo que Dios había de justificar por la fe a los gentiles, dio de antemano la buena nueva a Abraham, diciendo: En ti serán benditas todas las naciones. De modo que los de la fe son bendecidos con el creyente Abraham" (Gá 3:8-9). Este pacto incluyó tanto a los judíos como a los gentiles. Al mundo entero se le dio la promesa por medio de la simiente de Abraham.

Pablo sigue diciendo: "Porque todos los que dependen de las obras de la ley están bajo maldición, pues escrito está: Maldito todo aquel que no permaneciere en todas las cosas escritas en el libro de la ley, para hacerlas. Y que por la ley ninguno se justifica para con Dios, es evidente, porque: El justo por la fe vivirá; y la ley no es de fe, sino que dice: El que hiciere estas cosas vivirá por ellas" (vv. 10-12).

La Ley no puede salvar; sólo puede maldecir. Si uno no puede guardar toda la Ley, entonces cae bajo la maldición de la Ley. La única salida de esa maldición es la vida por fe. No vivimos bajo la restricción de la Ley sino bajo el poder de la gracia. El versículo 11 cita a Habacuc 2:4. Si un hombre elige la Ley, vive tanto bajo la bendición como bajo la maldición de la Ley. Puesto que todos los hombres han pecado, estamos bajo la maldición de la Ley hasta que recibimos a Cristo que cargó con nuestra maldición.

Cristo vino a liberarnos o redimirnos de la terrible maldición de la esclavitud del pecado.

> Cristo nos redimió de la maldición de la ley, hecho por nosotros maldición (porque está escrito: Maldito todo el que es colgado en un madero), para que en Cristo Jesús la bendición de Abraham alcanzase a los gentiles, a fin de que por la fe recibiésemos la promesa del Espíritu.
>
> —GÁLATAS 3:13-14

Pablo cita Deuteronomio 21:23, recordándonos que el ser colgado en un madero era una señal externa para los judíos de que un hombre era maldito delante de Dios. Cristo llevó esa maldición por nosotros: "Quien llevó él mismo nuestros pecados en su cuerpo sobre el madero, para que nosotros, estando muertos a los pecados, vivamos a la justicia; y por cuya herida fuisteis sanados" (1 P 2:24).

Cuando Cristo clamó: "Dios mío, Dios mío, ¿por qué me has desamparado?" (Mr 15:34), Él estaba cargando nuestra maldición para que pudiéramos ser libres. Fue por medio de la muerte de Cristo que se cumplió la promesa de Dios de bendecir al mundo a través de Abraham. Cuando creemos en Él, recibimos la promesa del Espíritu, y podemos vivir en la libertad de la fe.

Al final de Gálatas 3, Pablo resume su argumento haciendo un contraste entre la Ley y la promesa. Primero enfatiza que la Ley vino *después* de la promesa. Dios hizo una promesa a Abraham cuatrocientos años antes de que Dios viniera a Moisés y le diera la Ley para la nación de Israel. La Ley no anula la promesa.

Pablo también nos recuerda que la Ley fue añadida por causa de la maldad: "Entonces, ¿para qué sirve la ley? Fue añadida a causa de las transgresiones, hasta que viniese la simiente a quien fue hecha la promesa; y fue ordenada por medio de ángeles en mano de un mediador. Y el mediador no lo es de uno solo; pero Dios es uno" (Gá 3:19-20).

La Ley vino al pueblo a través de un mediador. La salvación prometida por medio de Abraham ¡fue alcanzada en la persona de Jesucristo! Cuando examinamos un poco más el argumento de Pablo aprendemos que la Ley expone el pecado: "¿Luego la ley es contraria a las promesas de Dios? En ninguna manera; porque si la ley dada pudiera vivificar, la justicia fuera verdaderamente por la ley. Mas la Escritura lo encerró todo bajo pecado, para que la promesa que es por la fe en Jesucristo fuese dada a los creyentes. De manera que la ley ha sido nuestro ayo, para llevarnos a Cristo, a fin de que fuésemos justificados por la fe" (vv.21-22, 24).

La Ley puede exponer el pecado, pero no puede liberarnos de él. Otras traducciones usan la palabra *ayo* para describir el rol de la Ley en nuestros corazones. La palabra griega usada era *paidagogós*. En los días bíblicos eso hacía referencia a un esclavo a quien se le asignaba un niño para que lo capacitara para ser un hombre. En el arte antiguo, este tutor único es representado con una vara en la mano. El *paidagogós* era severo, muy semejante a los sargentos de instrucción de la Marina.

El propósito de la Ley era que llegáramos a entender nuestra condición perdida, forzarnos a enfrentarla y confesar nuestra total desesperanza e incapacidad para salvarnos por nosotros mismos. Literalmente estábamos aprisionados y custodiados por la Ley. Pero nos lleva hacia Cristo, quien entonces nos hace libres y miembros de su familia.

Como creyentes, estamos juntos en Cristo en completa igualdad y compañerismo. Somos portadores de la promesa dada a Abraham. Somos herederos de Dios. Que no nos dividan las preferencias culturales, las distinciones denominacionales, ni las posturas en cuanto al Milenio. ¡Celebremos el hecho de que todos somos salvos por la sangre de Jesús!

Sección V

CÓMO HACER VALER LA VICTORIA SOBRE SU ENEMIGO

capítulo 27

La victoria del Calvario

Para entender bíblicamente la guerra espiritual comenzamos por el final y no por el principio. Esto es así porque es importante mantenernos siempre concentrados en Cristo y no en el poder del enemigo. Satanás no tiene autoridad legítima sobre ningún creyente. Es un usurpador y un intruso en la tierra de Dios. No podemos aceptar su orgullosa demanda ni siquiera del reino de este mundo. Esto sería traicionar a Cristo, quien en la tentación del desierto se negó a eludir la cruz sometiéndose al enemigo.

Debemos ir directamente al meollo de la guerra espiritual: ¡la batalla ya fue ganada! Satanás está bajo juicio desde el Edén. ¡Nunca debemos olvidar que la sentencia fue anunciada en el Edén e implementada sobre el Calvario! Debemos declarar que la sentencia dictada sobre Satanás en el Edén ha sido ejecutada: "Y pondré enemistad entre ti y la mujer, y entre tu simiente y la simiente suya; ésta te herirá en la cabeza, y tú le herirás en el calcañar" (Gn 3:15). El hombre fuerte que él es, ha sido despojado por uno más fuerte.

En el clásico de Juan Bunyan *El Progreso del Peregrino*, Temeroso y Desconfianza regresan de su viaje a la ciudad de Dios cuando ven a dos leones. El narrador dice: "Ni aquéllos ni él habían visto que los leones estaban atados con cadenas".[1] Desde el Calvario, Satanás y los ejércitos del infierno están con la correa corta. No estamos peleando por la victoria sino más bien desde la victoria. En definitiva, la guerra espiritual es aplicar e imponer sobre el enemigo la victoria de la cruz. No podemos sobreestimarlo; ni subestimarlo.

No somos duelistas que creen que Dios y el diablo son iguales y luchan por el control del hombre. Satanás no es coeterno con Dios, es un ser creado. Los poderes de la oscuridad fueron conquistados en la cruz. Ese tremendo pasaje del capítulo 2 de Colosenses llega a su clímax en el versículo 15 con una afirmación triunfante de la victoria de Cristo: "Desarmó a los poderes y a las potestades, y por medio de Cristo los humilló en público al exhibirlos en su desfile triunfal" (NVI).

La mayoría de nosotros ve el sacrificio de Cristo en la cruz para el perdón de nuestros pecados. Vemos el ejemplo supremo de amor incondicional. Vemos la demostración del amor de Dios por nosotros. Esto es ciertamente verdadero, pero además hay una verdad invisible sobre lo que ocurrió en la cruz. Hubo una guerra espiritual cósmica que se libró ese día.

Este día fue la culminación de todo el odio de Satanás hacia Jesús. Satanás trató de matar a Jesús cuando nació, usando al tirano Herodes. Tentó a Jesús en el desierto para que se apartara del plan del Padre. Puso ante el Señor el deseo de la carne, el deseo de los ojos, y la vanagloria de la vida. Tentó a Jesús en cuerpo, alma, y espíritu. Jesús lo derrotó con la Palabra de Dios.

No debemos equivocarnos sobre el claro propósito por el cual Jesús había entrado a este mundo. Vino para luchar contra Satanás. El Señor Jesucristo dejó el cielo e invadió el campo de Satanás. No fue bienvenido por las masas y fue odiado por Satanás. En su discurso inaugural de Jesús en la sinagoga en Nazaret, citó a Isaías 61:1: "El Espíritu de Jehová el Señor está sobre mí, porque me ungió Jehová; me ha enviado a predicar buenas nuevas a los abatidos, a vendar a los quebrantados de corazón, a publicar libertad a los cautivos, y a los presos apertura de la cárcel". Jesús vio a nuestro mundo como cautivo, ciego, destrozado y herido; que eran los desastrosos efectos del control de Satanás.

Durante todo su ministerio Jesús hizo frente a los ejércitos del infierno y los expulsó. Muchas veces abrió los ojos de los ciegos y sigue abriendo los ojos de los cegados por Satanás. Sigue liberando a los cautivos. Jesús vio la obra destructora de Satanás e hizo algo al respecto.

La Biblia está repleta de versículos que revelan estas verdades. En una de las muchas declaraciones dadas sobre el propósito de la venida del Señor al mundo, Juan nos dice: "Para esto apareció el Hijo de Dios, para deshacer las obras del diablo" (1 Jn 3:8).

Poco antes de la cruz Jesús dijo: "Ahora es el juicio de este mundo; ahora el príncipe de este mundo será echado fuera" (Jn 12:31).

Cuando fue arrestado, Jesús dijo a quienes lo prendían: "Todos los días estaba con ustedes en el templo, y no se atrevieron a ponerme las manos encima. Pero ya ha llegado la hora de ustedes, cuando reinan las tinieblas" (Lc 22:53, NVI).

El mundo en el cual Él ministro era un mundo dominado por Satanás. "Sabemos que somos de Dios, y el mundo entero está bajo el maligno" (1 Jn 5:19).

Su propósito es declarado nuevamente por el autor de Hebreos: "Por tanto, ya que ellos son de carne y hueso, él también compartió esa naturaleza humana para anular, mediante la muerte, al que tiene el dominio de la muerte 'es decir, al diablo'" (He 2:14, NVI).

El apóstol Pablo no tenía duda alguna sobre lo que ocurrió en el ámbito espiritual el día en que Jesús fue crucificado. El pasaje de Colosenses 2:6-15 nos da, con detalles específicos, un cuadro de la guerra espiritual cósmica que se desencadenó sobre el Calvario ese día y nos demuestra nuestra victoria. Pablo dice que en la cruz ocurrieron principalmente tres grandes cosas que el ojo natural no podía ver.

La cruz desarmó a Satanás

Los poderes espirituales hostiles habían reinado sobre el hombre y el mundo. Este reinado había tenido su origen en el pecado y la Caída. Ahora Jesús había venido a "arruinarlos". "Dios despojó de su poder a los seres espirituales que tienen potencia y autoridad, y por medio de Cristo los humilló públicamente llevándolos como prisioneros en su desfile victorioso" (Col 2:15, DHH). La palabra traducida "despojó" significa "arruinar", "desnudar", o "robar". Está en el tiempo aoristo griego en el original, lo cual quiere decir que el despojo fue hecho de una vez y para siempre.

No habrá un partido de revancha; la batalla fue decidida para siempre. La imagen verbal es la de un enemigo caído que ha sido desnudado de su espada, armadura, escudo, posición y riqueza. La Escritura nos enseña que Satanás ha sido desposeído de su derecho, poder y autoridad sobre todos los que se han inclinado al pie de la cruz y recibido la preciosa sangre de Cristo como expiación por su pecado.

¿De qué despojó Jesús a Satanás? Vemos en Romanos 8:33-34 que lo despojó del derecho a culparnos: "¿Quién acusará a los escogidos de Dios? Dios es el que justifica. ¿Quién es el que condenará? Cristo es el que murió; más aun, el que también resucitó, el que además está a la diestra de Dios, el que también intercede por nosotros" Satanás ha sido despojado de su derecho a matarnos. Ya no somos culpables. Ha sido despojado de su derecho de propiedad sobre nosotros. No tiene arma ni ninguna manera de retenernos.

LA CRUZ EXHIBIÓ A SATANÁS

Cristo hizo de ellos un "espectáculo público" (LBLA). Alguien podría objetar este pasaje y decir: "¿No es Cristo quien ese día fue hecho un espectáculo público?" Efectivamente lo fue. Fue despojado de sus vestiduras y hecho un espectáculo público ante hombres que gritaron: "¡Si eres el Hijo de Dios, baja de la cruz!" (NVI). Pero debemos recordar que había otro espectáculo público desarrollándose en la invisible esfera espiritual.

En la esfera espiritual Cristo hizo un espectáculo público de Satanás y de todos los ejércitos demoníacos. Jesús los exhibió ante el mundo angélico, el mundo demoníaco, el mundo espiritual, y ante "los espíritus de los justos que han llegado a la perfección". Ellos no lo vieron como un ángel de luz, como frecuentemente gusta presentarse, sino en su verdadera naturaleza. Lo vieron como un ladrón corrompido, mugroso y mentiroso. Satanás y todos los ejércitos demoníacos fueron vistos en su verdadera naturaleza.

Satanás y todos los de sus huestes se llenaron de cólera contra el aparentemente indefenso Hijo de Dios. Satanás vino como Apolión el destructor. Cuando el humo de la batalla se disipó, había una cruz vacía y una tumba vacía. Jesús derrotó a Satanás en el propio terreno de Satanás. Fue puesto en exhibición como el enemigo derrotado que realmente es. La expresión describe una cartelera. Fueron puestos en exhibición para que todos lo vean.

Satanás es para siempre un espectáculo público de derrota cuando el pueblo de Dios hace valer la victoria del Calvario. En su ascensión Jesús pasó a través de la atmósfera, declarando que ni la ley de la gravedad ni los poderes del infierno lo podían retener.

LA CRUZ DERROTÓ A SATANÁS

El Dr. James S. Stewart, pastor escocés y ex capellán de la reina de Inglaterra, defendió los fundamentos de la fe en la Iglesia Anglicana cuando no era popular hacerlo. El Dr. Stewart pidió volver a la verdad, diciendo que en la cruz tuvo lugar una batalla cósmica. Detrás de la cruz vemos la silueta del hombre caído. Los pecados humanos como el orgullo, los celos, la codicia, el fariseísmo, la religión, la injusticia política y la apatía humana trajeron a nuestro Salvador a la cruz. Sin embargo, esto era sostenido por principados y poderes del mal. Las personas eran dirigidas por fuerzas que estaban más allá de ellas mismas.[2]

Jesús decidió morir por su pueblo porque sabía que el enemigo era un hombre fuerte que lo tenía mortalmente asido. Él vino como uno aún más fuerte para poner en libertad a los cautivos. Jesús actuó en la historia no sólo para reconciliar a los pecadores sino también para exponer el error del dualismo. En todos lados la gente temía a los dioses de la superstición. Jesús no solamente los derrotó, sino que también anunció que se inclinarían ante Él y lo reconocerían como Señor.

> Por lo cual Dios también le exaltó hasta lo sumo, y le dio un nombre que es sobre todo nombre, para que en el nombre de Jesús se doble toda rodilla de los que están en los cielos, y en la tierra, y debajo de la tierra; y toda lengua confiese que Jesucristo es el Señor, para gloria de Dios Padre.
>
> —Filipenses 2:9-11

El poder de Satanás fue demolido en la cruz. El triunfo sobre Satanás por fin había llegado. El verbo traducido "triunfar" significa una subyugación completa e irreparable.

Sin embargo, resta la pregunta: "Si Satanás ha sido desarmado, exhibido, y derrotado en la cruz, ¿por qué mi vida está tan lejos de ser victoriosa?" Ante todo, si usted no ha sido salvo, está francamente expuesto a que Satanás lo ataque y resida en su vida. Usted no puede tener victoria sobre Satanás si no aplica la sangre de Jesús a sus pecados.

En segundo lugar, si usted es creyente, la única manera en que Satanás lo puede atacar es si usted le ha dado derecho a hacerlo. La Biblia advierte: "ni deis lugar al diablo" (Ef 4:27). Si usted ha dado lugar al diablo viviendo rebeldemente en pecado, ha puesto un felpudo dando la bienvenido al enemigo para que venga y lo esclavice. Muchos creyentes viven tales vidas derrotadas, deprimidas, que ni traen gloria al Señor ni sirven de ejemplo a otros. Estos creyentes caracterizan una iglesia débil, anémica, que es una deformación de lo que Jesús logró en la cruz. ¿Murió Jesús por una iglesia llena de gente enferma y deprimida, esclavizada por el enemigo?

¡Hay victoria en la cruz! La sangre limpió nuestro pecado y dejó impotente a Satanás. Cada golpe que hundió los clavos en sus santas manos fue también un clavo en el féretro de Satanás. Cada cristiano fue hecho libre.

La muerte de Cristo fue una batalla en la que Dios obtuvo una victoria inmortal. El conflicto era frenético y misterioso. Nuestro Señor murió ganando la batalla y se levantó de la muerte para imponer la victoria.

Hay victoria en Jesús todos los días. Cuando Satanás viene, sencillamente le recordamos a nuestro Salvador. Si nos culpa, destacamos su perdón. Si desea tentarnos, dejamos que las palabras de nuestro Señor lo derriben. Si quiere tocarnos, declaramos que él no tiene autoridad sobre lo que es propiedad de Dios.

capítulo 28

Fundamentos de la victoria

Segunda Timoteo 2:3-4 describe a cada cristiano como un soldado en guerra. Para disfrutar la victoria, el plan de batalla del soldado debe basarse en el sólido fundamento de la correcta enseñanza de la Palabra de Dios. La mayor trampa del enemigo consiste en pervertir o negar la verdad.

Los fundamentos de Dios se mantienen seguros, y debemos basar nuestra fe, planificación, y estrategia de batalla sobre tres inalterables fundamentos bíblicos y espirituales.

1. La obra terminada de Cristo
2. La unión del creyente con Cristo
3. La operación actual del Espíritu de Cristo en el creyente

El fundamento de la obra terminada de Cristo

Todo lo que tenemos y podemos disfrutar en la esfera del Espíritu se basa en el hecho glorioso de que el Hijo de Dios vino en carne, invadió este mundo infestado por el demonio, y forjó la victoria mediante su muerte y resurrección sobre la cruz.

> Cómo Dios ungió con el Espíritu Santo y con poder a Jesús de Nazaret, y cómo éste anduvo haciendo bienes y sanando a todos los oprimidos por el diablo, porque Dios estaba con él.
>
> —Hechos 10:38

¿Cómo ganó Dios esta victoria? Léalo en Hechos 10:39-40: "a quien mataron colgándole en un madero. A éste levantó Dios al tercer día".

El difunto profesor James S. Stewart, en las conferencias Lyman Beecher de la Universidad de Yale a comienzos de década de los cincuenta, lamentó la pérdida de la enseñanza sobre lo demoníaco y su derrota solamente por medio de la cruz: "Deseo presentar el tema de predicar la cruz, sugiriendo que si para gran número de nuestros contemporáneos el efecto de Newton, Darwin y Freud ha sido desterrar lo divino, aún más enfáticamente ha sido desterrar lo demoníaco".[1]

Siguió diciendo: "La eliminación de la dimensión de lo demoníaco ha tenido su efecto sobre la teología cristiana. . . una usurpadora fuerza personal activa y tiránica. . . no simplemente alguna fobia o división de la personalidad del hombre".[2]

La muerte de Jesucristo hizo al menos cuatro cosas para asegurar la victoria.

1. Resolvió la cuestión del pecado.

> Justificados, pues, por la fe, tenemos paz para con Dios por medio de nuestro Señor Jesucristo; por quien también tenemos entrada por la fe a esta gracia en la cual estamos firmes, y nos gloriamos en la esperanza de la gloria de Dios. Y no sólo esto, sino que también nos gloriamos en las tribulaciones, sabiendo que la tribulación produce paciencia; y la paciencia, prueba; y la prueba, esperanza; y la esperanza no avergüenza; porque el amor de Dios ha sido derramado en nuestros corazones por el Espíritu Santo que nos fue dado.
>
> —ROMANOS 5:1-5

> Ahora, pues, ninguna condenación hay para los que están en Cristo Jesús, los que no andan conforme a la carne, sino conforme al Espíritu.
>
> —ROMANOS 8:1

Jesucristo murió como nuestro sustituto sin pecado para cancelar de una vez y para siempre la deuda de nuestro pecado y el derecho de Satanás a acusarnos.

2. Vino para hacerlo a usted aceptable.

> Para alabanza de la gloria de su gracia, con la cual nos hizo aceptos en el Amado.
>
> —EFESIOS 1: 6

Ahora usted tiene trascendencia eterna.

3. Vino para conquistar a Satanás.

> El cual nos ha librado de la potestad de las tinieblas, y trasladado al reino de su amado Hijo.
>
> —COLOSENSES 1:13

> Y despojando a los principados y a las potestades, los exhibió públicamente, triunfando sobre ellos en la cruz..
>
> —COLOSENSES 2:15

> Así que, por cuanto los hijos participaron de carne y sangre, él también participó de lo mismo, para destruir por medio de la muerte al que tenía el imperio de la muerte, esto es, al diablo, y librar a todos los que por el temor de la muerte estaban durante toda la vida sujetos a servidumbre.
>
> —HEBREOS 2:14-15

> El que practica el pecado es del diablo; porque el diablo peca desde el principio. Para esto apareció el Hijo de Dios, para deshacer las obras del diablo.
>
> —1 JUAN 3:8

La muerte expiatoria de Cristo fue la batalla de los siglos. Victorias nunca vistas fueron ganadas. El teólogo Gustav Aulen declara que Jesús es "Cristus Victor".[3] Su muerte fue triunfante. P. T. Forsyth ha dicho: "La espantosa necesidad del mundo es menor que la imponente victoria de Cristo. Y los demonios que conocemos estaban [ya destinados al infierno] en el Satanás que Él destruyó. La perversidad del mundo es, después de todo, "un toro en una red", una bestia encadenada que se patea a sí misma hasta morir".[4]

Juan Calvino, al comentar Colosenses 2:8-15, dijo: "No hay ningún tribunal tan magníficos, ningún trono tan majestuoso, ninguna demostración de triunfo tan distinguida, ninguna cuadriga tan elevada, como es el patíbulo [cruz] sobre el que Cristo ha sometido a la muerte y al diablo. . . [y] los ha aplastado completamente bajo sus pies".[5]

El gran teólogo alemán Oscar Cullman en su libro *Christ and Time* (Cristo y tiempo) dijo de la obra terminada de Cristo: "Los principados y poderes entre la resurrección y la Parousía [Segundo Advenimiento] están atados con una soga, todavía lo suficientemente libres para mostrar su carácter demoníaco, pero sin embargo atados, porque Cristo ya ha conquistado a todos los demonios: la cruz y la resurrección fueron la batalla decisiva que ha dado vuelta la corriente de la guerra y resuelto el caso, aunque el Día de la Victoria todavía pueda estar en un futuro, fuera de la vista".[6]

¡Debemos entender siempre que peleamos sobre el fundamento de una victoria ya ganada!

Cristo vino para cancelar todo lo que heredamos del primer Adán.

> Por tanto, como el pecado entró en el mundo por un hombre, y por el pecado la muerte, así la muerte pasó a todos los hombres, por cuanto todos pecaron. Pues antes de la ley, había pecado en el mundo; pero donde no hay ley, no se inculpa de pecado. No obstante, reinó la muerte desde Adán hasta Moisés, aun en los que no pecaron a la manera de la transgresión de Adán, el cual es figura del que había de venir. Pero el don no fue como la transgresión; porque si por la transgresión de aquel uno murieron los muchos, abundaron mucho más para los muchos la gracia y el don de Dios por la gracia de un hombre, Jesucristo. Y con el don no sucede como en el caso de aquel uno que pecó; porque ciertamente el juicio vino a causa de un solo pecado para condenación, pero el don vino a causa de muchas transgresiones para justificación. Pues si por la transgresión de uno solo reinó la muerte, mucho más reinarán en vida por uno solo, Jesucristo, los que reciben la abundancia de la gracia y del don de la justicia. Así que, como por la transgresión de uno vino la condenación a todos los hombres, de la misma manera por la justicia de uno vino a todos los hombres la justificación de vida. Porque así como por la desobediencia de un hombre los muchos fueron constituidos pecadores, así también por la obediencia de uno, los muchos serán constituidos justos. Pero la ley se introdujo para que el pecado abundase; mas cuando el pecado abundó, sobreabundó la gracia; para que así como el pecado reinó para muerte, así también la gracia reine por la justicia para vida eterna mediante Jesucristo, Señor nuestro.
>
> —ROMANOS 5:12-21

En el jardín del Edén, Satanás usurpó la herencia de la humanidad y entronizó la muerte como rey de la tierra. Un "Segundo Adán" "Jesucristo" fue llamado a quebrar la atadura de estos principados y poderes y rescatar a la raza de la extinción. (Vea Romanos 5:17.) Usted y yo debemos apropiarnos la obra terminada de Cristo si queremos disfrutar de su victoria. Eso nos trae al segundo cimiento.

EL FUNDAMENTO DE NUESTRA UNIÓN CON CRISTO

> Respondió Jesús y le dijo: De cierto, de cierto te digo, que el que no naciere de nuevo, no puede ver el reino de Dios.
>
> —JUAN 3:3

> Y él os dio vida a vosotros, cuando estabais muertos en vuestros delitos y pecados, en los cuales anduvisteis en otro tiempo, siguiendo la corriente de este mundo, conforme al príncipe de la potestad del aire, el espíritu que ahora opera en los hijos de desobediencia, entre los cuales también todos nosotros vivimos en otro tiempo en los deseos de nuestra carne, haciendo la voluntad de la carne y de los pensamientos, y éramos por naturaleza hijos de ira, lo mismo que los demás. Pero Dios, que es rico en misericordia, por su gran amor con que nos amó, aun estando nosotros muertos en pecados, nos dio vida juntamente con Cristo (por gracia sois salvos), y juntamente con él nos resucitó, y asimismo nos hizo sentar en los lugares celestiales con Cristo Jesús, para mostrar en los siglos venideros las abundantes riquezas de su gracia en su bondad para con nosotros en Cristo Jesús. Porque por gracia sois salvos por medio de la fe; y esto no de vosotros, pues es don de Dios; no por obras, para que nadie se gloríe.
>
> —EFESIOS 2:1-9

En el nuevo nacimiento (Juan 3:3), usted es vivificado por el Espíritu Santo (Ef 2:1-9) y entra en una unión esencial con Cristo. Romanos 5:10 dice: "Estando reconciliados, seremos salvos por su vida". Efectivamente, su muerte por nosotros consiguió nuestra salvación. Su vida en nosotros nos aplica esa salvación.

Dios cambia nuestras vidas intercambiando nuestra vida por la vida de Cristo. De acuerdo con el Nuevo Testamento, ahora estamos identificados con Cristo en cada aspecto de su obra terminada.

Nuestra muerte con Cristo

> Con Cristo estoy juntamente crucificado, y ya no vivo yo, mas vive Cristo en mí.
>
> —GÁLATAS 2:20

Nuestro entierro con Cristo

Romanos 6:4 declara que todo lo que éramos en Adán fue enterrado con Cristo; el bautismo es una imagen de ese entierro.

> Porque somos sepultados juntamente con él para muerte por el bautismo, a fin de que como Cristo resucitó de los muertos por la gloria del Padre, así también nosotros andemos en vida nueva.
>
> —ROMANOS 6.4

Nuestra resurrección con Cristo

> Porque si fuimos plantados juntamente con él en la semejanza de su muerte, así también lo seremos en la de su resurrección; sabiendo esto, que nuestro viejo hombre fue crucificado juntamente con él, para que el cuerpo del pecado sea destruido, a fin de que no sirvamos más al pecado.
>
> —ROMANOS 6:5-6

> Y él os dio vida a vosotros, cuando estabais muertos en vuestros delitos y pecados, en los cuales anduvisteis en otro tiempo, siguiendo la corriente de este mundo, conforme al príncipe de la potestad del aire, el espíritu que ahora opera en los hijos de desobediencia, entre los cuales también todos nosotros vivimos en otro tiempo en los deseos de nuestra carne, haciendo la voluntad de la carne y de los pensamientos, y éramos por naturaleza hijos de ira, lo mismo que los demás. Pero Dios, que es rico en misericordia, por su gran amor con que nos amó, aun estando

> nosotros muertos en pecados, nos dio vida juntamente con Cristo (por gracia sois salvos).
>
> —EFESIOS 2:1-5

Espiritualmente la persona salva ha sido resucitada de la muerte espiritual. Aunque nuestros cuerpos no han sido resucitados, el factor de resurrección vive por el Espíritu Santo en nuestro espíritu. A decir verdad, el Espíritu Santo es la "prenda" o la garantía de nuestra resurrección corporal. La vida eterna mora en cada creyente.

> En él también vosotros, habiendo oído la palabra de verdad, el evangelio de vuestra salvación, y habiendo creído en él, fuisteis sellados con el Espíritu Santo de la promesa, que es las arras de nuestra herencia hasta la redención de la posesión adquirida, para alabanza de su gloria.
>
> —EFESIOS 1:13-14

Nuestra entronización con Cristo

> Aun estando nosotros muertos en pecados, nos dio vida juntamente con Cristo (por gracia sois salvos), y juntamente con él nos resucitó, y asimismo nos hizo sentar en los lugares celestiales con Cristo Jesús,
>
> —EFESIOS 2:5-6

Cuando usted mira atrás en Efesios 1:20-21, ve que cuando tomamos nuestro lugar en Cristo, sentados con Él, estamos "sobre todo principado y autoridad y poder y señorío". Todo lo que alguna vez estuvo sobre nuestras cabezas está ahora bajo nuestros pies. Nuestra posición estratégica está completamente identificada con Cristo. Primera de Juan 4:17 dice: "Como él es, así somos nosotros en este mundo". Esto nos trae al último fundamento, a la plenitud del Espíritu Santo.

EL FUNDAMENTO DE LA PLENITUD Y PODER DEL ESPÍRITU SANTO

El Señor que está en la tierra hoy es la tercera Persona de la Deidad, el bendito Espíritu Santo. El Espíritu Santo mora en cada creyente. Él puede, sin embargo, ser ignorado, ofendido, entristecido y apagado. Él anhela llenar a cada creyente, darle dones y producir fruto en él.

Sólo el Espíritu Santo convierte la Palabra de Dios en la espada del Espíritu.

> Y tomad el yelmo de la salvación, y la espada del Espíritu, que es la palabra de Dios.
>
> —EFESIOS 6:17

> Porque la palabra de Dios es viva y eficaz, y más cortante que toda espada de dos filos; y penetra hasta partir el alma y el espíritu, las coyunturas y los tuétanos, y discierne los pensamientos y las intenciones del corazón.
>
> —HEBREOS 4:12

Sólo el Espíritu Santo hace posible orar eficazmente.

> Y de igual manera el Espíritu nos ayuda en nuestra debilidad; pues qué hemos de pedir como conviene, no lo sabemos, pero el Espíritu mismo intercede por nosotros con gemidos indecibles.
>
> —ROMANOS 8:26

> Pero vosotros, amados, edificándoos sobre vuestra santísima fe, orando en el Espíritu Santo
>
> —JUDAS 20

Sólo el Espíritu Santo da entendimiento de la Palabra de Dios.

> Por esta causa también yo, habiendo oído de vuestra fe en el Señor Jesús, y de vuestro amor para con todos los santos, no ceso de dar gracias por vosotros, haciendo memoria de vosotros en mis oraciones, para que el Dios de nuestro Señor Jesucristo, el Padre de gloria, os dé espíritu de sabiduría y de revelación en el conocimiento de él, alumbrando los ojos de vuestro entendimiento, para que sepáis cuál es la esperanza a que él os ha llamado, y cuáles las riquezas de la gloria de su herencia en los santos,
>
> —EFESIOS 1:15-18

Esta escritura habla del don de revelación, conocimiento y comprensión por el Espíritu Santo. El Espíritu de Dios hace posible comprender y aplicar la verdad espiritual.

El Espíritu Santo fortalece nuestro hombre interior.

> Para que os dé, conforme a las riquezas de su gloria, el ser fortalecidos con poder en el hombre interior por su Espíritu;
>
> —EFESIOS 3:16

El Espíritu Santo desea llenar a cada cristiano.

Efesios 5:18 dice: "Sed llenos del Espíritu". Esa plenitud es nada menos que el total control de la persona individual. Ése es el señorío de Cristo activo en la vida de un cristiano. Un creyente lleno del Espíritu no puede ser derrotado por Satanás y sus ejércitos demoníacos. Cuando estamos llenos del Espíritu, vivimos en un constante estado de triunfo.

capítulo 29

RECURSOS PARA LA VICTORIA

RESUMAMOS Y ORGANICEMOS las verdades que Dios nos ha revelado. Hay cinco recursos constantes que garantizan la victoria espiritual.

1. Recurso: Mantenerse en autoridad

Primero, el creyente debe mantenerse en la autoridad de su posición en Cristo. Pablo declara en Efesios 2:6 que cuando usted fue salvo, ha sido resucitado con Cristo y sentado con Él en los lugares celestiales. Volviendo a Efesios 1:20-21, descubrimos que los principados y potestades están bajo nuestros pies cuando asumimos nuestra legítima autoridad en Cristo.

El creyente es investido con esta autoridad en virtud de su unión con Cristo. Esta autoridad es ejercida por el poder y la autoridad del Espíritu Santo que mora en nosotros. Debemos pararnos contra el enemigo con una fe firme, inquebrantable. No debemos tener temor de ordenar confiadamente al enemigo que se vaya de nuestra presencia y deje de entrometerse en nuestras vidas.

2. Recurso: La Palabra de Dios

El segundo recurso que nunca falla es la Palabra de Dios. En el Nuevo Testamento descubrimos que dos palabras griegas son traducidas como "palabra" con referencia a la Escritura. Una es la palabra *lógos*, que significa la palabra en todos sus significados e interpretaciones. La otra expresión es *jréma*, que significa "la palabra dicha y aplicada." Quiere decir "la palabra desencadenada". Efesios 6:17 llama a la Escritura "la espada del Espíritu, que es la palabra de Dios." En este versículo, *palabra* es *jréma*, que significa la palabra dicha, aplicada, desencadenada y soltada. Satanás y sus demonios huirán ante el creyente armado que proclama la Palabra de Dios. Nuestro Señor

Jesús, cuando fue tentado por Satanás en el desierto, usó solamente la Escritura para ahuyentarlo. (Vea Mateo 4:1-11.)

3. Recurso: la oración y el ayuno

El tercer recurso es la pareja de la oración y el ayuno. En Efesios 6:18 al creyente que tiene puesta toda la armadura se lo instruye: "Orad en todo tiempo con toda oración y súplica en el Espíritu" (RV95).

En casos extremos la oración debe ser acompañada por el ayuno. En Marcos 9:14-29 Jesús se encuentra con un padre desesperado por un hijo que tenía un demonio. Mientras Jesús estaba en el monte de la Transfiguración, sus restantes discípulos habían fracasado en sus esfuerzos por liberar al niño.

La cuestión con el padre era la fe: "Si puedes creer, al que cree todo le es posible" (Mr 9:23). Jesús echó fuera al demonio y luego desafió a sus discípulos, diciendo: "Este género con nada puede salir, sino con oración y ayuno" (v. 29).

El ayuno debe ser añadido a la oración por los cristianos que participan en la guerra espiritual. Isaías 58:6-12 define el ayuno como dejar las propias posesiones para ayudar a los necesitados. Esta clase de ayuno es una de las maneras elegidas por Dios para derrotar al enemigo.

> ¿No es más bien el ayuno que yo escogí, desatar las ligaduras de impiedad, soltar las cargas de opresión, y dejar ir libres a los quebrantados, y que rompáis todo yugo?
>
> —ISAÍAS 58: 6

La oración y el ayuno son eficaces contra el enemigo.

4. Recurso: La alabanza y la adoración

El cuarto recurso es la alabanza y la adoración. En el Antiguo Testamento la alabanza fue usada como un arma. Segunda Crónicas 20 registra la historia de Josafat y su batalla contra los amonitas y los moabitas. Observe la estrategia para la victoria:

1. El líder ofrece oración ferviente a Dios. Segunda Crónicas 20:6-12 nos muestra las palabras de esta poderosa oración. Josafat confiesa su total dependencia de Dios para obtener la victoria. Confiesa que sus ojos están puestos solamente en el Señor.

2. La más seria atención es dada a la palabra de Dios cuando es proclamada por un hombre lleno del Espíritu de Dios. En 2 Crónicas 20:13-17, leemos que después de orar, la palabra profética es declarada por Jahaziel. Clama contra el temor y estimula la fe. ¡La palabra es soltada con poder!
3. Salen la alabanza y la adoración. En 2 Crónicas 20:18-22, Josafat mandó los coros para que cantaran "con fuerte y alta voz" (v. 19). Cuando alabaron "la belleza de la santidad" (v. 21), las invisibles huestes de Dios avanzaron en formación de batalla. "Y cuando comenzaron a entonar cantos de alabanza, Jehová puso contra los hijos de Amón, de Moab, y del monte de Seir, las emboscadas de ellos mismos que venían contra Judá, y se mataron los unos a los otros" (v. 22).

El Salmo 149:6 dice: "Exalten a Dios con sus gargantas, y espadas de dos filos en sus manos". La alabanza es un arma poderosa contra el enemigo.

5. Recurso: La presencia y virtudes de Cristo

El quinto recurso es la presencia y las virtudes del Señor Jesucristo. Hay cuatro verdades esenciales sobre Jesús que le garantizan la victoria en su vida.

1. Usted tiene la sangre de Jesús por sus pecados. Primera de Juan 1:7 nos dice: "la sangre de Jesucristo su Hijo nos limpia de todo pecado". Satanás y sus demonios sólo pueden penetrar donde el pecado no confesado les da lugar. La sangre es un arma segura: "Y lo vencieron [a Satanás] por la sangre del cordero. . ." (Ap 12:11).
2. Usted tiene la cruz de Jesús para cuidarse de su carne. "Pero los que son de Cristo han crucificado la carne con sus pasiones y deseos" (Gá 5:24). Su identificación con la cruz de Cristo lo pone a cubierto de la cuestión de disfrutar del pecado. Gálatas 2:20 dice: "Con Cristo estoy juntamente crucificado, y ya no vivo yo, mas vive Cristo en mí; y lo que ahora vivo en la carne, lo vivo en la fe del Hijo de Dios, el cual me amó y se entregó a sí

mismo por mí". El Cristo que mora en nosotros opera a través del creyente que vive por fe.

3. Usted tiene el nombre de Jesús para derrotar al enemigo. En Hechos 16:18 Pablo expulsa al demonio de una joven, ordenando al espíritu: "Te mando en el nombre de Jesucristo, que salgas de ella". En la Biblia, el nombre representa el carácter y la autoridad de una persona. El nombre de Jesucristo no es una palabra mágica sino el reconocimiento de la formidable presencia y poder de Jesús en cada situación. Filipenses 2:10 dice: "Para que en el nombre de Jesús se doble toda rodilla de los que están en los cielos, y en la tierra, y debajo de la tierra". Obviamente los demonios deben someterse al nombre de Jesucristo.
4. La fe en Jesús es nuestra segura protección. Efesios 6:16 dice: "Sobre todo, tomad el escudo de la fe, con que podáis apagar todos los dardos de fuego del maligno". Los cristianos deben creerle a Dios ante las acusaciones del enemigo, en la crisis de las circunstancias, y en las tormentas de la dificultad. Aunque algo parezca no ser cierto, ¡la fe le cree a Dios que es cierto porque Dios dijo que lo es!

capítulo 30

LA POSICIÓN DEL CREYENTE PARA LA VICTORIA

LA OPERACIÓN ESCUDO del Desierto es un ejemplo clásico de estrategia de combate. Ninguna batalla se inició hasta que todo y todos estuvieron en la posición apropiada. Entonces comenzaron los ataques aéreos. Los aviones aliados llevaron la batalla a los cielos y luego a la tierra. Después las tropas terrestres avanzaron para recapturar el territorio perdido y liberar a los cautivos.

La guerra espiritual usa esta misma estrategia probada por el tiempo. Los creyentes deben conocer a su enemigo, conocer su fuerza, y ponerse en posición de combate. Esa posición de combate es descrita en Efesios 6:10: "Fortaleceos en el Señor". La salvación es Cristo en usted. ¡Su posición de exaltación es usted en Cristo!

COMPRENDER LA POSICIÓN DE EXALTACIÓN DEL CREYENTE

La descripción favorita de un cristiano para Pablo es "en Cristo". Efesios usa esta expresión repetidamente para especificar los privilegios de ser un cristiano. Los cristianos deben ser "fieles en Jesucristo". Nuestra posibilidad de vivir fielmente se debe a nuestra presencia en Cristo. También "toda bendición espiritual" (Ef 1:3) es nuestra en Cristo. Nuestra aceptación en la familia divina está asegurada porque "nos hizo aceptos en el Amado" (v. 6). A decir verdad, si usted lee Efesios 1, descubrirá que todo lo que necesita para esta vida y para la venidera se halla comprendido en lo que significa estar "en Cristo". Con frecuencia se pone el acento en que Cristo está en el creyente. Pero en Efesios el creyente es visto como estando "en Cristo".

Para nuestro propósito en este estudio es importante notar que "en Cristo" el creyente ha sido exaltado y entronizado encima de todos los principados y autoridades, y "nos resucitó, y asimismo nos hizo sentar en los lugares celestiales con Cristo Jesús" (Ef 2:6). Los "lugares celestiales" son donde actualmente está Cristo entronizado: "La cual operó en Cristo, resucitándole de los muertos y sentándole a su diestra en los lugares celestiales, sobre todo principado y autoridad y poder y señorío, y sobre todo nombre que se nombra, no sólo en este siglo, sino también en el venidero; y sometió todas las cosas bajo sus pies" (Ef 1:20-22).

Cuando comprendemos nuestra posición en Cristo, entendemos claramente que todo lo que está bajo sus pies también está bajo los pies del creyente. ¡Como embajadores del cielo los creyentes tienen la autoridad del trono de Jesucristo! Nuestra lucha con Satanás y sus demonios tiene lugar en los "lugares celestiales": "Porque no tenemos lucha contra sangre y carne, sino contra principados, contra potestades, contra los gobernadores de las tinieblas de este siglo, contra huestes espirituales de maldad en las regiones celestes" (Ef 6:12).

Por nosotros mismos, usted y yo no tenemos autoridad sobre los demonios. Pero esas perversas fuerzas espirituales son completamente conscientes de la autoridad que tenemos en Jesucristo. Aunque un embajador de nuestro país vive fuera de nuestro territorio, sigue teniendo su ciudadanía; y cuando él habla, habla con la autoridad de Washington DC y todo el poderío de los Estados Unidos. Igualmente nosotros somos ciudadanos del cielo y aquí en la tierra hablamos con toda la autoridad del cielo.

COMPRENDA EL PROPÓSITO ETERNO DEL CREYENTE

El propósito eterno de Dios para cada creyente es que llegue a ser como Cristo. Nuestro propósito no es luchar por una victoria. Nuestro Señor ya ha ganado la batalla decisiva en el Calvario. Peleamos desde su victoria. Estamos aquí para hacer valer la victoria de nuestro Señor. "Fortaleceos en el Señor, y en el poder de su fuerza" (Ef 6:10).

El verbo *fortaleceos* es en el original un presente pasivo imperativo. Es un mandato continuo. Es pasivo, indicando que el sujeto es fortalecido por un poder exterior. Una mejor traducción sería: "Estén siendo fortalecidos". No se trata de que el creyente deba sacar músculos espirituales. Él está recibiendo la fuerza de Dios y apropiándosela.

Dios permite que Satanás haga guerra contra los creyentes. Aunque en última instancia esto es un misterio, evidentemente se pueden advertir algunas razones.

1. La guerra con Satanás agudiza la destreza del creyente en el uso de la Escritura.
2. Estas batallas terrenales nos están liberando para el reinado exaltado en el mundo venidero: "Pues tengo por cierto que las aflicciones del tiempo presente no son comparables con la gloria venidera que en nosotros ha de manifestarse" (Ro 8:18).
3. La guerra espiritual nos enseña la tragedia de la condición humana debido a la caída de la humanidad. El odio de Satanás por la raza humana y sus despiadados esfuerzos para controlar el destino humano son claramente expuestos en la guerra espiritual.
4. El hombre aprende que sin Cristo está completamente indefenso frente al mal. C. S. Lewis ha dicho: "La educación sin valores, tan útil como es, termina haciendo del hombre un demonio bastante más inteligente".[1]
5. La guerra espiritual guarda al creyente de llegar a sentirse demasiado cómodo en este mundo. Las peleas regulares con el enemigo nos recuerdan que estamos viviendo en territorio hostil. Por último, ¡la guerra le enseña al creyente que el siervo no es más que su señor! Nuestro Señor fue un soldado. Peleó hasta derramar su sangre. Peleó y ganó la victoria.

Ahora es deber del creyente hacer valer la victoria que Jesús ganó. Nuestro Señor no fue ajeno a la guerra, enfrentó a Satanás al principio de su ministerio cuando fue tentado, y al final de su ministerio terrenal en el jardín y sobre la cruz. Es el propósito de Dios que cada creyente sepa cómo batallar siguiendo su ejemplo.

COMPRENDA EL PODER DEL CREYENTE

Déjeme recordárselo otra vez: "Fortaleceos en el Señor y en el poder de su fuerza" (Ef 6:10). Cuando un cristiano comprende su posición, puede empezar a apropiarse del poder de Jesús. ¿Qué es el "poder de su fuerza"? La misma frase se encuentra en Efesios 1:19-20. La operación del poder de su fuerza es el mismo poder que levantó a la vida el cuerpo muerto de Jesús. Es el mismo poder que lo exaltó sobre todo a la posición más alta del cielo y de la tierra. Es el mismo poder que Pablo tenía en mente cuando escribió: "Todo lo puedo en Cristo que me fortalece" (Fil 4:13).

Cuando una persona acepta a Cristo como Señor, es iniciado en su victoria. Es una guerra feroz y terrible, pero estamos en la posición ganadora. ¿Cómo podemos apropiarnos esta victoria y aplicarla? La oración, la Palabra y la fe son el camino. Nos apropiamos poder ilimitado cuando queremos vivir para el Señor. La vida llena del Espíritu nos proporciona la fuerza que necesitamos.

Satanás tiene dos objetivos principales. Primero, desea privar a tantas personas como pueda de la salvación por medio de Cristo. Segunda de Corintios 4:4 nos da esta terrible estrategia: "Que no vean la luz del glorioso evangelio de Cristo, el cual es la imagen de Dios" (NVI). Satanás cree que su única esperanza de indulto sería [atrapar] a tantos seres humanos que Dios invirtiera su plan de redención, con lo cual probaría ser injusto.

En segundo lugar, Satanás desea neutralizar a los creyentes derrotándolos y desanimándolos. ¡Despierte a la verdad! Si usted no toma su posición de combate en Cristo, el enemigo lo destruirá.

Ahora mismo usted puede tomar su posición exaltada en Cristo. Haga la siguiente oración:

> *Padre celestial, me inclino ante ti alabándote y reconociendo tu señorío. Te alabo porque la sangre de Jesús me cubre. Te alabo por el Espíritu Santo que mora en mí y llena mi vida. Me entrego nuevamente a ti como un sacrificio vivo. Me niego a conformarme a este mundo y te alabo por la obra transformadora de Cristo. Renuncio a Satanás y todos sus servidores y declaro que ellos no tienen derecho a interferirme en esta oración. Estoy orando al verdadero Dios viviente, y rechazo cualquier implicación del enemigo en esta oración.*

Te pido, Señor, que reprendas a Satanás, y tomo ahora mi posición exaltada en Cristo. ¡Reconozco que la armadura de Dios no es sino Cristo mismo! Mi espada es la Palabra de Dios y la alabanza.

Te alabo Jesús, porque en esta posición en tu trono el enemigo está bajo mis pies. Rechazo, repudio y renuncio a todo lo que Satanás ha interpuesto contra mí, y llevo la sangre de Jesús contra ti, Satanás, y ordeno que te vayas en el nombre de Jesucristo. Declaro que todo principado y autoridad se da cuenta de quién soy en Cristo. Viviré en Cristo y sobre ti en su segura victoria. En el poderoso nombre de Jesús, amén.

capítulo 31

ARMARSE PARA LA VICTORIA

EL VIEJO HIMNO "Estad por Cristo firmes" contiene una línea que dice algo como: "Vestíos la armadura, / Velad en oración".[1] Esta idea refleja lo que Pablo le está diciendo a la Iglesia. Habiendo declarado la posición de los creyentes para la batalla en Efesios 6:10 y su posición de combate en los versículos 11-13, Pablo se concentra en su panoplia para la batalla.

Tanto los versículos 11 como 13 mandan al creyente "vestir"toda la armadura de Dios. Esta orden dada de una vez y para siempre incluye el conjunto entero. La palabra griega para "toda la armadura", *panoplia*, viene de *pan*, que quiere decir "todo", y *joplón*, que significa "armamento". La *panoplia* ("toda la armadura") incluye todo el equipamiento del soldado. Un erudito lo tradujo así: "Pónganse la magnífica armadura".

Cuando Pablo escribió el libro de Efesios, escribía desde su conocimiento personal de los soldados romanos. Estaba encadenado a un guardia cuando escribió: "Yo Pablo, prisionero de Cristo Jesús. . ." (Ef 3: 1); "Yo pues, preso en el Señor, os ruego. . ." (Ef 4:1). Se describió a sí mismo como "embajador en cadenas" (Ef 6:20). Pablo vio en el soldado romano una estupenda ilustración de la verdad espiritual.

Entendamos que la armadura es simbólica. La armadura es nada menos que Cristo mismo. Cada creyente conoce a Cristo como Salvador. El problema viene cuando no nos apropiamos de todo lo que nuestro Señor trae consigo. Como ve, no es el Cristo disponible sino el Cristo apropiado el que hace la diferencia. Es como si alguien tuviera un millón dólares en el banco, pero llevara una vida de pobreza. Si usted nunca hace un retiro y se apropia esos fondos, ¿qué bien le hace tenerlos? Romanos 13:14 dice: "Vestíos del Señor Jesucristo, y no proveáis para los deseos de la carne". La expresión "vestíos" es traducción de la misma palabra griega *endúo* que encontramos en Efesios

6:11. Pablo escribió a Timoteo: "Esfuérzate en la gracia que es en Cristo Jesús" (2 Ti 2:1).

En las batallas de la vida Cristo es la respuesta, pero debemos apropiarnos de sus recursos.

En el contexto amplio hay tres piezas de la armadura que incuestionablemente deben estar siempre en su lugar: el cinturón, la coraza y las botas (Ef 6:14-15). Las otras partes pueden ser tomadas decididamente y a último momento. El énfasis aquí es que es posible olvidar esas partes de la armadura, tales como el escudo, el casco y la espada. Debemos llevarlas regularmente en la batalla. Pero en este capítulo nos concentraremos en el cinturón de la verdad.

El cinturón de la verdad muestra una ilustración de la integridad

El cinturón le servía para tres propósitos principales al soldado romano. Sujetaba juntos todas sus armas y equipo. El cinturón se usaba para atarse la bata a fin de no tropezar con ella en la batalla. Además, era ornamental, exhibiendo medallas o premios al heroísmo en la lucha.

Aquí es un arma espiritual, pero las funciones son las mismas. Es llamado cinturón de la verdad; por lo tanto describe al Señor Jesucristo, que dijo: "Yo soy. . . La verdad" (Jn 14:6). También describe la Palabra escrita de Dios que nos guarda de tropezar con obstáculos en el mundo. Por último, describe la honestidad y la integridad que deben caracterizar la vida de todos los que conocen a Jesucristo.

El cinturón de la verdad exhibe la inspiración para la integridad

Como ya hemos observado, el Señor Jesucristo es la armadura del creyente. Isaías 11:5 dijo de él: "Y será la justicia cinto de sus lomos, y la fidelidad ceñidor de su cintura".

Cuando Jesús se enfrentó con Satanás, declaró la verdad de la Palabra de Dios (Mt 4). Miró a los Fariseos que se le oponían y les dijo: "¿Quién de ustedes me puede probar que soy culpable de pecado?" (Jn 8:46, NVI). Pilatos miró a Jesús y preguntó: "¿Qué es la verdad?" Y luego declaró: "Yo no hallo en él ningún delito" (Jn 18:38). Hasta el ladrón gritó desde la cruz: "Éste ... no ha hecho nada malo" (Lc 23:41, NVI).

Nuestro Señor Jesucristo habló la verdad y vivió la verdad. Él sigue siendo la verdad hoy. Apocalipsis 1:12-13 describe a Jesús en su estado glorificado: está ceñido, o rodeado, por un cinturón dorado. Toda la gloria de nuestro Señor es ceñida por su verdad.

El cinturón representa al Señor Jesucristo y su Palabra sosteniendo juntas todas las cosas de nuestra vida. Su verdad, su carácter y su integridad deben caracterizar nuestras vidas.

Un estudiante de música entró en el estudio de su profesor y le preguntó: "¿Qué buenas noticias tiene usted hoy?" El profesor recogió un martillo y golpeó el tenedor de afinación. Dijo: "Esta nota es A; mañana será A; era A hace unos cinco mil años. Será A dentro de unos cinco mil años".

La vida sólo puede mantenerse intacta si está ligada por la verdad inalterable. Jesucristo y su Palabra son el tenedor de afinación que da a nuestras vidas un inalterable punto de referencia para vivir en armonía en un mundo discordante.

El cinturón de la verdad nos enseña la importancia de la integridad

Este cinturón de la verdad se manifiesta en la honestidad e integridad del creyente. Nuestras vidas deben ser vividas de tal manera que las personas vean la verdad. Así como el soldado romano usaba el cinturón para atar su túnica a fin de no tropezar, la verdad de la Palabra de Jesús nos guarda de tropezar ante un mundo que nos observa.

Además, las medallas de victoria usadas por los creyentes sobre el cinturón de integridad son su reputación. Efesios 4:14-16 advierte al creyente sobre la falsa doctrina y los maestros engañosos. El versículo 15 nos desafía a que hablemos "la verdad en amor" con el propósito de que podamos "crecer en todo hacia Cristo" (DHH).

Recordemos que nuestro enemigo puede intervenir para destruirnos en las áreas de la honestidad y del carácter.

¿Conoce usted la verdad en persona? Jesús es la verdad. Usted puede apelar a los grandes filósofos, pero Sócrates, Platón y Kant no le responderán. Puede apelar a grandes líderes del pasado y no le responderán. Jesucristo le responderá hoy. Él probó su veracidad levantándose de entre los muertos. Usted debe admitir la verdad sobre sí mismo y recibir hoy la verdad de Jesús. Cuando lo haga, la integridad caracterizará su vida.

EL CORAZÓN DEL GUERRERO

> Estad, pues, firmes, … y vestidos con la coraza de justicia.
>
> —EFESIOS 6:14

La segunda pieza de armadura que necesitan los santos-soldados es la coraza de justicia. La palabra griega para *coraza* es *dsórax*. Esta parte de la armadura estaba hecha de metal y cuero y se ataba alrededor del cuerpo del soldado desde el cuello hasta los muslos. Protegía sus órganos vitales, incluidos el corazón y los pulmones.

En la armadura del creyente, esto es llamado la coraza de justicia. La palabra *justicia* significa literalmente ser hecho justo o estar justificado. La gente del primer siglo consideraba que los órganos internos eran el centro de la voluntad y de las emociones. Espiritualmente, un golpe a la mente y a las emociones es muy peligroso. Satanás desea "confundir" su mente. Él es un acusador y un difamador.

¿Qué es la justicia que protege nuestras mentes y corazones? Primero, consideraremos qué no es.

Tome conciencia de que hay una justicia impotente.

> Si bien todos nosotros somos como suciedad, y todas nuestras justicias como trapo de inmundicia.
>
> —ISAÍAS 64:6

Romanos 3:10 cita algunos pasajes del Antiguo Testamento, declarando: "No hay justo, ni aun uno". De estos pasajes sabemos que esta justicia no es ser justo por sí mismo.

Esta justicia no es un atributo humano natural. Esta justicia no es actividad religiosa, actividad caritativa, o bondad humana. El mejor de nuestros comportamientos está contaminado por el pecado. La justicia humana es el bien que no es suficientemente bueno. Jesús dijo: "Os digo que si vuestra justicia no fuere mayor que la de los escribas y fariseos, no entraréis en el reino de los cielos" (Mt 5:20). Los fariseos aparentemente llevaron vidas buenas. Pablo era fariseo antes de su conversión. Su testimonio en Filipenses 3:4-9 es que como fariseo era religioso, tenía celo y era intachable.

¿Qué significa todo esto? Simplemente esto: ¡Usted nunca puede ser justo (recto ante Dios) por sus propios méritos! ¿Cómo entonces puede una persona ser justa?

Reciba una justicia imputada.

Jesús dijo: "Mas buscad primeramente el reino de Dios y su justicia, y todas estas cosas os serán añadidas" (Mt 6.33). Su reino y su justicia son necesarios en nuestras vidas, así que ¿cómo podremos obtener "la justicia de Dios"?

Romanos 3.19-26 nos dice claramente que Jesucristo es la justicia de Dios: "Siendo justificados gratuitamente por su gracia, mediante la redención que es en Cristo Jesús, a quien Dios puso como propiciación por medio de la fe en su sangre, para manifestar su justicia, a causa de haber pasado por alto, en su paciencia, los pecados pasados" (vv. 24-25).

El único dilema que Dios enfrentó alguna vez fue ser justo y al mismo tiempo hacer justos a los pecadores. Este dilema fue solucionado cuando Cristo se convirtió en sacrificio de sangre por los pecados de la humanidad. Él murió para pagar nuestra pena y cargar la maldición de la ley que pesaba sobre todos nosotros.

Romanos 3.21-22 declara que la justicia de Dios es revelada y recibida. Luego Segunda de Corintios 5.21 nos dice cómo es posible esto: "Al que no conoció pecado, por nosotros lo hizo pecado, para que nosotros fuésemos hechos justicia de Dios en él". La Escritura declara que somos justos porque Él nos ha imputado su justicia: "Y si alguno hubiere pecado, abogado tenemos para con el Padre, a Jesucristo el justo" (1 Jn 2.1). La Escritura también dice que somos justos "como él es justo" (1 Jn 3:7).

Romanos 5.17-19 declara que esta justicia de Dios es un don de la gracia divina. Aún más, este don nos habilita para reinar en vida. ¡La justicia de Jesús nos marca como miembros de la realeza!

Todas estas escrituras declaran que la justicia es un don de Dios y una obra de Dios. La justicia es el Hijo de Dios en nuestras vidas. Usted recibe esta justicia por fe.

Una coraza está diseñada para desviar el golpe del enemigo. La justicia de Cristo protege al creyente del mismo modo. Cuando usted ha aceptado a Jesús y sabe que Él lo ha aceptado, esto desvía las flechas del rechazo de otros. Cuando usted sabe que Dios lo ve como cien por ciento justo, esto desvía los desprecios, la culpa, y las acusaciones del enemigo.

Esta justicia protege de la inferioridad.

La identidad en Cristo es la clave de una autoimagen saludable. El mundo dice: "No eres nadie", pero Dios dice: "Eres un miembro de la realeza". (Vea Romanos 5.17.) El enemigo dice: "No tienes futuro", pero Dios está preparando que usted reine con Él en la gloria.

El diablo le dirá que usted carece de importancia y que lo que hace es insignificante. Alguien dijo: "Todos los creyentes nacidos de nuevo, como miembros de la futura esposa de Cristo, son tan plenamente significativos, importantes y de grandes consecuencias en las empresas que Dios tiene en curso, en las aventuras y el esfuerzo creativo, como cualquier inteligencia del universo".

No podemos controlar a otros. Satanás vendrá contra nosotros con toda clase de ataques. La única manera de que pueda alcanzarnos es que reaccionemos erróneamente. Cuando respondemos de una manera equivocada "ya sea encolerizarse, hacer pucheros, autocompadecerse, o rechazarse a sí mismo" hemos dejado de apropiarnos la coraza de justicia.

Sólo lo que toca su espíritu puede herirlo realmente. Si permite que lo que le sucede o lo que le dicen afecte lo que Dios ha dicho de usted, no está usando la coraza.

¿Qué motivó al hijo pródigo a dejar el corral de los cerdos? ¡Se dio cuenta de quién era! ¡Era un hijo! Cuando volvió a casa, su padre dijo: "Este hijo mío estaba muerto, pero ahora ha vuelto a la vida" (Lc 15.24, NVI).

La coraza de la justicia protege de la inmoralidad.

Cuando sabemos que somos justos en Jesús y que compartiremos su reinado, no queremos vivir por debajo de nuestra posición. ¿Por qué un heredero de Dios querría vivir como un animal? ¿Por qué un santo querría ser un réprobo? ¿Por qué un rey querría vivir como un esclavo?

Hubo una época en que una persona vivía correctamente para proteger el apellido familiar. Cuando nos damos cuenta de que tenemos a Jesús y que es nuestra justicia, esta motivación nos capacita para que vivamos lo que somos en Jesús. Usted no es un pecador salvado por la gracia; usted *fue* un pecador. Ahora es un santo y un miembro de la familia. ¿Por qué va a vivir como menos de lo que es?

Por un acto de voluntad podemos ofrecer nuestros cuerpos para que sean controlados por su justicia (Romanos 6:13). La justicia de Jesús controla nuestro comportamiento.

Esta justicia protege de la inseguridad.

> El reino de Dios no es cuestión de comidas o bebidas sino de justicia, paz y alegría en el Espíritu Santo.
>
> —ROMANOS 14.17, NVI

> Buscad primeramente el reino de Dios y su justicia, y todas estas cosas os serán añadidas
>
> —MATEO 6.33

Cuando Jesús es el Rey de nuestras vidas, somos los beneficiarios de su justicia. Todo el resto de la vida se colocará en su lugar. Las cosas que ocurren en nuestras vidas podrían ser la manera en que Dios dice: "Reconoce mi reinado y recibe mi justicia".

¿Qué debe hacer usted? Haga la siguiente oración:

> *Señor, no tengo justicia propia. Te doy mi pecado por tu justicia. Señor, recibo tu justicia como mi posición ante el Padre. Confieso gustosamente que ahora soy, y seré para siempre, quien Tú dices que soy. Confieso que soy tu hijo, un santo, un heredero de Dios, una parte de tu novia y de tu cuerpo. Señor, presento mi cuerpo como un instrumento de justicia. Reconozco que todo lo que yo era en Adán ahora está muerto, y que todo lo que soy en Jesús me hace Tú mismo. Señor, acepto la Biblia como verdadero aliento de vida. Estoy de acuerdo con 2 Timoteo 3.16, que dice que toda la Escritura es inspirada por Dios y provechosa para instruir en justicia. Señor, te agradezco porque tu muerte me ha hecho justo ante el Padre. En el nombre de Jesús, amén.*

EL ANDAR DEL GUERRERO

> Y calzados con la disposición de proclamar el evangelio de la paz.
>
> —EFESIOS 6: 15, NVI

Jesucristo mismo es la armadura de Dios: "Vestíos del Señor Jesucristo" (Ro 13:14). Ponerse la armadura es simplemente darse cuenta de quién es Jesús, reconocer quién es usted en Él, y apropiarse de todo lo que Él tiene para su vida.

La parte de la armadura que examinaremos ahora es el calzado del guerrero. Los grandes generales han dicho que en la guerra un ejército se pone en marcha por dos cosas esenciales: la comida y los pies. Esto era especialmente cierto del ejército romano, que tuvo que marchar grandes distancias sobre terreno accidentado. La vestimenta de batalla romana para los pies eran gruesas suelas de cuero con tachuelas como antideslizante. Se ataban a los pies y las piernas con cordones de cuero. Este calzado servía para tres propósitos:

1. Para proveer estabilidad. Los clavos se hincaban en el suelo para evitar que los soldados resbalaran.
2. Para suministrar protección. En aquellos días el enemigo clavaba estacas en el suelo y les afilaba las puntas. Un soldado descalzo recibiría una dolorosa pinchadura en el pie. Se infectaría y quedaría incapacitado.
3. Para dar movilidad. Este calzado hace posible que el ejército se traslade rápidamente al lugar de la batalla.

Nuestro calzado espiritual sirve esencialmente para el mismo propósito. Nos ayuda a ver con claridad qué sólido fundamento está bajo nosotros y nos mantiene en movimiento.

La identidad de los zapatos

Los zapatos de guerra espiritual del creyente son descritos como "el evangelio de la paz". Nos paramos sobre el seguro fundamento del evangelio. *Evangelio* significa "buenas noticias." ¿Qué son "buenas noticias"? En 1 Corintios 15:1-4, Pablo describió el evangelio como la muerte, sepultura y resurrección de Cristo. Nuestro firme cimiento es el inalterable mensaje de Jesucristo. Siguen existiendo algunas verdades inmutables e inalterables.

Muchas personas están resbalando y deslizándose de su fe. Se ofrecen muchos sustitutos del evangelio. Pablo enfrentó este problema en Gálatas 1:6-10. Este evangelio falso tenía las siguientes marcas: era diferente, era pervertido, estaba maldito, y complacía a los hombres.

Gálatas 5:1 dice: "Estad, pues, firmes en la libertad con que Cristo nos hizo libres". Tenemos sólo un evangelio y una manera de ser salvos: "Y en ningún otro hay salvación; porque no hay otro nombre bajo el cielo, dado a los hombres, en que podamos ser salvos" (Hechos 4:12, vea también los versículos 10-11). Es aquí donde debemos estar firmes.

La estabilidad de los zapatos

Este es un tiempo de plantas rodadoras espirituales, incentivadas por las circunstancias y la falsa doctrina. Los zapatos nos dan la estabilidad que nos evita tropezar en la batalla. Es posible, aun en el campo de batalla de este mundo, llevar una vida estable. Efesios 6:15 se refiere al evangelio de la paz.

La palabra *paz* es traducida de la palabra griega *eirene*. La palabra hebrea es *shalom*. La paz es un estado de bienestar, un sentido de contentamiento. Puedo tener paz con Dios mientras estoy en guerra con el mismo diablo.

> Justificados, pues, por la fe, tenemos paz para con Dios por medio de nuestro Señor Jesucristo; por quien también tenemos entrada por la fe a esta gracia en la cual estamos firmes, y nos gloriamos en la esperanza de la gloria de Dios.
>
> —ROMANOS 5:1-2

Cuando usted sabe que está firme ante Dios y en paz con Él por la sangre de Jesús, Satanás no puede preocuparlo mortalmente. W. D. Cornell debe haber estado experimentando la paz de Dios cuando escribió las palabras de "Paz, paz, cuán dulce paz" (Wonderful Peace):

> ¡Paz!, ¡paz!, ¡cuán dulce paz!
> Es aquella que el Padre me da;
> Yo le ruego que inunde por siempre mi ser,
> En sus ondas de amor celestial.[2]

Si usted permite que el diablo inquiete su mente y le cause ansiedad, entonces toda su vida se vuelve inestable. Santiago 1.8 advierte que: "El hombre de doble ánimo es inconstante en todos sus caminos". No permita que el enemigo le quite sus zapatos. Recuerde, en Cristo usted tiene lo que el mundo anhela: paz (Ro 5:1-2) y verdadera libertad (Gá 5:1).

La movilidad de los zapatos

La palabra *apresto* se traduce de una palabra griega que significa "disposición." Da la idea de uno que está listo para entrar en batalla en cuanto se entere de que la hay.

Ya en Efesios hemos aprendido que la vida del cristiano es un caminar:

- No estamos caminando en el error (Ef 2:2).
- Estamos caminando en las obras del Señor (Ef 2:10).
- Estamos caminando dignamente (Ef 4:1).
- Estamos caminando en amor (Ef 5:1-2).
- Estamos caminando en la luz (Ef 5:8).

Usted no puede caminar apropiadamente sin tener colocados los zapatos del evangelio. Demasiados cristianos son perezosos y lentos. Otros que han caminado por el mundo sin zapatos están heridos y lisiados. Hoy la iglesia está paralizada y con los músculos agarrotados.

Antes de la Segunda Guerra Mundial el general Charles de Gaulle escribió una serie de ensayos para advertir a Francia que estaba viniendo un nuevo tipo de guerra. Los franceses habían desarrollado la línea Maginot sobre su frontera. Esta línea defensiva constaba de poderosas armas que miraban hacia Alemania. De Gaulle advirtió a la nación que nuevas armas, como aviones de combate y tanques, harían obsoletas sus defensas. Nadie lo escuchó, y Francia se convirtió en una nación ocupada.[3]

Las iglesias que trazan sus propias líneas de defensa se quedarán quietas. Debemos estar listos para avanzar con el evangelio. Nuestra oportunidad para el servicio es hoy. Es ahora cuando debemos usar nuestros recursos para difundir el evangelio de Jesucristo. Debemos estar listos para trasladarnos al frente donde brama la batalla por las almas. No nos dejemos acobardar en esta lucha.

Debemos pararnos firmemente en la verdad sobre Jesús. Debemos mantenernos con estabilidad en el corazón, aun en medio de nuestros conflictos. Debemos estar listos para entrar en el calor de la batalla y resistir.

Aquiles, un héroe de la mitología griega, fue herido en el talón. Esa era la única parte expuesta de su cuerpo, pero la herida lo mató. Nuestros pies no deben estar descalzos si queremos sobrevivir y triunfar.

LA FE DEL GUERRERO

> Sobre todo, tomad el escudo de la fe, con que podáis apagar todos los dardos de fuego del maligno.
>
> —EFESIOS 6:16

En las guerras antiguas, los arqueros mojaban sus flechas en brea, les prendían fuego en las puntas, y las dirigían hacia el adversario. El soldado desprevenido impactado por uno de estos proyectiles flamígeros sufría una terrible herida. Generalmente su ropa se prendía fuego, y él sufría serias quemaduras.

Para combatir estas flechas encendidas, los romanos inventaron un gran escudo con forma de puerta. Los escudos medían unos cuatro pies por dos pies. El cuero estaba estirado sobre del marco, y antes de una batalla, los escudos se remojaban en agua. Esto servía para repeler las flechas encendidas del enemigo.

Pablo usó esta arma para ilustrar la fe. Cambió el verbo en lengua griega de *estar* a *tomar* para describir el uso de las últimas tres armas del creyente (vv. 16-17). Usted puede "tomar" el escudo, el casco y la espada. Esto quiere decir que usted puede elegir apropiarse o no apropiarse la fe.

¿Qué es la fe? La fe en el Nuevo Testamento es creer hasta el punto de asumir un compromiso. La fe es confiar y actuar basándose en lo que Dios ha dicho. La fe es tan legítima como el objeto sobre el cual descansa. Puedo creer que una silla es resistente, pero no ejercito la fe bíblica hasta que me siento en ella. Aquí se dice que la fe es un escudo. Un escudo como ése era usado por el soldado romano para defenderse del enemigo tanto como para avanzar contra el enemigo. Si voy a poner mi fe en un escudo, necesito saber más sobre ese escudo.

Tomar el escudo

Para tomar el escudo, usted debe comprender qué "o mejor dicho quién" es el escudo en la Escritura. Descubrimos la identidad de nuestro escudo en Génesis 14 y 15. En estos capítulos, Abraham gana una gran victoria. El rey de Sodoma le ofrece una recompensa que él sabiamente rehúsa. Sin embargo, Abraham le paga diezmos a Melquisedec poco después de haber rechazado la recompensa del mundo. Dios le habla y dice: "No temas, Abram; yo soy tu escudo, y tu galardón será sobremanera grande" (Gn 15:1).

Abraham puso su vida en las manos de Dios. Dios era el escudo que él necesitaba para vivir en un mundo hostil.

David también tomó el escudo de la fe. Dijo: "Mas tú, Jehová, eres escudo alrededor de mí" (Sal 3:3). En el Salmo 84:11 leemos: "Porque sol y escudo es el SEÑOR Dios; gracia y gloria da el SEÑOR; nada bueno niega a los que andan en integridad" (LBLA).

Tomamos el escudo de la fe cuando confiamos en el Señor. Habacuc 2:4 dice: "Mas el justo por su fe vivirá". Habacuc escribió en una época en que el impío prosperaba, el enemigo amenazaba, y el pueblo de Dios necesitaba un avivamiento. Le hizo a Dios preguntas difíciles. La respuesta de Dios fue: "Vive por fe". Este versículo es citado en Romanos 1:17, Gálatas 3:11 y Hebreos 10:38. La fe no sólo nos da vida, sino que también es la manera en que vivimos nuestras vidas.

Somos salvos por fe en la Palabra de Dios acerca de su Hijo. También vivimos por fe: "Lo que ahora vivo en la carne, lo vivo en la fe del Hijo de Dios, el cual me amó y se entregó a sí mismo por mí" (Gá 2:20). Un compositor expresa sus ideas de esta manera:

> Oh, adorad al Rey, al glorioso Señor
> Con gratitud cantad su poder y su amor;
> Nuestro escudo y defensor, el Anciano de Días,
> Vestido de gloria y ceñido de alabanzas.[4]

La prueba del escudo

La prueba de la fe nos recuerda al "maligno", a quien encontramos diariamente en el campo de batalla de nuestras vidas. Esto no debe sorprendernos o alarmarnos. Nuestro Señor fue probado por el enemigo en la tentación en el desierto. Cuando el apóstol Pablo escribió sobre este escudo de la fe, estaba encarcelado.

El escudo de la fe no nos protege de la vida. Pablo enfrentó circunstancias difíciles, debilidades físicas, labores extenuantes y angustiosas decepciones, pero tenía un escudo. Usted puede atravesar pruebas de la fe, pero Dios no dejará que nada lo toque sin su permiso. El escudo no significa que usted vaya a estar cómodo en este mundo. El escudo es Cristo, y enfrentamos todo por su gracia.

El diablo le tirará sus dardos de fuego. Vienen a veces como tentaciones. Otras como distracciones. Otras como acusaciones. Vienen como imaginaciones. Vienen como depresión. ¡A veces vienen como persecución! Todas esas flechas encendidas del odio infernal pueden ser respondidas por Jesús. Este escudo puede cuidarlo de todo lo que Satanás le pueda arrojar a usted.

¿Cómo responde la fe a los ataques del enemigo? ¡Siempre con la Palabra de Dios! La fe se basa en el carácter de Dios, la Palabra de Dios y la promesa de Dios.

Cuando Satanás lo acuse, deje que la Palabra de Dios le responda. Deje que la cruz de Cristo responda al enemigo. Rechace los proyectiles ardientes del enemigo.

Alguien puede preguntar: "¿Y si no puedo recordar un versículo?" Sencillamente clame a Dios. Cuando un niño está en problemas y no sabe qué hacer, grita: "¡Papá!" Mi querido amigo, cuando usted no sepa cómo responder, ¡sencillamente clame a Dios!

El escudo triunfante

Dios puede ocuparse de todo lo que Satanás pueda arrojarle a un creyente. "Ésta es la victoria que ha vencido el mundo: nuestra fe" (1 Jn 5:4). La fe siempre es victoriosa.

El ejército romano solía poner a sus mejores soldados en la primera línea. A veces esa línea podía extenderse una milla. El ejército podía avanzar tras esa formación de valientes soldados que se adelantaban protegidos por sus escudos.

La Iglesia avanza detrás del poderoso escudo de la fe. Sin la fe estamos indefensos y somos inservibles para Dios. No podemos complacerlo a Él sin fe. La fe sola es la clave de la victoria. La fe es cómo vivimos. La fe es cristianismo de "la primera línea". La fe nos protege de Satanás. La fe se apropia las promesas de Dios. La fe siempre es victoriosa.

LA MENTE DEL GUERRERO

> Y tomad el yelmo de la salvación. . .
>
> —EFESIOS 6:17

¡Cada creyente es un santo y un soldado, un adorador y un guerrero, en la fe y en la pelea! Como guerreros peleamos desde una posición de fuerza y victoria. ¡Hacemos la guerra en la postura correcta, porque se nos ha dicho que estemos de pie! Se nos ha provisto una armadura completa que es adecuada para llevarnos a través de los campos de batalla de esta vida.

Nos enfrentamos a un enemigo inteligente y agresivo que elige las áreas cruciales de nuestra vida para atacarnos. La palabra griega para *diablo* (*diábolos*) significa "un falso acusador, difamador, calumniador". Es el que ataca sin cesar. Es un acusador.

Dios nos ha provisto la armadura con que defender nuestra fe y derrotar a nuestros enemigos. Esta armadura se compone de atributos de nuestro Señor Jesucristo.

- Cuando usted recibe el *cinturón de la verdad*, es Jesús quien dice: "Yo soy. . . la verdad" (Jn 14:6).
- Cuando usted recibe la *coraza de la justicia*, es Jesús quien es la justicia de Dios (1 Co 1:30).
- Cuando usted se pone el *calzado de la paz*, es Jesús quien dice: "Mi paz os doy" (Jn 14:27).
- Cuando usted alza el *escudo de la fe*, es Jesús el único que puede responder a cada acusación encendida por el infierno.

Lo siguiente es el *yelmo de la salvación*. El casco romano, hecho de metal, cubría la cabeza y los pómulos. Protegía contra el golpe mortal del enemigo. Igualmente el casco de la salvación protege al creyente del golpe mortal de Satanás. Veamos el ataque de Satanás a la mente.

El ataque a la mente

Vivimos en un mundo corrupto en el que las personas son gobernadas por una "mente reprobada" (Ro 1:28). A los creyentes se les advierte que no caminen "en la vanidad de su mente" (Ef 4:17).

El dramaturgo George Bernard Shaw escribió: "La ciencia a la que até mi fe está en bancarrota. . . . A favor de ella ayudé a destruir la fe de millones de fieles. . . . Y ahora me miro y contemplo la tragedia de un ateo que ha perdido su fe".[5]

Nuestro mundo habla de tener "sexo seguro" más bien que de vivir moralmente. Nuestra nación conoce muchísimo sobre derechos y no mucho de responsabilidades. Hasta la iglesia a menudo desarrolla su ministerio de acuerdo con el mundo. Romanos 8:6 dice: "El ocuparse de la carne es muerte". "Ocuparse de la carne" quiere decir pensar de acuerdo con la carne.

En Lucas 12:29 Jesús nos advirtió sobre la mente confundida: "Ni estéis en ansiosa inquietud". Esta frase es traducida de la palabra griega *meteorízo*, de donde viene nuestra palabra española *meteorito*. Quiere decir "estar en el aire, suspendido, con incertidumbre". Hay muchos que han permitido que sus vidas estén sin respuesta.

Filipenses 4:6 dice: "No se inquieten por nada" (NVI). Mucho desaliento y depresión son causados por la preocupación innecesaria. Nuestras mentes no deben estar llenas de engaños. Segunda de Corintios 2:11 nos advierte sobre una mente descuidada: "Para que Satanás no gane ventaja alguna sobre nosotros; pues no ignoramos sus maquinaciones." ¡Qué locura es vivir ignorando los engaños de Satanás! Dios quiere que nosotros pensemos con claridad.

La seguridad de la mente

El casco es llamado el yelmo de la salvación. La salvación es la liberación de los creyentes de su posición de perdidos y condenados para que vivan en el reino de Dios. La salvación tiene tres perspectivas:

1. *La salvación es un hecho pasado.* En los concilios de la eternidad, en la cruz de la historia, y en nuestra propia conversión personal, la salvación es un evento que comienza en el pasado.
2. *La salvación es una experiencia presente.* La salvación continúa en la vida del cristiano. "El que comenzó en vosotros la buena obra, la perfeccionará hasta el día de Jesucristo" (Fil 1:6). La salvación sigue sucediendo en la vida del cristiano.
3. *La salvación es una expectativa prometida.* La salvación mira hacia adelante a la futura esperanza del creyente. Romanos 13:11 habla de esa perspectiva futura: "Pues nuestra salvación está ahora más cerca que cuando inicialmente creímos" (NVI).

Estoy convencido de que el yelmo de la salvación es nuestra seguridad de la protección de Dios hasta el día en que Él vuelva. En 1 Tesalonicenses 5:4-9, el yelmo es definido claramente como la "esperanza de la salvación". Podemos conservar nuestras cabezas bien puestas y nuestras mentes libres de confusión recordando que el Señor tiene el control, y que está viniendo.

Los psiquiatras nos dicen que para la buena salud mental, una persona necesita a alguien para querer, algo útil para hacer y algo para esperar. Esto es cierto en el nivel práctico. Saber que el viernes está viniendo nos ayuda a algunos de nosotros a atravesar la semana. El conocimiento de que el dolor actual terminará y vendrá la salud ayuda a las personas a atravesar la enfermedad y las cirugías.

La esperanza del cielo y de una vida mejor nos ayuda a atravesar esta vida. Tito 2:13 dice: "Mientras aguardamos la bendita esperanza, es decir, la gloriosa venida de nuestro gran Dios y Salvador Jesucristo" (NVI). Hebreos 6:18-19 dice: "Lo hizo así para que tengamos un estímulo poderoso los que, buscando refugio, nos aferramos a la esperanza que está delante de nosotros. Tenemos como firme y segura ancla del alma una esperanza que" (NVI). El precursor, nuestro Señor, ha ido antes que nosotros a la gloria y sujetó nuestras almas a su trono. No hay ninguna cosa que el mundo pueda hacer que el ancla de nuestra esperanza no pueda hacernos atravesar.

Una vez más recuerdo un gran himno de nuestra fe: "Qué firmes cimientos".[6]

> ¡Qué firmes cimientos, oh santos de Dios,
> tenéis por la fe en Su excelsa palabra!
> Esa alma, aunque todo el infierno quiera debilitar
> Yo nunca, no nunca la abandonaré.[7]

La respuesta de la mente

¿Cómo controlaremos, entonces, nuestros pensamientos y mentes?

Primero, usted debe arrepentirse en su mente. El arrepentimiento viene de la palabra griega *metánoia*, que significa "un cambio de mente".

Segundo, usted debe recibir con la mente. "Y haya en ustedes este modo de pensar que también hubo en Jesucristo" (Fil 2:5, BPE). "Nosotros tenemos la mente de Cristo" (1 Co 2:16). "Puesto que Cristo ha padecido por nosotros en la carne, vosotros también armaos del mismo pensamiento" (1 P 4:1).

En tercer lugar, usted debe renovar su mente. "Por lo tanto, hermanos, tomando en cuenta la misericordia de Dios, les ruego que cada uno de ustedes, en adoración espiritual, ofrezca su cuerpo como sacrificio vivo, santo y agradable a Dios. No se amolden al mundo actual, sino sean transformados mediante la renovación de su mente. Así podrán comprobar cuál es la voluntad de Dios, buena, agradable y perfecta". (Ro 12:1-2, NVI). Estos versículos nos enseñan que entregarle a Él nuestros cuerpos y negarnos a amoldarnos al mundo produce la renovación de la mente. Esto se debe hacer cada día.

Pasos hacia una mente renovada

¿Cómo renueva usted su mente? Filipenses 4 establece los pasos para manejar los pensamientos problemáticos y la confusión mental.

1. **Regocíjese en el Señor**. "Regocijaos en el Señor siempre. Otra vez digo: ¡Regocijaos! Vuestra gentileza sea

conocida de todos los hombres. El Señor está cerca" (Fil 4:4-5). La alabanza es un gran antídoto a las preocupaciones. El regocijo reconoce la cercanía del Señor.

2. **Pídale a Dios**. "Por nada estéis afanosos, sino sean conocidas vuestras peticiones delante de Dios en toda oración y ruego, con acción de gracias" (Fil 4:6). La oración es un antídoto contra la agonía mental. Hable con Dios de sus necesidades.
3. **Descanse en Cristo**. "La paz de Dios, que sobrepasa todo entendimiento, guardará vuestros corazones y vuestros pensamientos en Cristo Jesús" (Fil 4:7). Déjele a Dios el puesto de guardián de la paz de su mente.
4. **Reflexione sobre las buenas cosas de Dios**. "Por lo demás, hermanos, todo lo que es verdadero, todo lo honesto, todo lo justo, todo lo puro, todo lo amable, todo lo que es de buen nombre; si hay virtud alguna, si algo digno de alabanza, en esto pensad. Lo que aprendisteis y recibisteis y oísteis y visteis en mí, esto haced; y el Dios de paz estará con vosotros" (Fil 4:8-9). Piense buenos pensamientos. Use la Biblia para contrarrestar los malos pensamientos.
5. **Relájese en el Señor**. "Me alegro muchísimo en el Señor de que al fin hayan vuelto a interesarse en mí. Claro está que tenían interés, sólo que no habían tenido la oportunidad de demostrarlo. No digo esto porque esté necesitado, pues he aprendido a estar satisfecho en cualquier situación en que me encuentre. Sé lo que es vivir en la pobreza, y lo que es vivir en la abundancia. He aprendido a vivir en todas y cada una de las circunstancias, tanto a quedar saciado como a pasar hambre, a tener de sobra como a sufrir escasez. Todo lo puedo en Cristo que me fortalece" (Fil 4:10-13, NVI). Dios ha prometido proveer para todas nuestras necesidades. La fe le agradece a Dios y recibe de su mano todo lo que necesitamos.

¿Usted tiene puesto el yelmo de la salvación? ¿Está viviendo en esperanza? ¿Su mente está clara? ¿Está pensando correctamente? Jesucristo le dará una nueva mente. ¿Necesita usted arrepentirse? ¿Necesita recibir? ¿Necesita renovar su mente? Jesucristo está listo para ayudarlo hoy.

La espada de un guerrero

> Y tomad el yelmo de la salvación, y la espada del Espíritu, que es la palabra de Dios; orando en todo tiempo con toda oración y súplica en el Espíritu, y velando en ello con toda perseverancia y súplica por todos los santos;
>
> —Efesios 6:17-18

Esta sección sobre la guerra llama a cada cristiano a oponerse a Satanás. Ahora Satanás viene a nosotros directamente a través del sistema del mundo en que vivimos y a través de nuestra carne. Todas las armas que hemos estudiado hasta ahora son de naturaleza defensiva. Con estas armas podemos rechazar el ataque de nuestro enemigo.

- Con nuestro cinturón y coraza tenemos integridad e identidad en Cristo. Satanás no puede atacar nuestra reputación.
- Con nuestro calzado y escudo tenemos equilibrio y confianza. Satanás no puede infiltrarse en nuestro compromiso.
- Con nuestro yelmo tenemos garantía y expectación de las buenas cosas de Dios. Satanás no puede destruir nuestra confianza.

Santiago 4:7 nos dice: "Resistid al diablo, y huirá de vosotros". Las armas defensivas pueden resistir a Satanás, ¡pero solamente las armas ofensivas pueden hacerlo huir! Dios nos ha proporcionado un arma así en la espada del Espíritu.

La palabra *espada* se dice de la espada romana de dos filos, que se usaba en el combate cuerpo a cuerpo. Esta arma perfectamente equilibrada era manejada con habilidad por los soldados romanos que practicaban diariamente varias horas para perfeccionar su uso. Aprendamos sobre esta arma y su uso.

La espada y el soldado

"Tomad . . . la espada." La palabra *tomad* es un verbo en imperativo de aoristo medio en el texto griego. Es una orden dada de una vez y para siempre para que el soldado-santo tome lo que Dios tiene disponible. El arma ofensiva que Dios ofrece es su Palabra. La Palabra de Dios debe ser usada para atacar a nuestro enemigo, Satanás.

Esta espada no es de origen humano. Fue forjada por decreto divino. No fue templada con fuego terrenal sino en el fuego de la majestuosa presencia de Dios. El martillo de la inspiración divina dio forma a la espada que puso en la mano del creyente.

Hebreos 4:12-13 nos dice que la Palabra de Dios es una espada viviente. Es penetrante y poderosa. La filosa espada de la Palabra de Dios saca a la luz el mal. En este pasaje la espada está en la mano de nuestro gran Sumo Sacerdote, el Señor Jesús. Usando la espada como una herramienta quirúrgica, Él puede cortar en nuestras vidas y discernir lo pensamientos y las intenciones. Con esta espada realizó la cirugía de la salvación.

Después de usar la espada en usted, el santo, Jesús pone la misma espada en su mano. El secreto de la habilidad del rey Arturo para luchar fue su espada, Excalibur. ¡Esta espada especial dotaba a un guerrero corriente de poder extraordinario! Así sucede con el creyente. La espada del Espíritu le da al creyente un arma de poder ilimitado.

La espada del Espíritu

"Tomad. . . la espada del Espíritu". Note cuidadosamente que la espada está relacionada con el Espíritu de Dios. ¡Tener la espada del Espíritu no es sólo tener una Biblia! El Espíritu Santo inspiró la Biblia (2 P 1:21). Solamente el Espíritu Santo puede enseñarle a usted la Biblia: "Pero el Consolador, el Espíritu Santo, a quien el Padre enviará en mi nombre, les enseñará todas las cosas y les hará recordar todo lo que les he dicho" (Jn 14:26, NIV). Juan 16:13 dice del Espíritu: "Él os guiará a toda la verdad".

Sin el Espíritu Santo las verdades de la Biblia no pueden ser comprendidas. "Pero el hombre natural no percibe las cosas que son del Espíritu de Dios, porque para él son locura, y no las puede entender, porque se han de discernir espiritualmente" (1 Co 2:14). El poder del Espíritu Santo dirige el uso de la Palabra en la vida del creyente.

Otra manera de usar la espada es para alabar. El Salmo 149:6 dice: "Exalten a Dios con sus gargantas, y espadas de dos filos en sus manos". Cada uno de nosotros tiene que tomar la espada del Espíritu. La Palabra de Dios debe ser amada, aprendida y vivida para que pueda ser una espada. Ninguna parte de nuestras vidas debe ser vivida sin la oración y la Palabra.

En 2 Samuel 23:10 se nos habla de Eleazar, uno de los valientes de David. Él luchó contra los filisteos hasta que la espada se le pegó a la mano. Esa espada se convirtió en una extensión de su cuerpo. ¡Que la Palabra de Dios, la espada del Espíritu, pueda ser eso y más para todos los que sean buenos soldados de Jesucristo!

capítulo 32

AZOTAR LA PUERTA EN LA CARA DEL ENEMIGO

JESUCRISTO ES LLAMADO "Príncipe de [nuestra] salvación" (Heb 2:10, BPE). Uno de sus propósitos expresos fue hacer libres a los que estaban cautivos de Satanás. Jesús vino para sanar a todos los que estaban oprimidos por el diablo. Como leemos en el libro de los Hechos: "cómo Dios ungió con el Espíritu Santo y con poder a Jesús de Nazaret, y cómo éste anduvo haciendo bienes y sanando a todos los oprimidos por el diablo, porque Dios estaba con él" (Hechos 10: 38).

Éste es el propósito de su Iglesia. La primera vez que la Iglesia se menciona en las Escrituras está en Mateo, donde leemos: "Y yo también te digo, que tú eres Pedro, y sobre esta roca edificaré mi iglesia; y las puertas del Hades no prevalecerán contra ella" (Mt 16:18). He aquí la guerra espiritual en la primera mención de la Iglesia.

La frase "las puertas de Hades [o infierno] no prevalecerán contra ella" suele ser mal comprendida. Tenemos una imagen de nosotros como encerrados con llave detrás de unas puertas. Vuelva a mirar el texto. ¡El texto griego indica que nosotros estamos atacando las puertas del infierno! ¡He aquí la iglesia a la ofensiva rompiendo las puertas del reino de las tinieblas y poniendo en libertad a los cautivos! Usted ve a un Cristo militante y una iglesia militante.

Estamos en una guerra invisible con un enemigo siniestro. Tenemos armas del Espíritu que pueden ganar. Desgraciadamente, muchos creyentes viven con depresión, opresión, miedo, malas costumbres, maldiciones familiares, cambios de personalidad, adicciones y enfermedades misteriosas. ¿Dónde está la victoria prometida? ¿Qué está pasando?

Pablo habla de nuestra guerra y de ataques satánicos sobre creyentes en 2 Corintios 10:3-4. Describe estos problemas usando el término *fortaleza*. La palabra griega significa "fortificación". Deriva de una palabra que significa "capacidad, conservar, guardar, retener, enfermedad, temor y necesitar". Las fortalezas son la manera como el enemigo gana acceso y control en la vida de un cristiano.

DEFINICIÓN DE FORTALEZA

Una fortaleza es un bastión de pensamiento equivocado que puede dar refugio a una entidad demoníaca. Esta entidad demoníaca puede iniciar ataques desde la casa que nuestra idea errónea ha construido para ella. Sí, así es: realmente podemos poner un revólver en la mano del enemigo para que nos dispare. Los malos hábitos y las adicciones muchas veces sólo son fortalezas diabólicamente infestadas. Esto no es posesión demoníaca sino infestación demoníaca. Los cristianos pueden ser oprimidos, deprimidos, tentados, agobiados y zarandeados, pero no pueden ser poseídos.

Aunque los creyentes nunca pueden ser totalmente atrapados por Satanás y sus demonios, la triste realidad es que muchos son constantemente acosados por fuerzas malignas. Cuando la carne está al mando de la vida de un cristiano, se da lugar a los demonios en la mente del creyente. Este lugar es generalmente un pecado inconfesado, un mal hábito ininterrumpido (obsesión), o una actitud equivocada. Dicho sencillamente, el creyente ha aceptado una mentira. Segunda de Corintios 10:5 dice: "Derribando argumentos y toda altivez que se levanta contra el conocimiento de Dios". La batalla hace estragos en el proceso de pensamiento de un creyente; estas ideas erróneas, las malas actitudes, las suposiciones falsas, las tradiciones equivocadas y las mentiras pueden convertirse en una entrada para demonios en nuestras vidas. También pueden servir como escondites donde se refugian demonios.

DOCE RAÍCES DE FORTALEZAS

1. El espíritu de enfermedad afectó a una mujer creyente en el Nuevo Testamento: "y había allí una mujer que desde hacía dieciocho años tenía espíritu de enfermedad, y andaba encorvada, y en ninguna manera se podía enderezar" (Lc 13:11). Esta mujer era una fiel asistente a la sinagoga. Era una hija de Abraham, y sin embargo los demonios afectaron su salud. Algunos ejemplos son

trastornos corporales, ataques a la identidad masculina y femenina, alergias, y síndromes extraños.

2. El espíritu de temor. "Pues Dios no nos ha dado un espíritu de temor, sino un espíritu de poder, de amor y de buen juicio" (2 Ti 1:7, DHH). Los ejemplos incluyen el terror, el estar atormentado, la inferioridad, el sentimiento de inadecuación, la preocupación, el espíritu crítico, la tensión, la obsesión por el rendimiento, y el miedo a algo.
3. El espíritu pitónico, también llamado de adivinación. "Y aconteció, que yendo nosotros a la oración, una muchacha que tenía espíritu pitónico, nos salió al encuentro, la cual daba grande ganancia a sus amos adivinando. Esta, siguiendo a Pablo y á nosotros, daba voces, diciendo: Estos hombres son siervos del Dios Alto, los cuales os anuncian el camino de salud. Y esto hacía por muchos días; mas desagradando a Pablo, se volvió y dijo al espíritu: Te mando en el nombre de Jesucristo, que salgas de ella. Y salió en la misma hora" (Hch 16:16-18, RV1909). La rebelión, la brujería, las prácticas ocultas y las artes negras provienen de este espíritu. La participación en estas prácticas acarrea maldiciones.
4. El espíritu de inmoralidad sexual, llamado prostitución o idolatría. "Mi pueblo consulta a su ídolo de madera, y su vara les informa; porque un espíritu de prostitución los ha descarriado, y se han prostituido, apartándose de su Dios" (Oseas 4:12, LBLA). La lujuria, el adulterio, la pornografía, la violación, el incesto, el orgullo, y el amor al mundo son las características de este demonio. La adicción al sexo es también un resultado de este espíritu perverso.
5. Un espíritu de esclavitud que usualmente acompaña al miedo. "Pues no habéis recibido el espíritu de esclavitud para estar otra vez en temor, sino que habéis recibido el espíritu de adopción, por el cual clamamos: ¡Abba, Padre!" (Ro 8:15). Las adicciones, la bulimia, la anorexia, las malas relaciones, la codependencia, y

otros desórdenes obsesivos son empeorados por este demonio.

6. El espíritu de orgullo que habitualmente es acompañado por la rebelión. "Delante de la destrucción va el orgullo, y delante de la caída, la altivez de espíritu. Mejor es ser de espíritu humilde con los pobres que dividir el botín con los soberbios" (Pr 16:18-19, LBLA). El orgullo, el desprecio, la burla, la impudicia, el egotismo, el prejuicio, la arrogancia, el chisme, y la crítica son manifestacinoes de este espíritu perverso.
7. El espíritu de vértigo.[1] "Jehová mezcló un espíritu de vértigo en medio de él, y extraviaron a Egipto en toda su obra, como tambalea el ebrio cuando vomita" (Is 19:14). La homosexualidad, la perversión sexual y las actividades anormales son incitadas por este espíritu.
8. El espíritu de Anticristo. "Todo espíritu que no confiesa que Jesucristo ha venido en carne, no es de Dios; y este es el espíritu del anticristo, el cual vosotros habéis oído que viene, y que ahora ya está en el mundo" (1 Jn 4:3). Este demonio quita la gloria a Cristo; niega los dones sobrenaturales, atribuyéndolos a Satanás; se opone; acosa; persigue; y divide ministerios verdaderos.
9. El espíritu de depresión o pesadez. "...A dar a los afligidos de Sion una corona en vez de ceniza, perfume de alegría en vez de llanto, cantos de alabanza en vez de desesperación. Los llamarán "robles victoriosos", plantados por el Señor para mostrar su gloria" (Is 61:3, DHH). La depresión, el pesar anormal, la desesperación, la desesperanza y las ideas suicidas derivan de este malévolo demonio.
10. El espíritu de engaño, una de las herramientas favoritas de Satanás. "Nosotros somos de Dios, y todo el que conoce a Dios nos escucha; pero el que no es de Dios no nos escucha. Así distinguimos entre el Espíritu de la verdad y el espíritu del engaño" (1 Jn 4:6, NVI). La incredulidad, la decepción, el ser acomodaticio, el intelectualismo, las sectas o cultos[2], la adulación y el legalismo fluyen de este espíritu divisivo.

11. El espíritu de celos, un espíritu que arruina las relaciones. "Si viniere sobre él espíritu de celos, y tuviere celos de su mujer, habiéndose ella amancillado; o viniere sobre él espíritu de celos, y tuviere celos de su mujer, no habiéndose ella amancillado" (Nm 5:14). Los celos, la cólera, la rabia, la crueldad, la sospecha, la competencia anormal, la inseguridad, el divorcio y la división son los resultados de permitir operar a este espíritu.
12. El espíritu de estupor o de sueño. "Como está escrito: Dios les dio espíritu de estupor, ojos con que no vean y oídos con que no oigan, hasta el día de hoy" (Ro 11:8). La fatiga constante, la pasividad, el aislamiento, y la autocompasión caracterizan a este demonio. Cuando se le permite tomar el control, este espíritu bloquea el éxito y trae cansancio a la vida.

DERRIBAR LAS FORTALEZAS DEL ENEMIGO

Para derribar estas fortalezas de Satanás, usted debe convertirse en un creyente armado. Apocalipsis 12:11 declara cuál es el arma tripartita para vencer a nuestro enemigo: "Y ellos le han vencido por medio de la sangre del Cordero y de la palabra del testimonio de ellos, y menospreciaron sus vidas hasta la muerte".

1. La sangre cancela el derecho que Satanás tenía a oprimirlo.
2. La palabra de su testimonio. Sí, tome la Palabra de Dios como una espada y suéltela con su boca contra el enemigo. La verdad lo hará libre.
3. Una vida rendida a Jesús. Usted puede apropiarse de todo el armamento de Jesús, y debe capturar cada pensamiento del enemigo y "derribarlo".

Vemos la sangre de la expiación, el testimonio del creyente armado, y la vida rendida a la voluntad de Jesús. Satanás tiembla ante el creyente que tiene las armas de Dios. Déjeme compartirle ocho pasos para remover una fortaleza.

- Paso uno: asegúrese de haber confesado a Jesucristo como su Señor y Salvador.
- Paso dos: tome conciencia de que sólo Dios puede remover una fortaleza.
- Paso tres: identifique la fortaleza.
- Paso cuatro: confiese todos los pecados relacionados con fortalezas.
- Paso cinco: dé gracias a Dios por haberlo perdonado
- Paso seis: visualice la destrucción.
- Paso siete: pida a Dios que lo libere de la fuerza negativa demoníaca asociada con fortalezas.
- Paso ocho: haga restitución.

Después de dar estos pasos usted debe poseer el territorio reclamado. Confiese que usted ya no está afectado por esa área de fortaleza y clame por la llenura de Dios. Ponga fin a los pecados que lo esclavizaron, y llene su mente con la Escritura para reforzar la victoria.

En el Antiguo Testamento, a los judíos se les dijo que expulsaran al enemigo y poseyeran Canaán. El territorio de su alma, como Canaán, está lleno de fortalezas que deben ser derribadas. Como soldados debemos tomar lo que es nuestro. La vida abundante aguarda a aquellos de nosotros que expulsen al enemigo y tomen posesión del territorio de sus almas. La fortaleza de Jericó cayó derribada ante el pueblo de Dios. La fortaleza de Satanás se desmoronará ante nosotros si empuñamos nuestras armas.

> . . . y estando prontos para castigar toda desobediencia, cuando vuestra obediencia sea perfecta.
>
> —2 CORINTIOS 10: 6

Cuando usted derriba estas fortalezas, cada demonio que se ocultaba detrás de estas mentiras, hábitos, enfermedades y malas decisiones queda expuesto y Dios castiga su desobediencia. La palabra griega para "castigar" es *ekdikéo* o venganza. Cuando estemos llenos de obediencia, Dios tomará venganza de cada demonio que se haya atrevido a amenazarlo a usted.

Sección VI

CÓMO CONSERVAR LA VICTORIA SOBRE SU ENEMIGO

capítulo 33

PONER EN FUGA AL ENEMIGO

SATANÁS HA SIDO despojado de autoridad en la vida de todo creyente. Satanás y sus ejércitos demoníacos tienen miedo a la autoridad de la Palabra de Dios a través de Cristo. Santiago 2:19 dice: "También los demonios creen, y tiemblan". Una batalla decisiva fue librada y ganada en la cruz y en la tumba vacía, y despojó de autoridad a Satanás y sus huestes. Colosenses 2:15 declara que Jesús "Desarmó a los poderes y a las potestades" [de su autoridad].

Cuando Jesús vino al mundo, éste era un campamento armado ocupado por Satanás. Las fuerzas del mal lo reconocían (Marcos 1:23-25). En Marcos 5, fuerzas malvadas acamparon en un hombre. Lo controlaron demonios suficientes para llenar a dos mil cerdos. Pero note que estas fuerzas no podían moverse sin el permiso de Jesús. Jesús derrotó a Satanás y quebró su autoridad en cada aspecto.

Satanás no pudo hacer caer a Jesús. No pudo lograr que Jesús cediera ante la tentación. La muerte no pudo retener a Jesús. Cada arma que Satanás usó quedó inutilizada bajo los pies de Cristo. La gloriosa verdad es que usted y yo podemos hacer valer esa victoria. Podemos hacer huir al enemigo. Podemos ver a Satanás en rápida retirada. He aquí los sencillos pasos hacia la victoria.

EL REQUISITO DE LA SUMISIÓN

> Dios resiste a los orgullosos, pero da gracia a los humildes.
>
> —SANTIAGO 4:6, NVI

Antes de poder hacer huir a Satanás efectivamente, el creyente mismo debe estar bajo autoridad. Dios resiste al orgulloso. La palabra *orgulloso* describe a una persona autosuficiente que dirige su propia vida. La palabra *resiste* significa "organizar un ejército contrario". Dios ha apostado un ejército contra el autosuficiente.

La palabra clave en Santiago 4:7 es "sométanse". Es una palabra militar que significa "posición de uno que cumple órdenes". Un creyente tiene autoridad sobre Satanás cuando vive bajo la autoridad de Cristo. Un cristiano rebelde y pecador no puede hacer huir a Satanás. El cristiano que vive bajo la autoridad dada por Dios puede poner en fuga al enemigo. Los creyentes deben aprender a vivir bajo autoridad. La Palabra de Dios expone el patrón de la autoridad de Dios.

Los cristianos viven bajo la autoridad de Cristo. También vivimos bajo la autoridad del gobierno humano (1 P 2:13-15). La esposa vive bajo la autoridad de su esposo (Ef 5:22-24). Los hijos viven bajo la autoridad de sus padres (Ef 6:1-3). Esto es para tener protección y poder. Toda autoridad humana es delegada, pero es inválida si infringe la voluntad de Dios. "Es necesario obedecer a Dios antes que a los hombres" (Hch 5:29).

Se nos ha dicho que si vamos a derrotar a Satanás, debemos estar bajo autoridad. Jesús vivía bajo la voluntad del Padre en su época terrenal. Este fue el secreto de su poder. Vivía bajo autoridad. "Se humilló a sí mismo, haciéndose obediente hasta la muerte" (Fil 2:8). Este fue el preludio para la victoria. Este fue el camino hacia la autoridad. Después de su sumisión vino su exaltación. El versículo 10 declara que cada dominio está ahora bajo su autoridad, el dominio espiritual, el dominio natural, y el dominio demoníaco. Antes de que podamos tener autoridad, nosotros mismos debemos someternos completamente a Dios.

LA RESISTENCIA A SATANÁS

Someteos, pues, a Dios; resistid al diablo, y huirá de vosotros.

—SANTIAGO 4:7

Una vez que estamos bajo autoridad, podemos afirmarnos en la autoridad de Cristo. Efesios 1 y 2 declaran estas verdades. Efesios 1:19-23 declara la autoridad del Cristo resucitado, ascendido y entronizado. Debemos reconocer que no tenemos autoridad sobre Satanás en nuestra propia carne y poder. Fuimos hechos menores que los ángeles. Pero en Cristo se nos ha dado su autoridad sobre Satanás.

Efesios 2:1-6 declara que ahora estamos completamente identificados con Cristo en su crucifixión, resurrección, ascensión y entronización.

Por lo tanto, ahora compartimos su autoridad. Ahora estamos en Él, elevados por encima del dominio angélico.

Debemos *resistir* a Satanás. Esta palabra de Efesios 4:7 no es la misma que la del versículo 6. La palabra del versículo 7 implica "pararse contra". Describe al creyente y Dios contra Satanás. Nos ponemos firmes sin ayuda humana.

Debemos aprender que no podemos escondernos de Satanás. No podemos escapar de Satanás. No podemos correr más que él, y no podemos escaparnos de él en este planeta.

Entonces, ¿cómo resistimos a Satanás?

- Asegúrese de estar llevando, bajo autoridad, una vida obediente y limpia.
- Tome su puesto contra Satanás con la autoridad de Cristo.
- Manténgase constante en la fe, creyendo que Dios le da la victoria.
- Ataque verbalmente a Satanás con la Palabra de Dios y la obra de Cristo.
- De ningún modo le dé lugar a Satanás; no le deje ni el menor resquicio.
- Con la autoridad de Cristo ordénele que se vaya.
- Dé gracias a Dios y alábelo, y mire al diablo correr.

capítulo 34

HACER RETROCEDER AL ENEMIGO

LA VIDA DEL cristiano está siempre en un curso de colisión con el programa de Satanás. Quien una vez fue un príncipe, es ahora un usurpador "un pretendiente al trono de la tierra.

La rebelión de Satanás se remonta al mundo preadámico. Tanto la ciencia como la Escritura afirman que un gran cataclismo trajo ruina y muerte a este mundo antes de Adán. Lucifer se convirtió en el malicioso Satanás ocultándose en el cuerpo de una serpiente en el Edén.

Aunque Satanás está derrotado, aguarda su sentencia final junto con aquellos de la raza humana que serán enviados al infierno con él. Jesús derrotó a nuestro enemigo ancestral y lo sentenció al olvido, preparando un infierno ardiente para él y sus cohortes angélicas.

Hasta la sentencia final, él sigue en nuestro sistema solar como "el príncipe de la potestad del aire". Tiene permiso para obrar en el desobediente. Él es parte y parcela de este mundo caído. Por lo tanto sabemos que para nosotros la tierra no es un patio de recreo sino un campo de batalla.

El Salmo 56 es uno de los salmos llamados *mictam*, que significa "canción de oro" o "canción preciada". Su título es un anhelo de David: "La paloma silenciosa en tierras distantes". Volviendo al Salmo 55:6: "Y dije: ¡Quién me diera alas como de paloma! Volaría yo y descansaría".

Este salmo fue compuesto cuando David fue acosado por Saúl y cayó en manos de los filisteos. David añora los días de solitud antes de que la inquietante responsabilidad del liderazgo cayera sobre él. Había sido ungido rey, pero en lugar de un trono, ¡tiene guerra!

Esto no difiere de nuestra experiencia: venimos a Cristo, somos ungidos por el Espíritu, ¡y luego el enemigo nos declara la guerra! Pero sabemos que la victoria es nuestra.

CUATRO MANERAS EN QUE EL ENEMIGO OPRIME

¿Cómo nos desafía el enemigo? Su estrategia es poner presión sobre usted en todos lados. He aquí una clara diferenciación de la opresión satánica y cómo identificarla.

Satanás nos rodeará de personas que nos distraen. En el Salmo 56:2 David siente que está siendo perseguido por leones. ¡Sepa que en su vida hay personas cuyo principal objetivo es hacerlo malgastar su tiempo, distraerlo, criticarlo o confundirlo! Cuando Pedro trató de "ayudar" a Jesús negando la necesidad de la cruz, Jesús le dijo: "¡Apártate de mí, Satanás!"

A veces sus allegados lo entorpecerán. ¡Otras veces las personas lo atacarán directamente! Recuerde: ¡el enemigo usará a alguno! "Dios, ten misericordia de mí, porque me devoraría el hombre; me oprime combatiéndome cada día" (Sal 56:1). Note la palabra *devoraría*; significa "aplastar", "pisotear" y "tragar". ¡A veces el enemigo sólo quiere quebrar su espíritu y tragar su propósito! La frase "todo el día" es una palabra hebrea que quiere decir "todo el tiempo; el total de todo". ¡Literalmente quiere decir que Satanás ataca la totalidad del propósito de mi vida todo el tiempo! Es implacable.

Ya conocemos los esfuerzos de Satanás para intimidar. En la primera Guerra del Golfo se utilizaron los términos "impacto e intimidación", para describir un ataque aéreo que se sostuvo varios días. El propósito era quebrar la voluntad de los atacados. Nuestro enemigo ensaya el "impacto e intimidación" como príncipe del poder del aire.

Satanás usará la difamación para derrotarnos y alejarnos de la victoria. "Todos los días ellos pervierten mi causa; contra mí son todos sus pensamientos para mal" (Sal 56:5). ¡Satanás es el acusador! Su objetivo es difamar y arruinar. Recuerde su cruel ataque contra Job. La palabra *pervierten* es en hebreo *atsab*, que quiere decir "tallar, preocuparse, dañar, pervertir, infligir dolor". ¡Satanás tomará lo que usted dice y hace, y le dará forma de algo que cause dolor, para desacreditarlos a usted y a aquello en lo que usted cree!

La palabra empleada para *pensamiento* significa "una trama o estratagema". Se aplica a los "juicios erróneos". Satanás los retorcerá e inventará para frustrar el propósito de Dios para su vida.

El Salmo 56:6 declara que Satanás acecha a los creyentes para entorpecer su fe: "Se reúnen, se esconden, miran atentamente mis pasos, como quienes acechan a mi alma". He aquí las tácticas finales de Satanás. Fíjese cómo con bastante frecuencia Satanás usa personas, incluso creyentes, para que hagan su trabajo sucio.

SIETE RESPUESTAS GANADORAS PARA EL DESAFÍO DE SATANÁS

El Salmo 56:9 nos enseña: "Serán luego vueltos atrás mis enemigos, el día en que yo clame [al Señor]" (RV95). Rastreando los pensamientos de este salmo descubrimos siete respuestas victoriosas para darle al enemigo.

Primero, debemos confiar en el Señor como el salmista lo hizo. "En el día que temo, yo en ti confío" (v. 3). La palabra *confiar* en hebreo es *batakj*, que quiere decir estar confiado, seguro, salvo, y confianza. Su raíz primitiva quiere decir extenderse. Aquí las arrugas de la preocupación se van a medida que usted consigue botox espiritual. También quiere decir yacer a salvo en el suelo.

El Salmo 56:4 nos da la segunda respuesta, que es confiar en la Palabra de Dios. "En Dios alabaré su palabra; en Dios he confiado; no temeré; ¿Qué puede hacerme el hombre". Aquí el creyente halla refugio en Dios y su Palabra. ¡Él *jalál* la palabra! ¡Él grita aleluya en medio del ataque porque tiene una palabra de Dios! Él confía en Dios mientras ruge la batalla.

En tercer lugar, podemos hallar refugio en un Dios que cuida de nosotros: "Mis huidas tú has contado; pon mis lágrimas en tu redoma; ¿No están ellas en tu libro?" (v. 8). ¡Esto es confianza! Mientras el enemigo acecha, Dios "cuenta mis huidas". La palabra *contar* es "llevar registro para celebrar después". ¡Dios celebrará nuestra victoria con nosotros! La palabra *huída* es "exilio." El enemigo ha tratado de exiliarnos de nuestra tierra, pero Dios está llevando el registro. Recobraremos todo lo que el enemigo se ha llevado. ¡Dios guarda el libro! Nuestras "lágrimas" están guardadas en una redoma (botella). Lo que es amargo Dios lo convertirá en vino fino. Tomará nuestras lágrimas y las tornará en júbilo.

En cuarto lugar, la oración trae a la escena los recursos de Dios. "Serán luego vueltos atrás mis enemigos, el día en que yo clamare; esto sé, que Dios está por mí" (v. 9). He aquí la oración apasionada que clama a Dios en presencia del enemigo. Ésta es la oración audaz, enérgica, exigente. Dios escuchará nuestras oraciones cuando se las ofrezcamos en una urgencia.

En quinto lugar, puedo descansar con total seguridad de acuerdo con el versículo 9: "Esto sé, que Dios está por mí". ¡Uáu! Aquí el creyente expresa la suprema confianza. Aquí el poderoso escudo de la fe es levantado contra el enemigo. Romanos 8:28 ratifica esta promesa del Antiguo Testamento: "Y sabemos que a los que aman a Dios, todas las cosas les ayudan a bien, esto es, a los que conforme a su propósito son llamados". Dios está por usted: *¡créalo!*

En sexto lugar, cuando honremos nuestras promesas, Dios nos protegerá. "Sobre mí, oh Dios, están tus votos; te tributaré alabanzas" (Sal 56:12). Una interpretación directa de esto se leería: "Cumpliré las promesas que te hice, oh Dios, mientras levanto mis manos para alabarte". *Todá* significa levantar las manos mientras se alaba a Dios. Dios ve esto como una solemne promesa de guardar nuestros votos. Cuando usted hace lo que promete, tiene garantizada la victoria.

Fíjese en la siguiente advertencia y promesa sobre los votos:

> Cuando a Dios haces promesa, no tardes en cumplirla; porque él no se complace en los insensatos. Cumple lo que prometes. Mejor es que no prometas, y no que prometas y no cumplas. No dejes que tu boca te haga pecar, ni digas delante del ángel, que fue ignorancia. ¿Por qué harás que Dios se enoje a causa de tu voz, y que destruya la obra de tus manos?
>
> —ECLESIASTÉS 5:4-6

El destructor viene después de que se rompen las promesas al Señor. "Trampa es consagrar algo sin pensarlo y más tarde reconsiderar lo prometido" (Pr 20:25, NVI).

En séptimo lugar, damos testimonio del gran poder de Dios como lo hizo David en el versículo que cierra el Salmo 56: "Porque has librado mi alma de la muerte, y mis pies de caída, para que ande delante de Dios en la luz de los que viven" (v. 13). Este último versículo declara que Dios rescata nuestras vidas. Dios nos guarda de caer. La palabra *caer* significa "ser empujado". La palabra para *pies* es viaje. ¡Dios no permitirá que el enemigo nos tire al piso o por un despeñadero durante nuestro viaje; llegaremos a casa!

Dios nos da un principio nuevo y fresco. La palabra *viven* significa "carne fresca". Dios renueva su vida sobre la tierra cuando usted camina ante Él en la *luz*, o a la luz del día. Esto habla de un nuevo principio. ¡Se trata de cómo debe vivirse esa vida!

He aquí una proclamación dirigida hacia el enemigo:

- Anulo toda oración perversa por la sangre de Jesús, en el nombre de Jesús.
- Anulo todo desafío satánico por la sangre de Jesús, en el nombre de Jesús.
- Anulo todo decreto satánico contra mi vida, en el nombre de Jesús.
- Anulo todo deseo satánico dirigido a mi vida por la sangre de Jesús, en el nombre de Jesús.
- Anulo toda expectación satánica con respecto a mi vida, en el nombre de Jesús.
- Anulo toda decisión satánica tomada contra mi vida, en el nombre de Jesús.
- Anulo todo acuerdo satánico levantado contra mi vida, por la sangre de Jesús.
- Anulo toda conspiración satánica contra mi vida realizada en las regiones celestes, en el nombre de Jesús.
- Anulo toda conspiración satánica contra mi vida realizada en la tierra, en el nombre de Jesús.
- Anulo todo plan y programa satánico para mi vida, en el nombre de Jesús.

capítulo 35

VIVIR UNA VIDA DE ADORACIÓN

MIREMOS BREVEMENTE CÓMO entrenaba David a sus guerreros para la batalla. Es interesante notar que el Salmo 18, el "manual de instrucción", está enmarcado por la alabanza. Hacia el final del salmo David exclamó: "Viva Jehová, y bendita sea mi roca, y enaltecido sea el Dios de mi salvación" (v. 46). David sabía que la adoración a Dios pone en fuga al enemigo.

ADORACIÓN 101

Pero otro salmo parece ser un manual de instrucción sobre el arte de la alabanza.

> Cantad a Jehová cántico nuevo;
> Su alabanza sea en la congregación de los santos.
> Alégrese Israel en su Hacedor;
> Los hijos de Sion se gocen en su Rey.
> Alaben su nombre con danza;
> Con pandero y arpa a él canten.
> Porque Jehová tiene contentamiento en su pueblo;
> Hermoseará a los humildes con la salvación.
> Regocíjense los santos por su gloria,
> Y canten aun sobre sus camas.
> Exalten a Dios con sus gargantas,
> Y espadas de dos filos en sus manos,
> Para ejecutar venganza entre las naciones,
> Y castigo entre los pueblos;
> Para aprisionar a sus reyes con grillos,
> Y a sus nobles con cadenas de hierro;
> Para ejecutar en ellos el juicio decretado;

Gloria será esto para todos sus santos.
Aleluya.

—SALMOS 149:1-9

Este hermoso salmo nos dice que la alabanza no es sólo la música creada: también hay un ruido de adoración. Este ruido inunda los oídos de nuestros enemigos en la batalla. Incluye reír, llorar, aplaudir y gritar. Incluye el apagado susurro de la respiración del cuerpo de Cristo cuando se vuelve a Él en silenciosa meditación de su bondad. Es, en toda guerra, el sonido de la batalla en los oídos del enemigo.

La adoración tiene aún mayor fuerza cuando lo hace un cuerpo completo de creyentes. Este salmo nos dice: "Alégrese Israel. . ." Se refiere a un plural. Ocurre algo fuerte durante la adoración corporativa donde dos o tres o más están reunidos. Jesús prometió: "Estoy en medio de ellos" (Mt 18:20).

También sabemos por Hebreos 2:12 que cuando Él se muestra entre nosotros y estamos cantando, Él empieza a cantar. Si usted piensa que su adoración les hace algo a los demonios, espere a que el Señor Jesús empiece a cantar junto con usted, y luego el Espíritu Santo se les una, y luego Dios el Padre empiece a cantar con ustedes!

La adoración debe reflejar o representar las tres partes del tabernáculo o del templo. Comenzamos en el patio exterior donde la sangre nos salvó y alabamos el nombre de Jesús por nuestra salvación. Seguimos luego al lugar santo, donde están ubicados la mesa de la proposición y el candelabro. En ese lugar su Palabra y su guía nos iluminan un poco más, y entramos por esas puertas con acción de gracias y en esos atrios con alabanza.

Pero luego seguimos hacia el lugar santísimo, donde hay un velo que ha sido rasgado. Cuando comienzan las alabanzas más elevadas, entramos a ese lugar de inmunidad e intimidad con nuestro Señor donde ningún diablo del infierno nos puede tocar. El salmista dijo: "Gloria será esto para todos sus santos" (Sal 149:9). En cierto tiempo, solamente los sumos sacerdotes podían entrar al lugar santísimo, pero después de la cruz, Jesús dijo: "Pasen. Ustedes son bienvenidos en este lugar sagrado".

La mayoría de las iglesias nunca ha entrado a ese lugar durante su adoración corporativa. No saben lo que es que todo quede silencioso y sólo estén tendidos a los pies del Señor, y digan. "Señor, no me moveré hasta que tú te muevas. Estaré aquí hasta que tú me digas qué hacer."

Mire mejor el Salmo 149, donde el salmista dice que hay muchas maneras de hacerlo. Podemos tocar instrumentos. Podemos cantar. Sí, ¡hasta podemos danzar! El versículo 3 dice: "Alaben su nombre con danza; con pandero y arpa a él canten."

Hay mucho más que debemos aprender respecto a la adoración. El versículo 4 continúa: "Porque Jehová tiene contentamiento en su pueblo". A Dios le encanta que usted cante. El Salmo 22:3 dice: "Tú que habitas entre las alabanzas de Israel". La palabra hebrea para "habitar", *yasháb*, quiere decir: "Vivir como un marido con la esposa a quien ama". Cuando usted empieza a cantar, Él no viene con un látigo sino con un don en su mano. Cuando usted canta, Él viene para besarlo. *Adorar* significa "besar hacia." Cuando usted canta, Dios responde como un protector, como un proveedor, como un enamorado, como una cobertura, y como un padre.

No se trata de que usted tenga una voz entrenada; ¡Dios adora escucharlo cantar! De vez en cuando mi esposa Paulette me pide: "Cariño, cántame". Mi congregación sabe que a mí nunca se me pediría que esté de pie con un micrófono y presente una ofrenda musical especial, pero a través del filtro del amor, ¡mi esposa piensa que sueno genial!

UN ARMA EFECTIVA

Nuestras alabanzas a Dios llegan a ser un arma muy poderosa. El Salmo 149:6 dice: "Exalten a Dios con sus gargantas, y espadas de dos filos en sus manos". ¿Usted ansía que el poder de la Palabra de Dios obre en su vida? ¡Empiece a alabarlo!

A menudo pienso en David como un joven que corría para encontrar a Goliat con la piedra y la honda entre sus manos. Las alabanzas a Dios estaban en sus labios y el gigante se rió. "Vengo a ustedes como un hombre poderoso, y ustedes envían a un bebé". Pero el niño vino hacia adelante cantando, alabando. ¡Lo que Goliat no sabía era que la piedrita de la mano de David era controlada por la Roca de los Siglos, que no yerra nunca!

Quizás usted sienta que tiene un Goliat levantándose contra su vida. Recoja la Roca de los Siglos y empiece a alabar a Dios. Luego tome la espada de la Palabra de Dios, ¡agarre a ese enemigo por los pelos y termine con él!

Dios está restaurando el tabernáculo de David en estos últimos días. La adoración davídica está de regreso. Nuestras iglesias pueden incluir todas las formas de alabar a Dios: con instrumentos, coros, solistas, bandas, guitarras, aplaudiendo, danzando y gritando.

¡La alabanza a Dios logra tanto! Dios dice en el Salmo 149:7: "Para ejecutar venganza entre las naciones, y castigo entre los pueblos". Cuando empiezo a alabar a Dios, los ángeles de gloria van a guerrear por mí contra cada enemigo. El siguiente versículo dice que con esta alabanza, usted puede atar a nobles y reyes y ponerlos en cadenas. ¡Usted puede atar al diablo!

Jesús dijo: "Sobre esta roca edificaré mi iglesia; y las puertas del Hades no prevalecerán contra ella" (Mt 16:18). Continúa en el versículo 19: "Y a ti te daré las llaves del reino de los cielos; y todo lo que atares en la tierra será atado en los cielos; y todo lo que desatares en la tierra será desatado en los cielos".

¿Qué son las llaves del reino de los cielos? El evangelio, por supuesto, es la llave. El salmista dijo: "Entrad por sus puertas con acción de gracias, por sus atrios con alabanza; alabadle, bendecid su nombre" (Sal 100:4). Cuando lo hacemos, tenemos las llaves que atarán a las fuerzas de la oscuridad.

A veces nuestra alabanza atará los espíritus que tratan de acosar nuestras vidas. El demonio de la depresión frecuentemente huye con sólo que empecemos a cantar. Dios ha prometido darnos la vestimenta de la alabanza para el espíritu de pesadumbre (Is 61:3). Cuando usted sienta que esa oscuridad empieza a caerle nuevamente, póngase a cantar. La victoria vendrá, y Él atará y echará al demonio de la depresión que ha tratado de matarlo y destruirlo.

La música le da valor. La música siempre ha tenido una fuerte influencia sobre las actitudes respecto a la guerra. Con cada guerra, parece surgir un tema musical que hace el llamamiento. En los últimos años cuando Estados Unidos enfrentó la crisis del Golfo Pérsico e Irak, usted no podía pasar un día sin oír la poderosa canción de Lee Greenwood "Dios bendiga a los Estados Unidos". Las almas cansadas, hartas y a veces atemorizadas empezaron a levantarse y tomar coraje con esa música.

Pregúnteles a Pablo y Silas. Fueron golpeados y lastimados en la oscuridad de medianoche. "Silas, dijo Pablo, ¡Cantemos!" Al máximo de sus pulmones, con el dolor todavía recorriendo sus cuerpos golpeados, cantaron, y el cielo se abrió. Dios bajó y aterrizó con tanta fuerza que reventó las puertas de la cárcel, y el carcelero corrió hacia dentro y exclamó: ¿"Señores, ¿qué debo hacer para ser salvo?" (Vea Hechos 16.) Ningún sermón. . . ¡Sólo alabanza!

Cada vez que David cantaba, los demonios huían de su vida y de quienes lo escuchaban. Y Nehemías: ¡él también conocía el poder de alabar a Dios! Tuvo una multitud variopinta tratando de construir un muro increíble. Algunos se burlaron de los esfuerzos, diciendo: "Lo que ellos edifican del muro de piedra, si subiere una zorra lo derribará" (Vea Nehemías 4:3.) Los trabajadores de Nehemías recibían burlas y se reían de ellos, y estaban exhaustos más allá de lo imaginable. Pero Nehemías dijo: "No os entristezcáis, porque el gozo de Jehová es vuestra fuerza" (Vea Nehemías 8:10.) Los trabajadores empezaron a cantar a su propio manera, y eso a Dios le gustó. Las fuerzas fluían en sus espíritus.

LA ALABANZA TRAE AVIVAMIENTO

Si usted quiere un verdadero avivamiento, necesitará aprender la verdadera alabanza y adoración. ¡Y puede ser un lío! Un tiempo de alabanza puede interrumpir el orden de su servicio o hacer que ese delicioso asado se queme porque el servicio del domingo se extiende después del mediodía. Pero esos son efectos secundarios insignificantes para sufrir cuando usted ve los altares inundados de personas llorosas, arrepentidas, lastimadas, y luego ve que el poder de Dios fluye a través de ellas.

El diablo ha tratado de robarle su canción. Es tiempo de cantar otra vez. El salmista dijo: "Por la noche durará el lloro, y a la mañana vendrá la alegría" (Sal 30:5). Bien, ¡ahora es la mañana! La noche ha terminado. Su Padre está cantando sobre usted. Éste es un nuevo día.

capítulo 36

AMAR INCONDICIONALMENTE A OTROS

CREO QUE LA mayor lección que he aprendido en la guerra espiritual es una que encontré demasiado tarde para muchas oportunidades que había tenido en mi vida. Esta arma poderosa es una que no ha fallado en ninguna de las ocasiones en que la empuñé. Esta arma es el amor ágape, el amor de Dios.

Si usted se toma un tiempo para leer el gran capítulo de la Biblia sobre el amor, 1 Corintios 13, descubrirá que en él el Espíritu Santo discute claramente este poderoso don. Escondido dentro de este tesoro de valor incalculable que "todo lo sufre, todo lo cree, todo lo espera, todo lo soporta" (v. 7), hay un poder explosivo que puede derribar muchas paredes espirituales.

En Romanos 8:31-39 leemos:

> ¿Qué, pues, diremos a esto? Si Dios es por nosotros, ¿quién contra nosotros? El que no escatimó ni a su propio Hijo, sino que lo entregó por todos nosotros, ¿cómo no nos dará también con él todas las cosas? ¿Quién acusará a los escogidos de Dios? Dios es el que justifica. ¿Quién es el que condenará? Cristo es el que murió; más aun, el que también resucitó, el que además está a la diestra de Dios, el que también intercede por nosotros. ¿Quién nos separará del amor de Cristo? ¿Tribulación, o angustia, o persecución, o hambre, o desnudez, o peligro, o espada? Como está escrito: *Por causa de ti somos muertos todo el tiempo; Somos contados como ovejas de matadero.* Antes, en todas estas cosas somos más que vencedores por medio de aquel que nos amó. Por lo cual estoy seguro de que ni la muerte,

> ni la vida, ni ángeles, ni principados, ni potestades, ni lo presente, ni lo por venir, ni lo alto, ni lo profundo, ni ninguna otra cosa creada nos podrá separar del amor de Dios, que es en Cristo Jesús Señor nuestro.

La mayor arma de la guerra espiritual es el amor de Dios. Es por eso que Dios comenzó con él y lo prometió desde el principio del tiempo.

> Porque de tal manera amó Dios al mundo, que ha dado a su Hijo unigénito, para que todo aquel que en él cree, no se pierda, mas tenga vida eterna.
>
> —JUAN 3:16

> Mirad cuál amor nos ha dado el Padre, para que seamos llamados hijos de Dios; por esto el mundo no nos conoce, porque no le conoció a él.
>
> —1 JUAN 3:1

La cruz del Calvario fue una demostración pública del amor ágape de Dios, del amor que no conoce ningún límite, del amor que no se reprime, del amor que irá tan lejos como haga falta para traer de vuelta a su amado. Es el tema de la Biblia. Es el latido de nuestra propia canción. Es el centro del evangelio que predicamos. Esta característica única es la que separa al cristianismo del islam, el budismo, y de todos los "ismos" del mundo.

Tenemos un Dios que nos ama sin importar lo que hayamos hecho. No hay medida para su amor. No podemos comprender la altura, la profundidad, la longitud o la amplitud de su amor. Este amor de Cristo supera todo conocimiento. No podemos aprenderlo todo. No podemos estudiarlo todo. No podemos hablar de todo. No podemos escribir suficientes canciones. No podemos escribir suficientes poemas. No podemos predicar suficientes sermones. ¡No podemos orar lo suficiente para expresar lo que es el amor de Dios!

Uno de mis viejos himnos favoritos habla de este poderoso amor, el último verso del cual se encontró escrito en las paredes de un asilo de insanos:

> Si fuera tinta todo el mar, y todo el cielo un gran papel,
> Y cada hombre un escritor, y cada hoja un pincel.
> Nunca podrían describir el gran amor de Dios;

Que al hombre pudo redimir de su pecado atroz.
Y cuando el tiempo pasará con cada reino mundanal,
Y cada reino caerá con cada trama y plan carnal.
El gran amor del Redentor por siempre durará;
La gran canción de salvación su pueblo cantará.
Coro:
¡Oh amor de Dios! Brotando está,
Inmensurable eternal;
Por las edades durará,
Inagotable raudal.[1]

ELEMENTOS DEL ARMA

Debemos comprender claramente las muchas facetas de esta arma poderosa. Me frustra caminar por iglesias sólo para ver personas "cumpliendo formalidades" y jugando juegos religiosos. Quiero ponerme a gritar y decir por ejemplo: "¿Ustedes piensan que Dios rajó el cielo para enviar a su Hijo amado a colgar durante seis horas de una cruz bajo el sol del mediodía de Israel y desangrarse hasta morir para que ustedes jueguen jueguitos religiosos? ¡Él dio su sangre para cambiarlos a ustedes, para sanarlos por dentro y por fuera, para transformarlos para siempre!". Nadie ha vuelto a ser el mismo si alguna vez abrió su corazón y aceptó el abrazo de Cristo. Él nos cambia.

Amor inmerecido

Sin importar qué errores usted pueda haber cometido, si es hijo de Dios, Él está por usted. Aunque su matrimonio haya terminado en divorcio, Dios está por usted. Usted pudo haber cometido algunos errores juveniles, fallado en su empresa, o cumplido una condena en una penitenciaría, pero Dios está por usted. En el Calvario, Él dio su voto por usted. Lo quiso antes de que usted hubiera nacido. Antes de que la primera ola rompiera en la orilla, ¡Él ya conocía su nombre y conocía su corazón y lo amaba! Nada puede separarlo del amor de Dios. Usted no puede hacer nada para merecerlo. Es por eso que el amor ágape lo es todo.

Cuando usted da vuelta ese amor y lo ejerce, descubre algo de gran poder. Puede amar y servir a alguien sin esperar nada. Usted vivirá en victoria.

Amor que no desmaya

"¿Quién nos separará del amor de Cristo?, pregunta a Pablo. ¿Tribulación, o angustia?" (Vea Romanos 8:35.) ¡La respuesta, por supuesto, es no! ¡Sus presiones y problemas son sólo maneras en que Dios puede mostrarle que lo ama! "¿Persecución?" El amor ágape sobrevivirá a toda controversia. "¿Hambruna, o persecución, o hambre, o desnudez, o peligro, o espada?" Ninguno de estos influye en el poder del amor de Dios.

Amor invicto

Romanos 8:37 dice audazmente: "Antes, en todas estas cosas somos más que vencedores". En esta frase, "más que vencedores" hay una palabra griega *jupernikáo* y parece ser una palabra que el apóstol Pablo inventó, porque no aparece en ningún otro lugar de la literatura griega. Vea, la palabra *nikáo,* vencedor, era lo más fuerte que se pudiera ser. Quiere decir que usted ha conquistado; ha ganado. Que obtuvo el botín. Que está a cargo. Que sus enemigos están caídos. Todo lo que usted quiere está en sus manos. No había ninguna palabra más fuerte que *nikáo.* Pero Pablo añadió *juper* en griego, que era como *super* en castellano. Quería comunicar algo más grande que la mera conquista cuando dijo que somos "más que vencedores".

¿Cómo puedo ser más que vencedor? Por causa de Jesús, habrá ciertas batallas que nunca necesitaré volver a librar. Podré tener una o dos peleas en mi vida, pero no tengo que luchar por mi salvación. ¡Él ya ha ganado esa batalla! No tengo que luchar por el perdón. No tengo que luchar por mi sanidad. No tengo que luchar por los dones del Espíritu. ¡Soy más que vencedor!

Hay una historia de una mujer cuyo marido se trasladó a las Islas Filipinas por un corto tiempo, por una oportunidad de negocios. La pareja había criado a tres hijos, que ya eran casi adultos. Tras unas pocas semanas en su nueva la empresa, él le envió un telegrama que decía: "Ya no te quiero. He encontrado a alguien aquí. No voy a volver. Adiós. Tu marido."

El hombre de negocios se casó con una joven filipina, y tuvieron un hijo. Pero trágicamente pronto descubrió que tenía un cáncer terminal, y se murió. La joven viuda filipina y su bebé no tenían a dónde ir, así que ella le escribió a la primera esposa del hombre: "Estuve casada con su marido. Tenemos un hijo. No sé qué hacer".

Bien, esta mujer era una cristiana. "Querida muchacha, le respondió a la joven: Dios te ama. Cristo murió por ti. Te estoy enviando dinero para que vengas a los Estados Unidos. Arreglaremos todos los detalles cuando estés aquí. Tú y el niño vivirán en mi casa." ¡Eso es lo que puede hacer el poder del amor ágape!

Ganar y ser amado por Dios no significa que usted no va a tener dolor ni a ser lastimado, pero quiere decir que usted amará siempre. Esa mujer podría haber dicho: "Mire, él se divorció de mí. Trate de arreglárselas por su cuenta". No, así es como usted pierde.

Quizás usted esté perdiendo su batalla espiritual porque no puede perdonar. La Biblia dice: "Amad a vuestros enemigos, bendecid a los que os maldicen, haced bien a los que os aborrecen..." (Mt 5:44). No importa cuál sea la respuesta a nuestros actos de amor. Si es amor ágape, no importa. El amor va a amar de todos modos. El amor fue a la cruz y siguió amando. Fue enterrado, y tres días después volvió a la vida.

En años pasados, se ha predicado un evangelio falso. Muchos han dicho: "Para ser un verdadero cristiano, usted debe pertenecer a esta iglesia de esta denominación, y debe hacer esto, y debe ser esto. Tiene que vestirse así y actuar de esta manera". Pero la verdad es que el evangelio no es ninguna de esas cosas. El verdadero evangelio es este: Cristo nos ama, murió por nosotros, sufrió el castigo que nos correspondía, y a pesar de todo nos ama. El amor siempre gana.

Amor innegable

Pablo sigue escribiendo en Romanos 8:38: "Por lo cual estoy seguro...". La palabra traducida por *seguro* es un verbo pasivo en el griego. Quiere decir: "He sido convencido por algo más allá de mí mismo". No quiere decir que me he persuadido a mí mismo. En la voz pasiva quiere decir: "No hice nada para merecer esto. Alguien fuera de mí me convenció". Pablo dijo: "Tengo suficiente de eso que fue vertido sobre mí estoy completamente convencido; estoy seguro...".

Pablo había sido golpeado muchas veces. Había sido encarcelado. Había sido perseguido. Había sido incomprendido. Pero dijo: "Estoy seguro". Eso quiere decir en este tiempo griego: "Estoy completamente convencido. Nunca cambiaré mi modo de pensar. Nada puede sacudir esto de mi vida. ¡No puedo ser separado del amor de Dios!". Ni siquiera la muerte puede separarnos de su amor.

Hasta que mi madre falleció, la llamé cada domingo. Cuando estaba pasando apuros como estudiante pobre de primer año de la universidad, mi mami me mandaba $15 por semana. Eso no parece mucho ahora, pero en los —60, mami trabajaba por $1.25 la hora. ¡Prácticamente me enviaba el salario de un día y medio cada semana!

Mirando atrás, me avergüenzo de no haberlo apreciado realmente entonces. Vi a mi madre llevar el mismo vestido a la iglesia durante años. Lo limpiaba bien para que pudiéramos tener algo nuevo para vestir. Ella daba cuando era difícil dar. Cuando papá atravesaba sus luchas con el alcoholismo, nunca escuché a mami decir: "Me voy". Más bien se volvió a Dios y tomó el oficio de una sierva ganadora de almas. Los últimos diez años de su vida, mi madre estuvo ahí. Ella estaba ahí cuando era duro estar. ¡El amor ganó!

UNA TRANSFERENCIA DIVINA

Usted puede estar leyendo esto y tener necesidad de sentirse realmente amado. Efesios 1 le dice que usted ha sido aceptado en el Amado. Es tiempo de que usted deje de culparse por todo y de sentirse culpable de todo. "Ahora, pues, ninguna condenación hay para los que están en Cristo Jesús" (Ro 8:1). Usted es amado.

Quizás usted sólo tiene que dar el amor que Él le ha dado para que lo transfiera desde su corazón a las vidas de quienes lo rodean. Ha vertido en usted lo suficiente como para que usted pueda hacerlo sin que se le acabe, sea que los receptores a su vez le digan "te amo" o no. No tienen que reintegrar nada. ¡Jesús lo pagó todo!

> ¡Oh, el amor que produjo el plan de salvación!
> ¡Oh, la gracia que lo trajo al hombre!
> ¡Oh, el gran abismo que Dios cerró en el Calvario![2]

Si usted permite que el amor de Dios lo lave y fluya a través de usted, los demonios se irán. Usted conocerá la verdadera victoria, porque el enemigo no puede quedarse donde el amor de Dios es derramado. ¡Reclame su libertad y haga estallar en su vida el arma del amor divino!

capítulo 37

RECUPERAR TERRENO

EL ANTIGUO TESTAMENTO brinda hermosas figuras de verdades del Nuevo Testamento. Se las denomina "tipos". La mayor figura o tipo de la guerra espiritual se encuentra en el libro de Josué. El propio nombre *Josué* es el hebreo *Yejoshúa*, o Jesús, que significa a salvador o libertador.

El viaje de los hijos de Israel por el desierto, desde Egipto a Canaán, es una figura de la vida del cristiano. Dios usó todas estas experiencias para quebrantar a su pueblo.

LA RESISTENCIA QUE ENFRENTAMOS

En la vida del cristiano enfrentamos a un enemigo triple: el mundo, la carne y el diablo. La liberación de Egipto describe nuestro rescate del mundo. La experiencia del desierto quiebra el poder de la carne. Hemos trazado claros paralelos entre Canaán y las fortalezas en nuestras vidas.

Canaán no es una "tierra justa y feliz", ni es el cielo. ¡Representa lo que, por legítimo derecho, pertenece a los creyentes ahora! Es la tierra donde fluyen leche y miel. Es la vida abundante prometida por Jesús en Juan 10:10.

La mayoría de los creyentes ha escapado de Egipto, pero como la tribu de Gad y la media tribu de Manasés, han decidido vivir en un desierto, sin cruzar nunca para entrar en el territorio espiritual que fluye leche y miel. La mayoría de los creyentes se conforma con menos que las promesas de Dios. ¡Dios desea que sus hijos e hijas sean soldados! Les dio la tierra de Canaán, y sin embargo era un verdadero campamento armado de sus enemigos. Estaba lleno de ciudades fortificadas con grandes reyes que tuvieron que ser destruidos antes de que pudieran tomar posesión de sus pertenencias.

LAS RIQUEZAS QUE SON SUYAS

¿Se da cuenta de que hay perspectivas espirituales que usted ha nunca visto, montañas que no ha escalado, ríos de vida en los que no ha nadado, frutos que ha nunca probado, cosechas que no ha disfrutado, regalos que ha nunca abierto, y abundancia que nunca ha experimentado?

Las altísimas fortalezas lo han asustado. Dios había dado la tierra a los hijos de Israel, pero tuvieron que reclamarla, luchar por ella. (Jos 1:2). ¡Eso debe hacer usted!

En Josué 3:5 Dios promete hacer maravillas, hacer lo sobrenatural. En Josué 4:24 el pueblo alaba a Dios por el milagro de separar las aguas del Jordán. ¡Inmediatamente el enemigo fue notificado de que el pueblo de Dios venía por su tierra!

Después de que usted es salvo, debe reclamar cada pulgada del territorio de su alma. Como los hijos de Israel tuvieron que marchar sobre la tierra, usted debe tomar cada pulgada de lo que Satanás querría quitarle.

LOS REFUERZOS ENTONCES SON SUYOS

Cuando los hijos de Israel caminaron en fe, Dios apareció con recursos invisibles: "El Comandante del ejército del Señor" (Jos 5:14, NVI). ¿Qué estaba ocurriendo ahí?

Aquí vemos la promesa del Señor. Dios había prometido que nunca abandonaría a Josué. Ahora el Señor ha aparecido con su ejército para combatir. También vemos la presencia del Señor en que el ángel del Señor tiene su "espada en la mano" (v. 13). Esta hueste de guerreros invisibles había venido a la batalla. Todo lo que Josué podía hacer era adorar y obedecer. Recuerde, Dios nunca ordena que sus hijos peleen solos. "Y les aseguro que estaré con ustedes siempre, hasta el fin del mundo" (Mt 28:20).

EL REINO QUE ES SUYO

El pasaje clave aquí es Josué 6. Los hijos de Israel tuvieron que obedecer las órdenes de marchar alrededor de Jericó una vez al día durante seis días y luego siete veces en el séptimo día. Después de dar la séptima vuelta alrededor, debían hacer sonar sus trompetas. Cuando esto se hizo, las paredes cayeron y la ciudad fue tomada. Hoy, si obedecemos las órdenes de Dios, los muros de nuestras fortalezas no podrán sostenerse ante nosotros.

EL DOMINIO QUE ES SUYO

No dé lugar al enemigo. En Josué 10:8-25, a Josué le fue dada una palabra clara de Dios respecto a sus enemigos. Dios dijo que ningún enemigo de Israel sería dejado en pie. Después de escuchar a Dios, Josué tomó acción rápida y decididamente. Después de marchar toda la noche, los hijos de Israel no descansaron en presencia de sus enemigos, sino que los atacaron.

En medio de la batalla Josué necesitaba un milagro para que la palabra de Dios se cumpliera en el combate. Oró. Dios escuchó su oración y detuvo el sol para que no se hundiera durante la batalla. Si Dios ha prometido la victoria, no permitirá que la oscuridad capture al día.

Cinco poderosos reyes, que estaban contra los hijos de Israel, fueron entregados en manos de Josué. Con una proclamación de victoria, no sólo para esa batalla sino también para las futuras, Josué destruyó a los reyes.

Dios hará por usted lo que hizo por Josué. Le dará una palabra clara. Muévase rápidamente en esa palabra y será puesto en posición de ver un milagro de Dios. Él entregará a sus enemigos en sus manos.

capítulo 38

Romper maldiciones

Proverbios 18:21 dice: "La muerte y la vida están en poder de la lengua, y el que la ama comerá de sus frutos". ¡Vida y muerte son fuertemente influidas por lo que decimos, lo que escuchamos, y lo que recibimos! Así como al confesar la Palabra de Dios nuestras bocas sueltan bendiciones, y la fe para activar lo sobrenatural y derrotar al enemigo, las palabras negativas traen maldiciones, activan lo demoníaco y liberan fuerzas destructoras.

Puertas abiertas

El Dr. Henry Malone en su excelente libro *Shadow Boxing* (Boxeo con contrincante imaginario) sugiere cinco puertas abiertas que permiten que fuerzas negativas operen en su vida.[1]

Desobediencia

La desobediencia intencionada lo hace caer cautivo del enemigo.

> ¿Acaso no saben ustedes que, cuando se entregan a alguien para obedecerlo, son esclavos de aquel a quien obedecen? Claro que lo son, ya sea del pecado que lleva a la muerte, o de la obediencia que lleva a la justicia.
>
> —Romanos 6:16, nvi

Cuando los pensamientos de desobediencia son hablados, resultan en fortalezas.

> Destruimos argumentos y toda altivez que se levanta contra el conocimiento de Dios, y llevamos cautivo todo pensamiento para que se someta a Cristo.
>
> —2 Corintios 10:5, nvi

Debemos capturar nuestros pensamientos desobedientes y negativos más bien que confesarlos.

Falta de perdón

La falta de perdón es la segunda puerta que permite que el enemigo trabaje en su vida. Para disfrutar ahora los beneficios del reino de los cielos, usted debe perdonar a quienes lo lastimaron. Jesús enseñó el perdón ilimitado.

> Entonces se le acercó Pedro y le dijo: Señor, ¿cuántas veces perdonaré a mi hermano que peque contra mí? ¿Hasta siete? Jesús le dijo: No te digo hasta siete, sino aun hasta setenta veces siete.
>
> —MATEO 18:21-22

Este llamado a perdonar es imperativo. Jesús sigue con una parábola sobre las deudas. Un hombre tenía una deuda grande, y su amo lo perdonó. Ese mismo hombre perdonado se negó a perdonar una deuda más pequeña que le debían a él. Escuche el veredicto de Jesús en Mateo 18:32-35.

> Entonces, llamándole su señor, le dijo: Siervo malvado, toda aquella deuda te perdoné, porque me rogaste. ¿No debías tú también tener misericordia de tu consiervo, como yo tuve misericordia de ti? Entonces su señor, enojado, le entregó a los verdugos, hasta que pagase todo lo que le debía. Así también mi Padre celestial hará con vosotros si no perdonáis de todo corazón cada uno a su hermano sus ofensas.

Los verdugos son demonios de depresión, de miedo, de ira, de enfermedad e insomnio. A menudo, palabras dichas o escritas son cosas que las personas luchan por perdonar. El perdón es un acto sobrenatural que el Espíritu Santo hace a través de usted.

Trauma emocional

Otra herramienta que el enemigo usa es el trauma emocional, que puede ser producto de accidentes, abuso, divorcio, crimen, traición, y palabras incorrectas. Usted necesita sanidad de cosas como el miedo, la falta de perdón, los traumas, la victimización, y la autocompasión.

Votos y juicios erróneos

Los votos y juicios erróneos son la cuarta avenida usada por el enemigo. Nuestras palabras incorrectas dan acceso a Satanás.

> Pero yo les digo: No juren de ningún modo: ni por el cielo, porque es el trono de Dios; ni por la tierra, porque es el estrado de sus pies; ni por Jerusalén, porque es la ciudad del gran Rey. Tampoco jures por tu cabeza, porque no puedes hacer que ni uno solo de tus cabellos se vuelva blanco o negro. Cuando ustedes digan 'sí', que sea realmente sí; y cuando digan 'no', que sea no. Cualquier cosa de más, proviene del maligno.
>
> —MATEO 5:34-37, NVI

Las personas jurarán que nunca harán algo. Satanás lo escucha, y luego repetirán exactamente el mismo acto del que fueron víctimas. La mayoría de los abusadores han sido abusados y la mayoría juró que nunca haría a otros lo que le pasó. También, las palabras de juicio contra otros abren la puerta para que el enemigo dé a conocer el mismo problema en su vida.

> No juzguéis, para que no seáis juzgados. Porque con el juicio con que juzgáis, seréis juzgados, y con la medida con que medís, os será medido.
>
> —MATEO 7:1-2

El poder de un voto o un juicio lo obligará a un curso de acción carnal que lo controlará hasta que el voto sea quebrantado. Eclesiastés 5:5 afirma: "Mejor es que no prometas, y no que prometas y no cumplas". Sea consciente de las palabras "nunca" o "siempre lo haré". Hasta que estas palabras sean revocadas, Satanás tendrá un fundamento.

Maldiciones

Todo lo anterior puede incluir maldiciones "la quinta puerta abierta que permite el trabajo de fuerzas espirituales oscuras. Una maldición es una maléfica soga extendida, con un extremo atado a usted y un extremo atado a "quién sabe qué" en el pasado invisible. Usted puede estar viviendo con una maldición si parece que algo le causa repetidos impedimentos o genera luchas en cierta área de su vida.

Las maldiciones, que también pueden ser llamadas hábitos, afectan familias, iglesias, círculos sociales, ciudades y la naturaleza. Si no se las quiebra, pasan por las líneas familiares. Las maldiciones operan en el ámbito de lo invisible y pueden ser transferidas por palabras u objetos.

Para determinar si usted se las está viendo con una maldición, hay algunas cosas que pueden estar presentes en la esfera de lo físico cuando una maldición está actuando en la esfera espiritual.

1. **Estado mental**. La locura, los desórdenes de personalidad y los disturbios emocionales pueden estar presentes. "El Señor te infestará de plagas, hasta acabar contigo en la tierra de la que vas a tomar posesión" (Dt 28:21, NVI).
2. **Aflicciones hereditarias o enfermedades crónicas**. "El Señor te castigará con epidemias mortales, fiebres malignas e inflamaciones, con calor sofocante y sequía, y con plagas y pestes sobre tus cultivos. Te hostigará hasta que perezcas" (Dt 28:22, NVI).
3. **Problemas femeninos y dificultades con el embarazo**. Aunque podrían tener una explicación médica, también pueden ser el resultado de una maldición. "Maldito el fruto de tu vientre, el fruto de tu tierra, la cría de tus vacas, y los rebaños de tus ovejas" (Dt 28:18).
4. **Dificultades de familia o división**. "Tendrás hijos e hijas pero no podrás retenerlos, porque serán llevados al cautiverio" (Dt 28:41, NVI).
5. **Escasez financiera**. La escasez financiera puede ser un resultado de decisiones poco sabias, pero también puede indicar que hay una maldición operando en su vida. "Malditos sois con maldición, porque vosotros, la nación toda, me habéis robado" (Mal 3:9).
6. **Propensión a accidentes**. Ser propenso a accidentes también puede ser prueba de una maldición que opera en su vida. "Jehová te herirá con locura, ceguera y turbación de espíritu; y palparás a mediodía como palpa el ciego en la oscuridad, y no serás prosperado en tus caminos; y no serás sino oprimido y robado todos los días, y no habrá quien te salve" (Dt 28:28-29).

En cuanto se ha determinado que usted puede estar tratando con una maldición, el próximo paso para revertirla es sacarla a la luz. "Como el gorrión en su vagar, y como la golondrina en su vuelo, así la maldición nunca vendrá sin causa" (Pr 26:2).

Causas y efectos de las maldiciones

Las maldiciones siempre son causadas por algo o alguien en el pasado o el presente. Hay ciertos pecados a los que las maldiciones siguen sistemáticamente, como la rebelión y la desobediencia.

> Y Samuel dijo:¿Se complace Jehová tanto en los holocaustos y víctimas, como en que se obedezca a las palabras de Jehová? Ciertamente el obedecer es mejor que los sacrificios, y el prestar atención que la grosura de los carneros. Porque como pecado de adivinación es la rebelión, y como ídolos e idolatría la obstinación. Por cuanto tú desechaste la palabra de Jehová, él también te ha desechado para que no seas rey.
>
> —1 Samuel 15:22-23

Samuel dijo que la rebelión da lugar a la brujería. La rebelión de los hijos causa maldiciones.

> Hijos, obedeced en el Señor a vuestros padres, porque esto es justo. Honra a tu padre y a tu madre, que es el primer mandamiento con promesa; para que te vaya bien, y seas de larga vida sobre la tierra.
>
> —Efesios 6:1-3

Las maldiciones también vienen con el ocultismo.

> Y manifiestas son las obras de la carne, que son: adulterio, fornicación, inmundicia, lascivia, idolatría, hechicerías, enemistades, pleitos, celos, iras, contiendas, disensiones, herejías, envidias, homicidios, borracheras, orgías, y cosas semejantes a estas; acerca de las cuales os amonesto, como ya os lo he dicho antes, que los que practican tales cosas no heredarán el reino de Dios.
>
> —Gálatas 5:19-21

Las maldiciones siguen a los que hacen injusticias a otros.

> Maldito el que redujere el límite de su prójimo. Y dirá todo el pueblo: Amén. Maldito el que hiciere errar al ciego en el camino. Y dirá todo el pueblo: Amén. Maldito el que pervirtiere el derecho del extranjero, del huérfano y de la viuda. Y dirá todo el pueblo: Amén.
>
> —DEUTERONOMIO 27:17-19

Las maldiciones siguen a la perversión sexual. Todo adulterio, fornicación, homosexualidad, bestialismo, incesto y pornografía causan maldiciones.

> Maldito el que se acostare con la mujer de su padre, por cuanto descubrió el regazo de su padre. Y dirá todo el pueblo: Amén. Maldito el que se ayuntare con cualquier bestia. Y dirá todo el pueblo: Amén. Maldito el que se acostare con su hermana, hija de su padre, o hija de su madre. Y dirá todo el pueblo: Amén.
>
> —DEUTERONOMIO 27:20–23

El racismo y el antisemitismo acarrearán maldición a quienes se sienten superiores a otros.

> Bendeciré a los que te bendijeren, y a los que te maldijeren maldeciré; y serán benditas en ti todas las familias de la tierra.
>
> —GÉNESIS 12:3

Poner su confianza en la capacidad, fuerzas e influencias humanas hará que caiga una maldición.

> Así ha dicho Jehová: Maldito el varón que confía en el hombre, y pone carne por su brazo, y su corazón se aparta de Jehová. Será como la retama en el desierto, y no verá cuando viene el bien, sino que morará en los sequedales en el desierto, en tierra despoblada y deshabitada.
>
> —JEREMÍAS 17:5-6

Las maldiciones siguen al robo y a la mentira.

> Entonces me dijo: Esta es la maldición que sale sobre la faz de toda la tierra; porque todo aquel que hurta (como está de un lado del rollo) será destruido; y todo aquel que jura falsamente (como está del otro lado del rollo) será destruido. Yo la he hecho salir, dice Jehová de los ejércitos, y vendrá a la casa del ladrón, y a la casa del que jura falsamente en mi nombre; y permanecerá en medio de su casa y la consumirá, con sus maderas y sus piedras.
>
> —ZACARÍAS 5:3-4

Robar y mentir incluyen robar a Dios del diezmo.

> ¿Robará el hombre a Dios? Pues vosotros me habéis robado. Y dijisteis: ¿En qué te hemos robado? En vuestros diezmos y ofrendas. Malditos sois con maldición, porque vosotros, la nación toda, me habéis robado.
>
> —MALAQUÍAS 3:8-9

Palabras dichas por personas que tienen autoridad afectiva sobre nosotros pueden convertirse en maldiciones. Cuando le dice algo con cólera a alguien que está bajo su autoridad, usted maldice a esa persona. Frases aparentemente simples y dichas a la ligera, como "Eres un estúpido" o "Te odio", causan efectos duraderos. Raquel, la esposa de Jacob, murió joven como consecuencia de sus palabras: "'Aquel en cuyo poder hallares tus dioses, no viva; delante de nuestros hermanos reconoce lo que yo tenga tuyo, y llévatelo.' Jacob no sabía que Raquel los había hurtado" (Gn 31:32).

Las mentiras, los chismes y las charlas religiosas ociosas desatan el mal.

> Pero si ustedes tienen envidias amargas y rivalidades en el corazón, dejen de presumir y de faltar a la verdad. Ésa no es la sabiduría que desciende del cielo, sino que es terrenal, puramente humana y diabólica.
>
> —SANTIAGO 3:14-15. NVI

> Dios aborrece hasta la oración del que se niega a obedecer la ley.
>
> —PROVERBIOS 28:9, NVI

DESHACERSE DE LA MALDICIÓN

En cuanto una maldición ha sido identificada y sacada a luz, el próximo paso es expulsarla. ¡Un elemento decisivo para ser libre de las maldiciones es saber que usted es salvo! Hasta que usted es salvo, los demonios consideran su cuerpo como su casa.

> Cuando el espíritu inmundo sale del hombre, anda por lugares secos, buscando reposo, y no lo halla. Entonces dice: Volveré a mi casa de donde salí; y cuando llega, la halla desocupada, barrida y adornada. Entonces va, y toma consigo otros siete espíritus peores que él, y entrados, moran allí; y el postrer estado de aquel hombre viene a ser peor que el primero. Así también acontecerá a esta mala generación.
>
> —MATEO 12:43-45

Confiese en voz alta que rinde su voluntad a Dios. Cierre todas las puertas y quítele a Satanás el acceso a su vida. Arrepiéntase de la rebelión y la desobediencia. Perdone a quienes lo lastimaron. Traiga a Dios todo trauma y dolor pasados. Cancele los votos pasados, los juicios y las palabras equivocadas, hayan sido dichas por usted o a usted. ¡Confiese en voz alta que Jesús se ha hecho cargo de todos sus pecados, dolores y maldiciones!

> Cristo nos redimió de la maldición de la ley, hecho por nosotros maldición (porque está escrito: Maldito todo el que es colgado en un madero).
>
> —GÁLATAS 3:13

Por último, renuncie a cada espíritu que haya oprimido su vida, reciba la liberación y alabe a Dios. Confiese el Salmo 34 como su propia oración:

> Bendeciré a Jehová en todo tiempo;
> Su alabanza estará de continuo en mi boca.
> En Jehová se gloriará mi alma;
> Lo oirán los mansos, y se alegrarán.
> Engrandeced a Jehová conmigo,
> Y exaltemos a una su nombre.
> Busqué a Jehová, y él me oyó,

Y me libró de todos mis temores.
Los que miraron a él fueron alumbrados,
Y sus rostros no fueron avergonzados.
Este pobre clamó, y le oyó Jehová,
Y lo libró de todas sus angustias.
El ángel de Jehová acampa alrededor de los que le temen,
Y los defiende.
Gustad, y ved que es bueno Jehová;
Dichoso el hombre que confía en él.
Temed a Jehová, vosotros sus santos,
Pues nada falta a los que le temen.
Los leoncillos necesitan, y tienen hambre;
Pero los que buscan a Jehová no tendrán falta de ningún bien.
Venid, hijos, oídme;
El temor de Jehová os enseñaré.
¿Quién es el hombre que desea vida,
Que desea muchos días para ver el bien?
Guarda tu lengua del mal,
Y tus labios de hablar engaño.
Apártate del mal, y haz el bien;
Busca la paz, y síguela.
Los ojos de Jehová están sobre los justos,
Y atentos sus oídos al clamor de ellos.
La ira de Jehová contra los que hacen mal,
Para cortar de la tierra la memoria de ellos.
Claman los justos, y Jehová oye,
Y los libra de todas sus angustias.
Cercano está Jehová a los quebrantados de corazón;
Y salva a los contritos de espíritu.
Muchas son las aflicciones del justo,
Pero de todas ellas le librará Jehová.
El guarda todos sus huesos;
Ni uno de ellos será quebrantado.
Matará al malo la maldad,
Y los que aborrecen al justo serán condenados.
Jehová redime el alma de sus siervos,
Y no serán condenados cuantos en él confían.

capítulo 39

Construir vallados de protección espiritual

El profeta Ezequiel escribió: "No habéis subido a las brechas, ni habéis edificado un muro alrededor de la casa de Israel, para que resista firme en la batalla en el día de Jehová" (Ez 13:5). Un vallado, en los tiempos de la Biblia, era una barrera o cerca especial que se ponía alrededor de los viñedos. Según cómo estuviera hecha, se ponía para evitar que insectos, bichos, roedores, ladrones o aves entraran y robaran la cosecha.

Espiritualmente, un vallado es la pared de protección que Dios ha prometido a todos los que creen en Él, caminan con Él, y confían en Él. Como cristianos que creemos en sus promesas, es tiempo de que declaremos: "¡He venido a recuperar lo que Satanás me robó! Quiero la barrera protectora de Dios alrededor de mi vida y de la de mi familia".

Dios anhela que iglesias e individuos tengan la fe de pararse en la brecha para que el enemigo no tenga derecho a saquear lo que Él les ha dado.

¿Puede Dios quitar un vallado?

La Biblia muestra al menos dos ocasiones o dos razones por las que Dios mismo puede permitir que un vallado falle. A veces Él quitará un vallado como juicio. Dios instruyó a Isaías en el capítulo 5 y básicamente dijo: "Di a mi amado una viña, y limpié las piedras y planté a mi pueblo en mi viña escogida. Removí todo". Luego Dios dice: "Puse un vallado alrededor de ti para protegerte. Pero cuándo llegué ahí para buscar mi fruta, en lugar de un hermoso y dulce racimo de uvas escogidas, la fruta apestaba. Era silvestre e inútil". Dios le dijo a Isaías que por la desobediencia, Él trajo juicio y retiró el vallado, permitiendo que la destrucción viniera sobre la nación.

Cuando Dios quita el vallado de una nación, de una iglesia, de una familia, o de un individuo, ¡vienen graves problemas!

Dios también puede quitar un vallado para probar que Satanás es un mentiroso. En el primer capítulo de Job, aparece el diablo. Dios le dijo: "¿No has considerado a mi siervo Job, que no hay otro como él en la tierra, varón perfecto y recto, temeroso de Dios y apartado del mal?" (Job 1:8).

El diablo respondió: "Bueno, no hay de qué asombrarse. Has hecho un cerco alrededor de él. Si lo quitas y lo dejas en mis manos, él te maldecirá en tu propio rostro".

Dios dijo: "No creo que Job me ame sólo por lo que hice por él. Creo que me ama con todo su corazón". Así que para probar a Satanás su error y demostrar la fidelidad de Job, Dios permitió que Satanás lo afligiera por un tiempo. Cuando encontramos a Job después que le removieron los vallados, su fortuna ha desaparecido, su familia ha desaparecido, su salud ha desaparecido, y su esposa lo alienta a que maldiga a Dios y se muera. Aún así, Job sigue diciendo: "Aunque él me matare, en él esperaré" (Job 13:15).

Job atravesó esta seria prueba de fe y vivió para ver que se le devolvía el doble de cada cosa. De esta parte de su historia no suele hablarse mucho: nos enfocamos tanto en sus pruebas que nos olvidamos de que Dios recompensó su fidelidad con una abundancia que superó y fue más allá de lo que le había sido quitado.

Job fue uno de los posiblemente cuatro únicos hombres de la Biblia en los que Dios podía confiar al quitarles un vallado. José fue otro en quien Dios confió lo suficiente para retirarle su vallado. Permitió que él soportara la esclavitud, la tentación, el encarcelamiento y el rechazo para glorificar a Dios. Pablo también tuvo un vallado caído. Miles fueron sanados bajo su ministerio, pero los eruditos creen que sus propios ojos fueron su "espina en la carne", una dolencia que continuamente lo abofeteaba para que él no se enalteciera (Vea 2 Corintios 12:7.) Dios también confió en Jesús tanto como para quitarle el vallado, y lo dejó morir sobre la cruz, sacrificándose a sí mismo por nuestros pecados y fracasos.

¿ESTÁ NECESITANDO PROTECCIÓN?

Sinceramente, cuando la mayoría de nosotros tenemos roto o nos falta un vallado protector, no es porque lo merezcamos o hayamos sido elegidos para soportar una prueba especial de Dios. La mayoría de las brechas en nuestros vallados protectores ocurren porque hemos tomado decisiones que nos dejan abiertos al ataque enemigo. Por causa de estas decisiones, nos sentimos miserables. Estamos lastimados. Estamos enojados. Estamos en luchas. Estamos fracasando, y estamos atravesando dificultades.

La buena noticia es que usted puede permitir que Dios construya un quíntuple vallado que el diablo no puede tocar, para rodearlos a usted y a su familia.

El vallado de oración

Leemos en Job: "E iban sus hijos y hacían banquetes en sus casas, cada uno en su día; y enviaban a llamar a sus tres hermanas para que comiesen y bebiesen con ellos. Y acontecía que habiendo pasado en turno los días del convite, Job enviaba y los santificaba, y se levantaba de mañana y ofrecía holocaustos conforme al número de todos ellos. Porque decía Job: Quizá habrán pecado mis hijos, y habrán blasfemado contra Dios en sus corazones. De esta manera hacía todos los días" (Job 1:4–5).

Recuerde que en el versículo 10 Satanás le dijo a Dios: "¿No le has cercado alrededor a él ?". ¿Cómo piensa que ese vallado rodeó a los hijos de Job? Dios vio la seriedad de la fe de Job. Job no estaba profundamente dormido, roncando a las ocho de la mañana: estaba levantado a las 4:30 a.m., para interceder para su familia.

Usted puede imaginar esas oraciones. Quizás rogó: "No sé qué han estado haciendo hoy mis hijos e hijas, pero Señor, estoy aquí con una ofrenda, un memorial para ti. Por favor, Dios mío, ¡haz un vallado alrededor de mis hijos!".

Tantos padres experimentan una sensación de pérdida cuándo sus hijos se van a la universidad o se mudan a otro lugar. Es fácil caer en honda preocupación y temor sobre lo que estarán haciendo de día o de noche. Pero hay una manera práctica y tangible de ayudarlos: pida un vallado alrededor de ellos. ¡Enlácelos con el Espíritu Santo!

Años atrás, cuando era un joven pastor que estaba aprendiendo lecciones de Dios, estaba visitando Natchez, en Misisipi. Una familia me albergó por una noche; la mamá era una amable santa de Dios. Esa querida mujer tenía una fiel hija de catorce años y un infiel hijo mayor de veintiuno.

Aproximadamente a las cuatro y treinta de la mañana volvía a mi cuarto tras beber agua cuando escuché algo que sonaba como un animal herido en una habitación adyacente. Interesado, me detuve a escuchar y capté la voz quebrada de la piadosa mamá: "Oh, Dios, por favor sálvalo, Señor. Si tienes que tomar mi vida, Señor, pero no lo dejes ir a infierno. Señor, protégelo esta noche. No sé dónde está esta noche, Señor, pero protégelo por favor".

Profundamente conmovido, me fui a la cama, pero el sueño tardó en venir mientras pensaba en la carga de esta madre.

A la mañana siguiente en el desayuno, sentado con la familia, le dije suavemente: "La escuché orar anoche".

Se disculpó rápidamente: "¡Oh, lo siento, hermano Ron! Espero no haberlo perturbado".

Le dije: "No, señora, no me despertó, pero realmente perturbó mi espíritu autocomplaciente".

Dijo: "Llevo siete años orando para que mi hijo salga de las drogas y el alcohol y vuelva a casa".

Recuerdo esa historia y agito la cabeza pensando cuántas veces oramos cinco minutos por una preocupación o una necesidad, y cuando nuestra respuesta no viene, tiramos la toalla y dejamos de interceder. Pero esta mamá piadosa era como Job. Dijo: "No me rendí". Y su fidelidad fue recompensada: ¡precisamente la noche siguiente su hijo entró tambaleante a una iglesia y entregó su corazón a Jesucristo!

Usted puede construir un vallado que volverá a traer su familia a Dios a través de la oración. Usted puede trazar un vallado alrededor de su empresa. Si empieza a orar sinceramente, verá una diferencia asombrosa. Si se pregunta por qué están bajando las ganancias o el éxito no viene, es porque el diablo es un ladrón a quien le encanta robarle el éxito. Párese en fe y pídale a Dios que haga un vallado alrededor de usted, cerrando al diablo lo que le pertenece.

El vallado de liderazgo espiritual

Si usted se ha puesto bajo la autoridad de una iglesia local, que cree en la Biblia, guiada por un pastor que es sensible al Espíritu Santo, en ese lugar hay protección. Vivir bajo el ministerio de un hombre de Dios pondrá un vallado alrededor de usted. Recuerde Ezequiel 22:30: "Y busqué entre ellos hombre que hiciese vallado y que se pusiese en la brecha delante de mí, a favor de la tierra, para que yo no la destruyese; y no lo hallé".

Demasiados ministerios adoptan el lema: "No queremos ofender a nadie". Pero Dios pone la bendición sobre las familias de la iglesia que defienden la verdad de la Palabra de Dios.

El vallado de la unidad

Las personas en unidad pueden construir un vallado. Usted recordará la historia de Abraham cuando le suplicaba a Dios que Sodoma y Gomorra fueran perdonadas. Abraham preguntó: "Quizá haya cincuenta justos en la ciudad. ¿Exterminarás a todos, y no perdonarás a ese lugar por amor a los cincuenta justos que allí hay?". Dios dijo: "Si encuentro cincuenta justos en Sodoma, por ellos perdonaré a toda la ciudad". Abraham negoció hasta bajar esa cantidad a diez. ¡Es aleccionador pensar que diez personas rectas y orando habrían salvado a esas ciudades malvadas! (Vea Génesis 19.)

Cosas asombrosas podrían ocurrir si empezáramos a orar seriamente por los asuntos gubernamentales que hoy están dañando familias e iglesias. ¿Qué tal si empezamos a orar en unidad? Si diez personas rectas que vivieran en pureza habrían salvado a Sodoma, ¿qué podría lograr hoy en nuestra nación un grupo de cristianos que intercediera?

El vallado de protección angélica

Los santos ángeles lo ayudarán poner un vallado alrededor de su familia. El Salmo 34:7 dice: "El ángel de Jehová acampa alrededor de los que le temen, y los defiende". ¡Imagine el área que rodea a su casa con ángeles del Señor acampando por todas partes! Hebreos 1:14 dice: "¿No son todos los ángeles espíritus dedicados al servicio divino, enviados para ayudar a los que han de heredar la salvación?" (NVI).

¡Esta verdad se hizo más preciosa para mí cuando me convertí en padre de un adolescente! Cuando sus hijos alcanzan los dieciséis y se ponen detrás del volante de un auto, ¡parece que cambia toda su vida de oración! ¡Solía bromear diciendo que tendría que comprar una multipropiedad en un depósito de chatarra sólo para aparcar los automóviles que mis hijos destrozaran! Pero he aprendido que el ojo de Dios está siempre sobre mi familia; Él nunca duerme. Aunque usted se quede dormido, dé gracias a Dios porque está mirando y porque los santos ángeles pueden estar estacionados y dispuestos alrededor de su casa, alrededor de sus pertenencias y alrededor de sus hijos. Ninguna distancia es demasiado grande, porque viajan a la velocidad de la luz.

Una vez el profeta Daniel estuvo orando durante tres semanas por una petición. Dios envió su respuesta el primer día, pero Daniel no vio las evidencias de la respuesta hasta que llegó un ángel. La criatura angélica se identificó y le dijo: "Habría llegado más pronto, pero estuve luchando sobre Persia contra un demonio. Yo venía en camino con tu respuesta". (Vea Daniel 10.)

Algunos de ustedes se rinden demasiado rápidamente. Usted está orando, los ángeles están trabajando, los demonios están luchando contra ellos, pero Dios está en camino con la respuesta.

Ahora mismo los ángeles podían estar trayendo a casa a ese hijo suyo caprichoso, protegiéndolo todo el camino.

El vallado de avivamiento

El avivamiento construye un vallado. El Salmo 80:14 dice: "Oh Dios de los ejércitos, vuelve ahora; mira desde el cielo, y considera, y visita esta viña". Otra vez en el versículo 18 declara: "Así no nos apartaremos de ti; vida nos darás, e invocaremos tu nombre". Cuando viene el avivamiento, pone un vallado alrededor de todo lo que sucede en la casa.

Recuerde otra vez la imagen de un viñedo. Los que cultivaban uvas en los tiempos bíblicos valoraban sus viñas y las protegían a toda costa. La protección que rodeaba a su preciada cosecha tenía varias capas. A menudo la rodearían primero de una pared de piedra. Luego seguiría un grueso vallado de espinas. Luego, justo antes de la cosecha, construirían uno de fuego para guardarla de los insectos voladores y de las aves.

¡Qué cuadro emocionante para nosotros! Primero, esa pared de piedra es un símbolo de Dios el Padre, que es eterno, inmutable, y un sólido cimiento. Con nuestras familias firmemente plantadas sobre la Roca de los Siglos, podemos encontrar la paz y la seguridad en la fortaleza y guía del Padre.

Después, el vallado de espinas es Jesús, cuya sangre suministra la protección eterna para nuestras almas. Pienso en las líneas del poema de G. A. Studdert Kennedy:

> Vino al Gólgota Jesús
> Y en un árbol lo colgaron.
> Así en el Calvario quedó
> Con sus manos y sus pies
> por clavos atravesados.

Una corona de espinas
A sus sienes le ciñeron
Causando profundas heridas
Que su sangre derramaban.
Eran esos crueles días
Cuando la vida poco valía.[1]

Por último, piense en el simbolismo del cerco de fuego. Llegamos en el tiempo de la cosecha, cuando las uvas están maduras, luego de la larga estación en que tuvimos que esperar y esperar y esperar. El Padre ha velado por nosotros y la sangre nos ha cuidado, pero ahora la fruta está madura y la fragancia flota en el aire. ¡Es cuando estamos a punto de cosechar las bendiciones más grandes de nuestras vidas, que cada demonio de infierno, cada insecto y cada ave del cielo quiere metérsenos en las ramas! Pero Dios dice: "Estoy enviando el fuego del Espíritu Santo". Y cuando ese fuego empieza a quemar, el humo de la gloria se levanta, y nada puede venir a quitarnos nuestra cosecha.

Cuando ha sido salvo y Él es su Padre, usted está viviendo bajo la sangre del Cristo crucificado, y es bautizado, ungido con el Espíritu de Dios y el bautismo de fuego. ¡Ningún demonio del infierno va a tocar nada que usted tiene! ¡Usted tiene inmunidad! Usted está caminando en la libertad de Dios.

¿No está cansado de que el enemigo venga a rondar y manipular lo que es suyo? Tenemos una promesa de Dios Todopoderoso de que será nuestra protección contra el ataque del diablo. Satanás ha devorado muchas cosechas en el pasado, pero no puede traspasar el fuerte vallado de Dios. Nuestros hijos pueden estar seguros dentro de ese vallado.

Es tiempo de que usted tenga toda la protección que Él proveyó. Sólo haga esta oración:

> *Señor, construye un vallado alrededor de mí, alrededor de mi iglesia, alrededor de mi familia, y alrededor de nuestra nación. Protege mis pertenencias, Señor, porque realmente todo te pertenece. Señor, déjame vivir el tiempo suficiente para ver el avivamiento y probar el nuevo vino. ¡Gracias por la cosecha que viene!*

capítulo 40

Vivir en triunfante esperanza

¿Cómo puede usted llevar una vida bendecida? ¡Siga estos ocho simples pasos y descubra cómo la vida feliz es el antídoto de la depresión!

1. Haga algo.

Encuentre algo para hacer. ¡Empiece a servir a Dios! Juan 13:17 dice: "Si sabéis estas cosas, bienaventurados seréis si las hiciereis". Quizás podría ser la tarea más sencilla, como atender la guardería infantil. En ese acto de servicio, usted será feliz. Entre en acción para Dios, y encontrará gozo a lo largo del camino.

2. Deje de quejarse porque Dios lo corrija.

Job 5:17 dice: "¡Cuán dichoso es el hombre a quien Dios corrige! No menosprecies la disciplina del Todopoderoso" (NVI). Algunas veces las dificultades no nos vienen del diablo. A veces, Dios está usando las circunstancias para corregirnos firmemente. Hebreos 12:6 nos dice: "Porque el Señor al que ama, disciplina". No es un padre lamentable como algunos de nosotros, que permitimos que nuestros hijos hagan cualquier cosa. Es un padre cariñoso que llama a sus hijos a volver a la línea, no porque no quiera que disfrutemos de la vida, sino porque Él ve el cuadro completo y quiere la verdadera felicidad para nosotros.

3. Aprenda a morar en la seguridad de Dios.

¡Deuteronomio 33:29 dice: "Bienaventurado tú, oh Israel. ¿Quién como tú, pueblo salvo por Jehová, escudo de tu socorro, y espada de tu triunfo? Así que tus enemigos serán humillados, y tú hollarás sobre sus alturas". Cristo es su escudo. Es la espada de su socorro. Pondrá a sus enemigos bajo sus pies. Le digo que usted puede llevar una vida libre de depresión si descubre su puesto en Jesucristo.

4. ¡Mire el libro!

Conviértase en lector de la Biblia. Proverbios 3:13 dice: "Feliz el que halla sabiduría, el que obtiene inteligencia" (DHH). La Palabra de Dios no es el libro del mes; es el Libro de los Siglos. ¡Es el *best-seller* de Dios! En él hay más de 3,000 promesas y todas son suyas. Segunda Corintios 1:20 nos dice: "Porque todas las promesas de Dios son en él Sí, y en él Amén". Quiere decir que le pertenecen a usted. Feliz es usted cuando encuentra los tesoros. Casi todas las personas deprimidas a quienes he aconsejado habían perdido su vida devocional y no estaban empapando su vida con las promesas de Dios. Si usted no sabe por dónde empezar, empiece con el Libro de los Salmos.

5. Ponga en orden sus prioridades.

El Salmo 128:1-6 nos dice: "Dichosos todos los que temen al Señor, los que van por sus caminos. Lo que ganes con tus manos, eso comerás; gozarás de dicha y prosperidad. En el seno de tu hogar, tu esposa será como vid llena de uvas; alrededor de tu mesa, tus hijos serán como vástagos de olivo. Tales son las bendiciones de los que temen al Señor. Que el Señor te bendiga desde Sion, y veas la prosperidad de Jerusalén todos los días de tu vida. Que vivas para ver a los hijos de tus hijos" (NVI). Haga un inventario de sus prioridades y clávelo en la jamba de la puerta o póngalo sobre el tablero de anuncios central de su casa.

6. Deje de hacer actividades cuestionables.

Demasiados cristianos se preguntan por qué están deprimidos y después, pasan horas mirando telenovelas: "La boletería del infierno", y otros cuestionables ofrecimientos de la televisión. Si esto le resulta un problema, ¡desenchufe el cable si es necesario! Consiga un poco de autocontrol en su vida. Deje de leer cosas indebidas. Satúrese a sí mismo con la Biblia. Quizás se esté diciendo: "Realmente no creo que mirar o hacer algunas de estas cosas esté mal para mí". Debo decirle: si lo está haciendo sentirse miserable, ¡está mal! Romanos 14:22 dice: "Bienaventurado el que no se condena a sí mismo en lo que aprueba".

He aquí lo que este versículo está diciendo: "Bienaventurado el hombre que no camina condenándose a sí mismo en lo que aprueba". Si usted se siente culpable respecto a algo, déjelo, sin importarle si otros están de acuerdo o no. Si en su vida hay algo que no debe estar allí, retírelo. Libérese del horóscopo. Deshágase de cualquier talismán que esté llevando en su cuello que honre al diablo. Libérese de cualquier tipo de música que glorifique a la carne y al enemigo. Empiece a poner su vida en orden. Empiece a sembrar en su vida cosas que rebosen alegría. Si todavía no está seguro de si algo es correcto o equivocado, hágase a sí mismo estas preguntas: "¿Puedo hacer esta actividad sin lastimar a un hermano cristiano? ¿Puedo sostener mi testimonio al perdido? ¿Puedo hacerlo y no vivir bajo condenación?"

7. Aprenda a capear el temporal.

Santiago 5:11 dice: "He aquí, tenemos por bienaventurados a los que sufren". Usted puede tener heridas de batalla de vez en cuando, ¡pero estoy aquí para decirle que la sangre de Jesús está de su lado! Es tiempo de que los cristianos se pongan firmes, para ser de los que no salen corriendo cada vez que el diablo levanta su fea cabeza y silba. "Considérense muy dichosos, dijo Santiago, cuando tengan que enfrentarse con diversas pruebas."

8. Por último, recuerde quién manda.

Imprima el Salmo 144:15 y cuélguelo en algún lugar donde pueda verlo todas las mañanas cuando se levanta. Dice: "¡Dichoso el pueblo que recibe todo esto! ¡Dichoso el pueblo cuyo Dios es el Señor! (NVI). ¡Su Dios es quien manda! Él es el Señor de todo. No puede suceder nada que lo derroque de su trono. Hemos estado viendo los últimos capítulos del libro, y Apocalipsis 22 revela que cuando todo haya terminado, ¡Él será proclamado Rey de reyes y Señor de señores! No existe ningún reino sobre el cual Él no reine. Sus circunstancias pueden ser demasiado grandes para usted, pero no son demasiado grandes para Él.

NOTAS

INTRODUCCIÓN

1. Ted Rowlands y Michael Cary, "Army Honors Dead, Searches for Motive in Fort Hood Shootings," CNN.com, November 7, 2009, http://www.cnn.com/2009/CRIME/11/06/texas.fort.hood.shootings/index.html (consulta en línea 28 de abril de 2010).

2. Aaron Cooper, Ted Rowlands, Barbara Star, y Brian Todd, "Fort Hood Suspect Charged With Murder," CNN.com, November 12, 2009, http://www.cnn.com/2009/CRIME/11/12/fort.hood.investigation/index.html (consulta en línea 28 de abril de 2010).

CAPÍTULO 1—UN BRUSCO DESPERTAR

1. *Al abrigo del Altísimo*: la KJV, Biblia inglesa que emplea el autor, dice: "*He that dwelleth in the* ***secret place***", literalmente: "El que habita en el lugar secreto".

CAPÍTULO 2—ADQUIRIR UNA PERSPECTIVA VICTORIOSA

1. Oscar Cullman, *Christ and Time* (n.p.: N.p., 1964), 84.

2. James S. Stewart, *A Faith to Proclaim* (London: Hodder and Stoughton, 1962), 102 - 103.

CAPÍTULO 3—ERRORES DE LOS TIEMPOS FINALES SOBRE LA GUERRA ESPIRITUAL

1. NotableBiographies.com, "Joy Adamson", http://www.notablebiographies.com/A-An/Adamson-Joy.html (consulta en línea 1 de junio de 2010).

CAPÍTULO 4—ENTRENARSE PARA REINAR

1. Escuché al senador Denton hacer esta afirmación en una reunión a la que asistí.

2. Citado en "Top Ten Armies of the World," (Los diez principales ejércitos del mundo), StrategyPage.com, http://www.strategypage.com/militaryforums/30-2212/page23.aspx (consulta en línea 29 de abril de 2010).

CAPÍTULO 5—UNA BATALLA QUE SE LIBRA MÁS ALLÁ DE LAS ESTRELLAS

1. Sun Tzu, *The Art of War* (El arte de la Guerra), trans. Lionel Giles, Project Gutenberg, http://www.gutenberg.org/iles/17405/17405-h/17405-h.htm (consulta en línea 29 de abril de 2010).

2. Joseph DelGrippo, "Cowboys-49ers: Breaking Down the Best 12 Games in NFL's Best Rivalry," BleacherReport.com, http://bleacherreport.com/articles/243827-the-dozen-best-games-in-the-nls-best-rivalry-dallas-and-san-francisco (consulta en línea 29 de abril de 2010).

CAPÍTULO 6—LA ININTERRUMPIDA GUERRA EN EL EDÉN

1. Book of Jasher 16:11 (Libro de Jasher 16:11), http://www.ccel.org/a/anonymous/jasher/16.htm; 24: 17, http://www.ccel.org/a/anonymous/jasher/24.htm; 28: 18, http://www.ccel.org/a/anonymous/jasher/28.htm (consulta en línea 29 de abril de 2010).

CAPÍTULO 10—SIETE DEMONIOS QUE ATACAN A LA IGLESIA

1. Publio Cornelio Tácito, *Annals* 14.27 (Anales, 14.27), traducido por Alfred John Church y William Jackson Brodribb, http://mcadams.posc.mu.edu/txt/ah/tacitus/TacitusAnnals14.html (consulta en línea 3 de mayo de 2010).
2. Citado en el sermón "Revival Recovers All" by Dr. Harold L. White, http://www.angelire.com/az3/hlw1932/1sam3011revrecovers.html (consulta en línea 3 de mayo de 2010).
3. *Lambeth and the Vatican: or, Anecdotes of the Church of Rome, of the Reformed Churches, and of Sects and Sectaries* (Lambeth y el Vaticano: o, anécdotas de la iglesia de Roma, de las iglesias reformadas, y de sectas y sectarios), volumen. 3 (Londres: Oxford University, 1825), 149.

CAPÍTULO 13—DESENMASCARAR AL ENEMIGO

1. Endemoniado: La Biblia inglesa King James Version traduce "possessed with a devil" (poseído por un demonio).
2. William F. Arndt and F. Wilber Gingrich, *A Greek-English Lexicon of the New Testament* (Léxico griego-inglés del Nuevo Testamento) (Chicago: University of Chicago Press, 1979).
3. C. Fred Dickason, *Demon Possession and the Christian: A New Perspective* (La posesión demoníaca y el cristiano: una nueva perspectiva) (Wheaton, IL: Crossway Books, 1989)
4. Kurt E. Koch, *Occult Bondage and Deliverance* (Grand Rapids, MI: Kregel Publications, 1972)

CAPÍTULO 17—LA ESTRATEGIA DE LA DEPRESIÓN

1. Bruce Levine, *Commonsense Rebellion: Debunking Psychiatry, Confronting Society* (La rebelión del sentido común: desacreditar a la psiquiatría, confrontar a la sociedad) (n.p.: Continuum International Publishing Group, 2001), referenced in Christopher Kemp, "Respectable Drugs and the Mental Health Craze," CityBeat.com, August 9, 2001, http://www.citybeat.com/cincinnati/article-6075-respectable-drugs-and-the-mental-health-craze.html (consulta en línea 3 de mayo de 2010).

CAPÍTULO 19—LA ESTRATEGIA DEL ERROR

1. Neil T. Anderson, *The Bondage Breaker* (Eugene, OR: Harvest House, 2000), 23. Hay edición castellana: *Rompiendo las cadenas*, Ed. Unilit.

2. Citado por Percy Williams, "The Christian Family Series: The Role of the Church in Creating and Maintaining Strong Families," The Vision Speaks, vol. 48, issue 1, Spring 2004, http://www.thechurchofgodntj.org/strongfamilies.html (consulta en línea 4 de mayo de 2010).

CAPÍTULO 20—LA ESTRATEGIA DE LA PERVERSIÓN

1. Associated Press, "Amanda Knox Judges: Murder Was Impulsive," CBSNews.com, March 4, 2010, http://www.cbsnews.com/stories/2010/03/04/world/main6266494.shtml?source=related_story&tag=related (consulta en línea 4 de mayo de 2010).

2. CBS/Associated Press, "Amanda Knox Found Guilty of Murder," CBSNews.com, December 4, 2009, http://www.cbsnews.com/stories/2009/12/04/world/main5893278.shtml (consulta en línea 4 de mayo de 2010).

3. Child Welfare Information Gateway, "What Is Child Abuse and Neglect?" ChildWelfare.gov, http://www.childwelfare.gov/pubs/factsheets/whatiscan.cfm consulta en línea 21 de abril 2010).

4. Lord Byron, "On My hirty-sixth Year," Bartleby.com, http://www.bartleby.om/100/368.187.html (consulta en línea 1º de junio de 2010).

5. NOH8 Campaign, Photos: Cindy McCain, http://www.noh8campaign.com/photo-gallery/familiar-faces/photo/5722 (consulta en línea 4 de mayo de 2010).

6. GOP: Grand Old Party, forma coloquial en que se llama al Partido Republicano de los EE.UU.

CAPÍTULO 21—LA ESTRATEGIA DE LA CONFUSIÓN

1. Matthew George Easton, *Easton's Illustrated Bible Dictionary* (New York: T. Nelson and Sons, 1894), s.v. "Leviathan," page 420.

2. PCStudy Bible, online Bible *Brown-Driver-Briggs Hebrew Lexicon*, copyright 1993, Woodside Bible Fellowship, Ontario, Canada; licensed from the Institute Creation Research; used by permission; s.v. "Leviathan."

3. Cinturón Bíblico: Bible Belt, extensa zona de Estados Unidos donde impera el cristianismo evangélico.

CAPÍTULO 22—LA ESTRATEGIA DE LA AMARGURA

1. Fullerton.edu, "The French Revolution," http://faculty.fullerton.edu/nitch/history110b/rev.html (consulta en línea 4 de mayo de 2010).

CAPÍTULO 23—LA ESTRATEGIA DE LA MUERTE

1. ProjectAvalon.net, "Soviet Policy and the Ukranian Genocide of 1932–33,"http://projectavalon.net/forum/showthread.php?t=8690 (consulta en línea 5 de mayo de 2010).

CAPÍTULO 27—LA VICTORIA EN EL CALVARIO

1. John Bunyan, *The Pilgrim's Progress* (El progreso del Peregrino) (New York: Oxford University Press, Inc., 1996), 45.

2. Stewart, *A Faith to Proclaim*, 95–97.

CAPÍTULO 28—FUNDAMENTOS PARA LA VICTORIA

1. Stewart, *A Faith to Proclaim.*
2. Ib.
3. Gustav Aulen, Christus Victor: An Historical Study of the Three Main Types of the Idea of the Atonement (n.p.: Society for Promoting Christian Knowledge, 1945).
4. P. T. Forsyth, "The Fatherhood of Death," in Missions in State—and Church (New York: A. C. Armstrong and Son, 1908), http://www.archive.org/stream/missionsinstatec00fors/missionsinstatec00fors_djvu.txt (consulta en línea 5 de mayo de 2010).
5. Juan Calvino, *Calvin's Bible Commentaries: Philippians, Colossians, and Thessalonians* (Comentarios bíblicos de Calvino: Filipenses, Colosenses y Tesalonicenses), First published 1847 (n.p.: Forgotten Books, 2007), 161.
6. Cullman, *Christ and Time*, 198.

CAPÍTULO 30—LA POSICIÓN DEL CREYENTE PARA LA VICTORIA

1. C. S. Lewis Society of California, "Quotes by C. S. Lewis," http://www.lewissociety.org/quotes.php (consulta en línea 5 de mayo de 2010).

CAPÍTULO 31—ARMARSE PARA LA VICTORIA

1. "Stand Up for Jesus" por George Duield Jr. Public domain.
2. "Wonderful Peace" by Warren D. Cornell. Public domain. Versión en español: "Paz, paz, cuán dulce paz", traducción de Vicente Mendoza, http://www.himnosevangelicos.com/showhymn.php?hymnid=198 , consulta en línea 27 de junio de 2010.
3. NotableBiographies.com, "Charles de Gaulle," http://www.notablebiographies.com/De-Du/de-Gaulle-Charles.html (consulta en línea 6 de mayo de 2010).
4. "O Worship the King" by Robert Grant. Public domain. Hemos realizado una traducción directa, porque la traducción al castellano, que se titula "Al rey adorad", no menciona al escudo (shield) en el tercer verso. La estrofa dice así: "Al Rey adorad, grandioso Señor, / Y con gratitud, cantad de Su amor. / Anciano de días, nuestro Defensor, / De gloria vestido, Te damos loor." Traducción de S.L. Hernández, HFA, #39, ApLib06Con01-08, Cancionero Wesleyano, www.wesleyana.org/RECURSOS/ESTUDIOSB/.../ApLib14Con09-09.pdf , consulta en línea 29 de julio de 2010.
5. George Bernard Shaw, Too Good to Be True: A Political Extravaganza (n.p.:Samuel French, Inc., 1933, 1934, 1960, 1961), 99.
6. La traducción castellana de este himno, seguramente por razones de métrica, difiere del original inglés. Para conservar el sentido del presente estudio, aquí se lo tradujo directamente.
7. "How Firm a Foundation" by John Rippon. Public domain.

CAPÍTULO 32

1. Espíritu de vértigo: La versión inglesa KJV, utilizada por el autor, dice *spirit of perversion* (espíritu de perversión). En cambio la NIV dice *spirit of dizziness* (espíritu de vértigo o vahído), concordando con la mayor parte de las traducciones al español.

2. En inglés, *cults*, es decir, "sectas peligrosas". En español, en algunos países se usa el término "sectas" y en otros "cultos" con ese significado.

CAPÍTULO 36—AMAR INCONDICIONALMENTE A OTROS

1. "¡Oh amor de Dios!", de Frederick. Lehman. Dominio público. Versión en español de http://www.literaturabautista.com/node/5 , consulta en línea 02/08/2010.

2. "En el Calvario", de William R. Newell. Dominio público. Versión en español del Portal de la Iglesia Latina de Munich63, http://www.iglesialatina.org/modules/sections/index.php?op=printpage&artid=346 , consulta en línea 2 de agosto de 2010.

CAPÍTULO 38—ROMPER MALDICIONES

1. Henry Malone, *Shadow Boxing* (n.p.: Vision Life Publications, 2004).

CAPÍTULO 39—CONSTRUIR VALLADOS DE PROTECCIÓN ESPIRITUAL

1. G. A. Studdert Kennedy, "Indifference," in The Unutterable Beauty (London: Hodder and Stoughton, 1927), 24; http://www.mun.ca/rels/restmov/texts/dasc/TUB.HTM (consulta en línea 7 de mayo de 2010). "Indiferencia". Versión castellana del sitio http://henrycis.com/002-PARABOLAS%20HENRY/PDF-PARABOLAS/26-%20SI%20SOLO%20HUBIERAMOS%20SABIDO.pdf . Usado con permiso. (Consulta en línea 4 de agosto de 2010).